普通高等职业教育
"十三五"规划教材

财务管理

刘 玥　毛巧奕　林晓红　主　编
周海娟　王　睿　康　婕　副主编
符　颖　万志丹　凌铭泽　参　编

清华大学出版社
北　京

内 容 简 介

本书系统地介绍了财务管理的基本理论和方法，为学生提供一个较为全面的视野来认识财务管理。本书以项目为主导、以任务为引领，内容精练，理论深度把握适当；突出基础理论以必需、够用为度，以掌握概念、强化应用为重点；注重理论联系实际，突出能力、技能培养。全书包括9个项目，分别是财务管理概述、财务管理的基本观念、筹资管理、项目投资管理、证券投资管理、营运资金管理、利润分配管理、财务预算和财务分析。

本书适合高职高专院校会计类、工商管理类及金融类专业的学生使用，也可作为工商企业、银行、证券和保险的职业培训教材。

本书封面贴有清华大学出版社防伪标签，无标签者不得销售。
版权所有，侵权必究。举报: 010-62782989, beiqinquan@tup.tsinghua.edu.cn。

图书在版编目(CIP)数据

财务管理 / 刘玥，毛巧奕，林晓红主编. —北京: 清华大学出版社，2018(2022.7重印)
（普通高等职业教育"十三五"规划教材）
ISBN 978-7-302-50622-5

Ⅰ.①财… Ⅱ.①刘… ②毛… ③林… Ⅲ.①财务管理-高等职业教育-教材 Ⅳ.①F275

中国版本图书馆 CIP 数据核字(2018)第 151638 号

责任编辑：刘志彬
封面设计：汉风唐韵
责任校对：宋玉莲
责任印制：丛怀宇

出版发行：清华大学出版社
网　　址：http://www.tup.com.cn, http://www.wqbook.com
地　　址：北京清华大学学研大厦 A 座　　　邮　编：100084
社 总 机：010-83470000　　　　　　　　　　邮　购：010-62786544
投稿与读者服务：010-62776969, c-service@tup.tsinghua.edu.cn
质量反馈：010-62772015, zhiliang@tup.tsinghua.edu.cn

印 装 者：三河市君旺印务有限公司
经　　销：全国新华书店
开　　本：185mm×260mm　　　印　张：15　　　字　数：356 千字
版　　次：2018 年 9 月第 1 版　　　　　　　印　次：2022 年 7 月第 5 次印刷
定　　价：42.00 元

产品编号：080186-01

前　言

在经济全球化的背景下，社会的经济环境和经济模式在不断发生变化，并且随着金融市场的日益发达和企业管理水平的不断提高，企业财务管理的环境在不断发生变化，这也对企业财务管理提出了新的要求。与此同时，财务管理方面的教材也应当与时俱进。

本书从教师教学及学生学习和应用的角度出发进行设计，充分满足"教师好教、学生好学，技能实用"的要求。本书系统地介绍了财务管理的基本理论和方法，为学生提供一个较为全面的视野来认识财务管理。同时，针对高职高专院校的培养目标，在书中贯穿实务知识和实践操作，精心选择例题与习题，融理论分析、方法应用为一体，注重培养学生发现问题、分析问题和解决问题的能力，比较适合高职高专会计类、工商管理类及金融类专业的学生学习。

本书以项目为主导、以任务为引领，便于学生明确学习目的，围绕项目和任务探索并解决问题。每个项目下面有"思维导图""学习目标""课后习题"，每个任务下面有"任务分析""案例导入""任务小结"等。这些设计有助于教师明确教学目标，检验学生学习情况，并能引导学生主动思考问题，通过任务完成提升学习成就感，从而提高学习兴趣，通过"拓展阅读"开阔视野，通过"实践操作"将理论应用于实践，培养学生的发散思维。在编写内容上尽量精练，理论深度把握适当；突出基础理论以必需、够用为度，以掌握概念、强化应用为重点；注重理论联系实际，突出能力、技能培养，提高了书的实用性和使用范围。

本书是各有关院校协力合作和集体努力的结果，在编写过程中，我们参考和引用了国内外许多作者的观点和资料，在此谨向各位作者深表谢意。尽管各编者在本书编写方面付出了许多的努力，但因编者水平有限，书中难免有疏漏之处，恳请广大读者，特别是使用本书的师生批评指正，以便我们进一步修改和完善。

编　者

目 录

项目一 财务管理概述 1
- 任务一 财务管理的内容 2
- 任务二 财务管理的目标和原则 8
- 任务三 财务管理的环境 13
- 课后习题 18

项目二 财务管理的基本观念 21
- 任务一 资金时间价值 22
- 任务二 风险与收益 31
- 课后习题 39

项目三 筹资管理 42
- 任务一 筹资管理概述 43
- 任务二 企业资金需求量预测 47
- 任务三 企业权益性筹资 51
- 任务四 企业债务性筹资 57
- 任务五 企业资本成本与资本结构 65
- 课后习题 75

项目四 项目投资管理 78
- 任务一 项目投资概述 79
- 任务二 项目投资的现金流量 81
- 任务三 项目投资决策评价指标的计算与评价 85
- 任务四 项目投资决策方法的应用 95
- 课后习题 100

项目五 证券投资管理 103
- 任务一 证券投资概述 104
- 任务二 债券投资 108
- 任务三 股票投资 113
- 任务四 基金投资 118

　　　　课后习题 …………………………………………………………………… 121

项目六　营运资金管理　124

　　　　任务一　营运资金概述 ………………………………………………… 125
　　　　任务二　现金管理 ……………………………………………………… 127
　　　　任务三　应收账款管理 ………………………………………………… 132
　　　　任务四　存货管理 ……………………………………………………… 137
　　　　课后习题 …………………………………………………………………… 143

项目七　利润分配管理　146

　　　　任务一　利润分配管理概述 …………………………………………… 147
　　　　任务二　股利政策 ……………………………………………………… 150
　　　　任务三　股票股利、股票分割及股票回购政策 ……………………… 156
　　　　课后习题 …………………………………………………………………… 161

项目八　财务预算　165

　　　　任务一　财务预算概述 ………………………………………………… 166
　　　　任务二　财务预算编制的方法 ………………………………………… 170
　　　　任务三　财务预算的编制 ……………………………………………… 179
　　　　课后习题 …………………………………………………………………… 189

项目九　财务分析　192

　　　　任务一　财务分析概述 ………………………………………………… 193
　　　　任务二　财务分析的方法 ……………………………………………… 194
　　　　任务三　基本的财务报表分析 ………………………………………… 198
　　　　任务四　财务综合分析 ………………………………………………… 214
　　　　课后习题 …………………………………………………………………… 220

附　录　223

　　　　附录 A　复利终值系数表 ……………………………………………… 223
　　　　附录 B　复利现值系数表 ……………………………………………… 225
　　　　附录 C　年金终值系数表 ……………………………………………… 228
　　　　附录 D　年金现值系数表 ……………………………………………… 230

参考文献　233

项目一 财务管理概述

思维导图

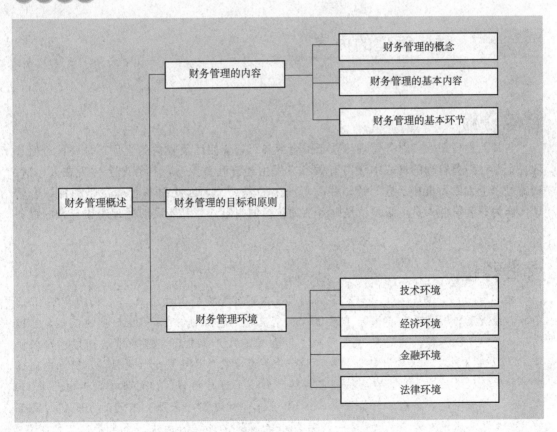

学习目标

知识目标：
1. 掌握财务管理的内容和环节；
2. 掌握财务管理的目标；
3. 了解财务管理的各项环境。

能力目标：
1. 能够准确界定企业的财务活动；
2. 熟悉财务管理的价值观念和工作环节；
3. 了解企业财务管理目标中的代表性理论。

素质目标：
1. 认识企业的财务管理活动；
2. 识别不同财务管理目标的优劣。

任务一　财务管理的内容

任务分析

与其他管理相比，财务管理侧重于资金筹集、资金使用及收益的管理，是一种价值管理。企业在财务管理的过程中会与有关各方发生经济利益关系，其管理会体现在人、财、物的每一个方面，贯穿于进、销、存的每一个经营环节，因此财务管理也是一种综合管理。作为一名财务人员，必须清楚财务活动包括的内容，并且能灵活处理纷繁复杂的财务关系。

案例导入

2010年4月，雷军及其团队、晨兴创投、启明创投投资创立小米。从2010年到2014年底，经历五轮融资后，小米市值估值450亿美元。经历过2015—2016年的低谷，2017年小米走出了低谷期，通过红米系列和小米生态链打开了局面，海外市场开拓也渐入佳境。2017年3月，小米推出自研芯片，并表示将继续在芯片研发上加大投入。而在电商模式触及天花板之后，小米正在尝试把产品转移到线下进行销售，计划将在3年内开1 000家小米之家线下店。虽然之前雷军多次表示"小米不缺钱""小米账上有超过100亿人民币的现金量""小米没有资金压力"……但随着小米国际化进程的加快、小米新零售的扩张、小米智能生态的布局，以及小米向上游产业链的进军，仅靠目前的现金流和之前的融资是不够的，小米必将寻求新的融资渠道，而上市无疑是最"水到渠成"的一种方式。

2018年5月21日，小米正式向港交所提交IPO招股书。小米IPO是2011年以来发行规模在50亿美元以上的香港IPO中，散户认购数最多的大盘股。

案例分析：小米公司的飞速发展给我们带来了什么启示？

一、财务管理的概念

当今社会，企业是国民经济的最小细胞，发挥着越来越重要的功能。企业是依法设立的营利性的经济组织，其目标是创造财富或价值。企业财务管理的目标就是为实现企业创造财富或价值这一最终目标服务的。

财务管理是一项组织财务活动、处理财务关系的综合经济管理工作。企业财务管理的对象是企业再生产过程中的资金运动及其所体现的财务关系，其核心是研究资金运动规律并优化配置资源，其主要目的是以最少的资金占用和消耗，获取最大的经济利益，促使企业保持良好的财务状况。财务管理是商品经济条件下企业最基本的管理活动，特别在现代市场经济社会中，随着企业生产经营规模不断扩大，经济关系日趋复杂，竞争也日趋激烈，财务管理更成为企业生存和发展的重要环节。

财务管理是企业管理的一个重要组成部分，但又区别于其他管理活动。

(一) 财务管理的基本特征是价值管理

财务管理是一种价值管理，主要利用资金、成本、收入、利润等价值指标，运用财务预测、财务决策、财务预算、财务控制、财务分析等手段来组织企业中价值的形成、实现和分配，并处理这种价值运动中的经济关系。

(二) 财务管理与企业各方面具有广泛的联系

企业进行生产经营活动时，必须具备人力、物力、货币资金、信息等各项生产经营要素。随着生产经营活动的进行，这些要素必然发生运动，从而形成企业的资金运动。伴随着资金运动，财务管理的触角常常伸向企业经营的每个角落，企业每个部门都会通过资金的使用与财务部门发生关系。

(三) 财务管理是一项综合性管理

企业生产经营活动的质量和效果，大多可以通过反映资金运动过程和结果的各项价值指标反映出来。公司的决策是否得当，经营是否合理，技术是否先进，产销是否顺畅，都能够迅速地在财务指标中得到反映。

二、财务管理的基本内容

财务管理的基本内容包括企业再生产过程中的资金运动及其所体现的财务关系。

(一) 财务活动管理

财务活动是以企业现金收支为主的资金收支运动的总称。财务活动一般包括资金的筹集、运用、耗费、收回及分配等一系列行为。概括来说，财务活动由筹资活动、投资活动、资金运营活动和收益分配活动四部分组成。因此，财务活动管理一般包括筹资管理、投资管理、资金营运管理和利润分配管理。

▶ 1. 筹资管理

筹资是企业为了满足投资和资金营运的需要，筹集所需资金的行为。企业通过发行股票、发行债券、吸收直接投资等方式筹集资金，表现为企业资金的收入。企业偿还借款，支付利息、股利以及付出各种筹资费用等，则表现为企业资金的支出。这种因为资金筹集而产生的资金收支，便是由企业筹资而引起的财务活动。

企业筹资的渠道多样，从来源概括来说，筹资的资金有自有资金和负债资金。企业的自有资金，包括投资者投入的资金以及企业在生产经营过程中形成的积累，这部分资金是企业依法筹集，能够长期拥有并自主支配的资金，所以又叫所有者权益资金。除自有资金外，企业还可以通过银行借款、发行债券或在经营过程中以商业信用获得借款，这种资金到期需偿还本金及利息，属于借入资金，又叫负债资金。一般来说，自有资金的成本高于负债资金，但财务风险低于负债资金。

企业从事经营活动，需要根据自身的战略发展来确定不同时期企业的资金需求规模，其次通过不同筹资渠道、筹资方式或工具的选择来合理筹集所需资金。在筹资活动中，除了资金规模是需要考虑的一个要素外，筹资结构、筹资成本和筹资风险也是需要慎重考虑的问题。因此，筹资管理的一个重要内容就是确定最佳资本结构，降低筹资成本，使筹资风险在企业的掌握之中。

▶ 2. 投资管理

投资是指企业为了获得收益或避免风险，一定时期内在一定领域内投放足够数额的资金或实物等货币等价物的经济行为。

企业可以把筹集来的资金用于购置固定资产、无形资产等投资于企业内部，也可以用于购买其他企业的股票、债券或与其他企业进行联营，形成企业的对外投资。无论是企业购买各项资产，还是购买各种股票、证券，都需要支出资金。而当企业变卖其对内投资的资产或收回其对外投资时，则会产生资金的收入。这种因企业投资而产生的资金的收支，便是由投资而引起的财务活动。

如前所述，按照投资的方向不同，投资可分为对内投资和对外投资。投资管理就是要在投资过程中，慎重考虑投资规模，通过投资方向和投资方式的选择，确定合理的投资结构，提高投资效益，降低投资风险。

▶ 3. 资金营运管理

营运资金是企业经营过程中用于日常运营周转的资金。企业在正常的经营过程中，会发生一系列的资金收支。例如采购材料或商品、支付工资和营业费用产生资金的支出，销售商品或取得短期借款取得资金收入等。上述各方面都会产生企业资金的收支，此即属于企业日常经营引起的财务活动。

在一定时期内，营运资本周转速度越快，资金的利用效率就越高，企业就可能生产出更多的产品，取得更多的收入，获取更多的利润。资金营运管理就是在保证生产经营需要的情况下，对营运资金进行管理和控制，合理确定需要的资金数量，节约使用资金，加速营运资金周转，提高资金利用效率，努力提高营运资金的使用效率与效果。

▶ 4. 利润分配管理

利润分配是将企业实现的净利润，按照国家财务制度规定的分配形式和分配顺序在企业和投资者之间进行的分配。企业在经营过程中会产生利润，也可能会因对外投资而分得利润。在利润分配过程中，首先按照国家相关规定依法纳税，其次提取公积金，最后将余下的部分作为投资收益分配给投资者或留存企业。这种因利润分配而产生的资金收支，便属于由利润分配而引起的财务活动。

利润分配管理中，企业需要依据法律的有关规定，合理确定分配规模和分配方式，协调好各方经济主体之间的利益关系，确保企业取得最大的长期利益。

企业财务活动的上述四个方面既相互区别，又相互联系、相互依存。筹资是企业资金运动的前提，也是企业资金活动的起点，离开企业经营所需的资金筹措，企业就不能生存与发展。企业筹集来的资金只有有效地投放出去，才能实现筹资的目的，并不断增值与发展。资金营运管理是投资管理的后续，投资和筹资的成果都需要依赖资金的营运才能实现。分配是作为投资的结果而出现的。收入与分配是上述各方面共同作用的结果，同时又影响着筹资、投资和资金营运的各个方面。投资管理、筹资管理、资金营运管理和利润分配管理构成了完整的企业财务活动，是财务管理的基本内容，是企业价值创造的必要环节，是保障企业健康发展、实现可持续增长的重要内容。

(二) 财务关系管理

企业在组织财务活动过程中会与有关各方发生经济利益关系，这些经济利益关系即为企业财务关系。财务关系体现着财务活动的本质特征，贯穿财务活动的始终，并影响着财务活动的开展。概括来说，企业财务关系主要包括以下几个方面。

▶ 1. 企业与政府之间的财务关系

企业与政府之间的财务关系主要是缴纳税款与征收税款的关系。

政府依据相关法律法规向企业收缴各种税费，与企业产生财务关系。政府收缴的税费最终用于组织和管理社会活动，为企业经营营造公平公正的环境，而企业从政府管理行为中受益，则需承担相应的"社会费用"，具体体现为企业的纳税义务。企业与政府之间的财务关系是一种强制性分配关系。

▶ 2. 企业与投资者之间的财务关系

企业与投资者之间的财务关系主要是投资者向企业投入资金，企业向其支付投资报酬所形成的经济关系。

投资者按照投资合同或协议的约定向企业投资，成为企业的所有者，参与企业的经营管理，参与剩余权益分配，并承担经营风险。被投资企业则利用资本进行营运，对投资者有承担资本保值、增值的责任，并应按照投资人出资比例或合同、章程的规定，向其支付投资报酬。企业与投资者之间的财务关系体现了经营者与所有者的关系。

▶ 3. 企业与被投资者之间的财务关系

企业与被投资者之间的财务关系主要是企业以购买股票或直接投资的形式向其他企业投资形成的经济利益关系。

企业向其他主体以直接或间接的形式进行投资，并根据出资份额承担相应责任，享受相关权益。企业与被投资者之间的财务关系体现了所有权性质的投资与受资的关系。

▶ 4. 企业与债权人之间的财务关系

企业与债权人之间的财务关系是指企业向债权人借入资金，并按借款合同的规定按时支付利息和归还本金所形成的经济关系。

除自有资本外，企业会因扩大经营规模、降低资金使用成本等原因产生资金需求从而借入资金。企业从债权人处取得资金的使用权，但需要按照约定的时间和利率支付利息，并且在债务到期时，按时向债权人归还本金。企业与债权人之间的财务关系是建立在契约之上的债务债权关系。

▶ 5. 企业与债务人之间的财务关系

企业与债务人之间的财务关系是指企业将其资金以购买债券、提供借款或商业信用等形式出借给其他单位所形成的经济关系。

企业作为债权人，有权要求其债务人按照约定支付利息并到期归还本金。企业与债务人之间的财务关系也是债权债务关系。

▶ 6. 企业与内部各单位之间的财务关系

企业与内部各单位之间的财务关系是指企业内部各单位之间在生产经营各环节中相互提供产品或劳务所形成的经济利益关系。

企业在实行内部经济核算制的条件下，企业供、产、销各部门以及各生产单位之间，相互提供产品和劳务要进行计价结算。企业与内部各单位之间的财务关系是企业内部形成的资金结算关系，体现了企业内部各单位之间的利益关系。

▶ 7. 企业与供应商、客户之间的财务关系

企业与供应商、客户之间的财务关系是指企业购买供应商的商品或接受服务，以及企业向客户销售商品或提供服务过程中形成的经济关系。供应商和客户作为企业原材料的提供方和企业产品的销售对象，关系企业经营流程的一头一尾，其对企业的战略、经营等各个方面都有决定性的影响。企业与供应商、客户之间的财务关系是企业外部形成的资金结算关系，体现了企业外部各单位之间的利益关系。

▶ 8. 企业与职工之间的财务关系

企业与职工之间的财务关系是指企业向职工支付劳动报酬过程中所形成的经济关系。

职工作为企业的劳动者，以自身提供的劳动作为参加企业分配的依据。企业与职工之间的财务关系是劳动成果上的分配关系。

企业的资金投放在筹资活动、投资活动、资金营运活动和利润分配活动中，与社会各方面有着广泛的财务关系。企业应正确认识这些关系，理顺经济利益关系，取得政府、投资者和债权人的信任，实现企业与其他各种财务主体之间的利益均衡，积极促进企业生产经营活动的正常开展，实现财务管理目标，为企业的稳健发展保驾护航。

三、财务管理的基本环节

财务管理的环节是企业财务管理的工作步骤与一般工作程序。通常而言，财务管理的基本环节包括财务预测、财务决策、财务预算、财务控制和财务分析五个环节。这些环节相互配合，紧密联系，形成周而复始的财务管理循环过程，构成完整的财务管理工作体系。

（一）财务预测

财务预测是根据企业财务活动的历史资料，考虑现实的要求和条件，对企业未来的财务活动和财务成果做出科学的预计和测算。通过测算各种生产经营方案的效益，财务预测可以为决策提供可靠的依据；通过预计财务收支的发展变化情况，财务预测可以帮助确定经营目标；通过测定各项定额和标准，财务预测可以为编制计划、分解计划指标服务。

财务预测的方法主要有定性预测和定量预测两类。定性预测法，主要是利用直观材料，依靠个人的主观判断和综合分析能力，对事物未来的状况和趋势做出预测的一种方法。定量预测法，主要是根据变量之间存在的数量关系建立数学模型来进行预测的方法。

财务预测是进行财务决策的基础，是编制财务预算的前提。

（二）财务决策

财务决策是指财务人员在财务目标的总体要求下，运用专门的方法从各种备选方案中选出最佳方案的过程。财务决策的方法主要有经验判断法和定量分析法两类。经验判断法是指根据决策者的经验来判断选择，常用的具体方法有淘汰法、排队法、归类法等。定量分析法是指应用决策论的定量方法进行方案的确定、评价和选择的方法，常用的具体方法有优选对比法、数学微分法、线性规划法、概率决策法等。

财务决策是财务管理的核心，是财务管理循环的重点阶段。财务预测是为财务决策服务的，财务决策成功与否直接关系到企业的兴衰成败。

（三）财务预算

财务预算是企业根据财务战略、财务计划，运用科学的技术手段和数量方法，对未来财务活动的内容及指标进行具体规划，确定预算期内各种预算指标的过程。财务预算方法通常包括固定预算与弹性预算、增量预算与零基预算、定期预算与滚动预算等。

财务预算是以财务决策确立的方案和财务预测提供的信息为基础编制的，是财务预测和财务决策的具体化，是财务控制和财务分析的依据，贯穿于企业财务活动的全过程，是落实企业奋斗目标和保证实施的必要环节。

（四）财务控制

财务控制是企业在生产经营活动中，以预算任务和各项定额为依据，对各项财务收支进行日常的计算、审核和调节，将其控制在制度和预算规定的范围之内，防止超支、浪费和损失的发生，纠正各项偏差，以保证财务计划的执行和财务目标的实现。财务控制的方法通常有前馈控制、过程控制、反馈控制几种。

财务控制是财务管理的一个重要环节，是实现财务管理目标的基本手段，是财务管理循环的行动阶段。实行财务控制是贯彻财务制度、实现财务预算的关键环节。

（五）财务分析

财务分析是指根据企业财务报表等信息资料，采用专门方法，系统分析和评价企业财务状况、经营成果以及未来趋势的过程。通过财务分析，企业可以掌握各项财务预算和财务指标的完成情况，检查有关方针、政策、制度的执行情况，不断改善财务预测和财务预算工作，提高财务管理水平。财务分析的方法通常有比较分析法、比率分析法和因素分析法等。

财务分析是本期财务活动的总结，也是下期财务预算的前提，具有承上启下的作用。

任务小结

财务管理是企业管理的一个组成部分。它是根据财经法规制度，按照财务管理的原则，组织企业财务活动，处理财务关系的一项经济管理工作。商品经济越发达，市场经济越发展，财务管理就越重要。财务管理的工作步骤和一般程序即为财务管理环节，其包括财务预测、财务决策、财务预算、财务控制和财务分析，它是财务管理职能的延伸。

任务二　财务管理的目标和原则

任务分析

财务管理目标是企业进行财务活动所要达到的根本目的，它决定着企业财务管理的基本方向。财务管理的原则是指人们对财务活动的共同认识，是财务决策的基础。财务管理是有关资金的获得和有效使用的管理工作，实施财务管理必须掌握财务管理的目标和原则。

案例导入

拿破仑1797年3月在卢森堡第一国立小学演讲时说了这样一番话："为了答谢贵校对我，尤其是对我夫人约瑟芬的盛情款待，我不仅今天呈上一束玫瑰花，并且在未来的日子里，只要法兰西存在的一天，每年的今天我将亲自派人送给贵校一束价值相等的玫瑰花，作为法兰西与卢森堡友谊的象征"。时过境迁，此后拿破仑穷于应付连绵的战事和此起彼伏的政治事件，最终惨败而被流放到圣赫勒拿岛，把在卢森堡许过的诺言忘得一干二净。可卢森堡这个小国却对这位"欧洲巨人与卢森堡孩子亲切、和谐相处的一刻"念念不忘。1984年年底，卢森堡旧事重提，向法国提出违背"赠送玫瑰花"诺言案的索赔：要么从1797年起，用3路易作为一束玫瑰花的本金，以5厘复利（即利滚利）计算全部清偿这笔玫瑰；要么法国政府在法国各大报刊上公开承认拿破仑是个言而无信的小人。起初，法国政府准备不惜重金赎回拿破仑的声誉，但却又被计算机算出的数字惊呆了。原本3路易的许诺，本息竟高达1375596法郎。经苦思冥想，法国政府斟词酌句的答复是："以后，无论在精神上还是物质上，法国将始终不渝地对卢森堡大公国的中小学教育事业予以支持与赞助，来兑现我们的拿破仑将军那一诺千金的玫瑰花信誉。"这一措辞最终得到了卢森堡人民的谅解。

这一故事是否真实暂不考虑，你能从中看出蕴含的财务管理原则吗？

一、财务管理目标

企业是以盈利为目的的组织，自成立之日起，就时时处于激烈的市场竞争中。企业要健康发展，实现可持续增长，需要不断创造财富作为保障。财务管理目标为企业发展服务，是企业组织财务活动、处理财务关系所要达到的根本目的，它决定着企业财务管理的基本方向，是企业财务管理工作的出发点。随着市场经济体制的逐步完善，财务管理理论在不断地丰富和发展。企业财务管理目标从它的演进过程来看，均直接反映着财务管理环境的变化，反映着各方利益关系的均衡。目前，人们对财务管理目标的认识尚未统一，中外对财务管理目标问题的争议也较大。这里为大家介绍四种财务管理目标中具有代表性的理论，它们分别是利润最大化目标、每股收益最大化目标、股东财富最大化目标和企业价值最大化目标。

(一) 利润最大化目标

利润最大化目标即假定企业财务管理以实现利润最大为目标。

获利是企业的根本目的，也是企业生存和发展的保证。利润最大化目标认为，利润代表了企业新创造的财富，利润越多则说明企业的财富增加得越多，越接近企业的目标。

利润最大化目标的优点是：企业追求利润最大化，必须强调资本的有效利用，这有利于企业加强管理，提高劳动效率，降低产品成本，实现资源的合理配置。同时，利润可以直接反映企业创造剩余产品的多少，从一定程度上反映出企业经济效益的高低和对社会贡献的大小，用这个指标来衡量企业资产的增长情况，实务中易于操作，容易被人理解。因此，时至今日，这种观点在理论界和实务界仍有较大影响。

但以利润最大化目标作为财务管理的目标也存在不容忽视的缺陷。

▶ **1. 没有考虑利润实现时间和资金的时间价值**

举例来说，今年企业实现的 100 万利润与 5 年后的 100 万利润是一样的吗？一样达到了企业的财务管理目标吗？如果不考虑时间价值因素，今年的 100 万与 5 年后的 100 万单纯从数值上来看是一样的，容易得出经济效益相同的错误结论。实际上，相同数额的资金会随着时间价值的增加而不同，而且这一数值会随着利率的不同而有所不同，因此上述两者的实际价值其实是不一样的。

▶ **2. 没有考虑风险因素**

举例来说，风险较高的高科技企业取得的 100 万利润与风险较小的制造业企业取得的 100 万利润，所代表的企业价值是等同的吗？不同的行业风险不同，获取利润的难易程度有所差别，同等利润值在不同行业中的意义也不尽相同，两者之间其实无法简单比较。

▶ **3. 没有反映创造的利润与投入资本之间的关系**

举例来说，投入 100 万元用于企业生产经营取得的 10 万元利润与投入 50 万元用于生产经营取得的 10 万元利润是一样的吗？若不考虑投入资本与产生利润的对比关系，就容易得出与实际情况截然相反的错误结论，不能真正衡量企业经营业绩的优劣。

以利润最大化作为财务管理的目标，容易使企业片面追求利润的增加，不考虑企业长远的发展，造成企业行为的短期化。

(二) 每股收益最大化目标

每股收益最大化目标即企业财务管理以实现每股收益最大为目标。

企业一定时期的税后净利润与资本额的比率为资本利润率，税后利润与普通股股数的对比数为每股收益。所有者作为企业的投资者，其投资目标是取得资本收益，具体表现为净利润与出资额或股份数（普通股）的对比关系，这种关系即可以用每股收益这一指标来反映。

与利润最大化目标相比，每股收益最大化目标的主要优点是：

(1) 每股收益最大化目标将企业实现的利润额同投入的资本或股本数进行对比，能够反映出企业所得利润额同投入资本额之间的投入产出关系，从而说明企业经济效益水平的高低。

(2) 每股收益指标可以在不同资本规模的企业之间或同一企业不同时期之间进行比较，反映企业的盈利能力和发展前景。

(3) 有效克服利润最大化的缺陷,投资者可以凭借其评价企业经营状况的好坏,分析不同企业盈利水平的差异,确定投资方向和规模。

每股收益最大化目标尽管一定程度上克服了利润最大化的部分缺陷,但同利润最大化目标一样的是,该指标仍然没有考虑资金的时间价值和风险因素,不能避免企业的短期行为,可能导致企业行为与企业的战略目标相背离。以资本利润率最大化为财务管理目标与每股收益最大化目标的特征基本一致。

(三) 股东财富最大化目标

股东财富最大化目标即企业财务管理以实现股东财富最大为目标。

股东是企业的所有者,是企业资本的提供者,股东投资创办企业,目的是增长财富。股东财富最大化目标认为,股东投资企业,其价值在于它能给所有者带来未来报酬,因此企业财务管理目标是通过财务上的合理经营,为股东带来最多的财富。在股份制经济条件下,股东财富由其所拥有的股票数量和股票市场价格两方面决定,在股票数量一定的前提下,当股票价格达到最高时,则股东财富也达到最大,所以股东财富最大化又可以表现为股票价格最大化。

与利润最大化目标相比,股东财富最大化目标的主要优点是:

(1) 考虑了资金的时间价值和风险因素。不同时期、不同风险都会对股票价格产生重要影响。

(2) 对上市公司而言,股东财富最大化目标概念清晰,比较容易量化,便于考核和奖惩。

(3) 在一定程度上能够克服企业在追求利润上的短期行为,因为不仅目前的获利能力会影响股票价格,企业未来获得现金流的能力也会对企业股票价格产生重要影响。

股东财富最大化目标有其积极的意义,得到普遍认同,但该目标仍存在不足:

(1) 适用范围有限。该目标只适用于上市公司,非上市公司无法像上市公司一样随时能够准确获得公司股价,因此难以应用。

(2) 不符合可控性原则。股票价格受众多因素的影响,除企业内部的可控因素外,还包括国家政策的调整、国内外经济形势的变化、股民心理等企业外部不可控因素。股价并不能完全准确反映企业财务管理状况。

(3) 对其他相关者的利益重视不够。该目标强调的更多是股东利益,随着债权人、公司雇员、供应商等相关者在企业运营中的作用越来越重要,企业不能单纯以实现股东利益为目标,而应实现包括股东在内的所有利益相关者的利益均衡。

(四) 企业价值最大化目标

企业价值最大化目标即企业财务管理行为以实现企业的价值最大为目标。

投资者建立企业的重要目的,在于创造尽可能多的财富。这种财富可以表现为企业的价值。企业的价值可以理解为企业所有者权益和债权人权益的市场价值,或者是企业所能创造的预计未来现金流量的现值。企业价值最大化目标认为,企业应采用最合理的财务政策,保持最优的财务结构,充分考虑资金的时间价值和风险及报酬的关系,在保证企业长期稳定发展的基础上,使企业价值达到最大。其基本思想是将企业长期稳定的持续发展摆在首位、强调在企业价值增长中满足各方利益关系。

以企业价值最大化作为财务管理目标,其主要优点有:

（1）考虑了资金的时间价值。该目标用货币时间价值的原理对企业价值进行科学的计量，反映了企业潜在或预期的获利能力。

（2）考虑了风险与报酬之间的联系。该目标有效考虑了风险问题，有利于企业统筹安排长短规划、合理选择投资方案和合理制定股利政策等。

（3）用价值替代价格，将企业长期、稳定的发展和持续的获利能力放在首位，有助于帮助企业克服在追求利润上的短期行为。

尽管企业价值最大化这一目标考虑到了取得现金性收益的时间和风险因素，但是以价值作为财务管理目标仍过于理论化，不易操作。对于上市公司而言，股票价格虽然容易获取，但股票价格并不代表着企业的价值。而对于非上市公司，企业的价值更加难以估算，就算是对企业进行专门的评估，但受不同评估标准和评估方式的影响，也很难做到客观和准确。

上述四种财务目标各有其优缺点。利润最大化目标、每股收益最大化目标和股东财富最大化目标尽管有所不足，但因其直观、易于操作，广受实务界青睐。企业价值最大化目标尽管从理论上臻于完善，但在计算价值时，各种影响因素难以准确界定，所以并未被所有企业认同和采纳。随着市场经济中理财主体的细化，在追求企业长期稳定发展的过程中，又出现了相关者利益最大化这一财务管理目标。该目标是一个多元化、多层次的目标体系，体现了合作共赢的价值理念，较好地兼顾了各方理财主体的利益，体现了前瞻性和现实性的统一，是市场经济下现代企业财务管理目标的又一选择。

二、财务管理原则

财务管理原则是企业组织财务活动、处理财务关系的准则，它是从企业财务管理的实践经验中概括出来的、体现理财活动规律的行为规范，是对财务管理的基本要求。企业财务管理除了应遵循市场经济的基本规则外，还应遵守以下具体原则。

（一）资金时间价值原则

资金时间价值是指货币经历一段时间的投资和再投资所增加的价值，也称为货币时间价值。在货币经济条件下，货币是商品的价值体现，现在的货币用于支配现在的商品，将来的货币用于支配将来的商品，所以现在货币的价值自然高于未来货币的价值。通俗地讲，今天的一元钱要大于将来的一元钱。

在货币资金的周转和循环过程当中，不同时点的货币收支价值不一样，不能将它们直接相加或者简单比较，所以此原则要求企业在财务管理工作中须将不同时点的货币换算到相同时点上，才能进行有关财务核算和比较。

资金时间价值原则在财务管理实践中得到了广泛的运用。长期投资决策中的净现值法、筹资决策中各种筹资方案的资本成本计算、利润分配方案的制订和股利政策的选择、应收应付账款的管理等，都充分体现了资金时间价值原则在财务管理中的具体运用。

（二）资金合理配置原则

资金合理配置是指企业在组织和使用资金的过程中，应当使各种资金保持合理的结构和比例关系，保证企业的生产经营活动的正常进行，使资金得到充分有效的运用，从整体上(不一定是每一个局部)取得最大的经济效益。资金合理配置是企业持续、高效经营的必不可少的条件。

企业要进行财务活动，必将涉及筹资、投资、经营活动，而这些活动必不可少的就是资金的筹集、利用与分配。合理配置与调度资金对于企业财务管理有着举足轻重的作用，没有资金的保证，企业的经营举步维艰，既不能购买生产经营所需的材料商品，也不能偿还到期债务，所以该原则要求企业必须对资金进行风险控制与防范，通过对资金的合理配置达到资金最大化使用的效果。

（三）成本-效益-风险权衡原则

成本-效益-风险权衡原则是指企业决策者在进行财务决策时，要对成本、效益和风险做出科学的权衡。在风险一定的情况下，使收益达到较高的水平；或者在收益一定的情况下，使成本支出最低；或者在收益一定的情况下，将风险维持在最低，通过组合搭配，寻求最优方案。在财务管理活动中，成本、效益、风险三者不能割裂，应将三者综合权衡，用于指导各项财务决策与计划。

任何一个企业在市场经济中发展都想支出最低的成本，承担最小的风险，取得最大的效益。但是现实生活中，企业的成本、效益、风险这三者是成比例关系的，想达到最低成本支出、承担最小风险、获得最大效益是不可能的，企业只能相对地在三者之间进行平衡。财务管理中，各种方案的优选、整体（总量）优化、结构优化等，都体现了成本、收益、风险三者的综合权衡。成本-效益-风险权衡原则贯穿于企业的全部财务活动中。

（四）收支平衡原则

收支平衡原则是指在一定时期内企业既要保持资金总供给和总需求的动态平衡，也要保持每一时点资金供需的静态平衡。量入为出、收支平衡是对企业财务管理的基本要求。

该原则要求企业在生产经营初期就要对收支平衡点做出预测，通过财务指标和数据，测算企业具体的收支平衡点。企业实际经营过程中面对的环境错综复杂，容易发生偏离预期目标的情况，所以企业要关注收支平衡点，建立风险预警系统，拟订指标偏离修正方案，对短期发展战略进行调整，对长期发展战略进行控制，以达到完成企业财务目标的目的。

（五）分级分权管理原则

分级分权管理原则是指企业在进行财务管理过程中通过建立统一领导、分级管理的责任体系，适度分解财务管理权限到各级单位以强化职责和权利对应关系，以实现企业科学发展的原则。

现代企业制度要求管理是一种综合管理、战略管理，因此，企业财务管理不是企业总部财务部门单一职能部门的财务管理，也不是各所属单位财务部门的财务管理，它是一种战略管理。企业通过财务权利的有效配置达到财务管理的目的。分级分权管理原则是民主集中制思想在财务管理中的具体应用，是调动各方积极性的有效措施。

（六）利益关系协调原则

利益关系协调原则是指企业利用经济手段协调财务活动过程中所涉及的各方的经济利益，维护其各自的合法权益，从而保障企业财务活动顺利进行的原则。

企业在进行财务活动时，离不开处理与所有者、债权人、债务人、被投资企业、职工、政府、社会公众等利益主体之间的财务关系。从这个角度来说，财务管理过程也是一个协调各种利益关系的过程，利益关系协调成功与否，直接关系财务管理目标的实现程度。

利益关系协调原则要求企业协调、处理好与各利益集团的关系，切实维护各方的合法权益，只有这样，企业才能营造一个内外和谐、协调的发展环境，充分调动各有关利益集团的积极性，最终实现企业的财务管理目标。

任务小结

企业财务管理目标是指企业财务活动所要达到的效果，是评价企业理财活动是否合理的基本标准，是企业开展一切财务活动的出发点和归宿。最具有代表性的财务管理目标包括利润最大化目标、每股收益最大化目标、股东财富最大化目标和企业价值最大化目标，其中企业价值最大化目标尽管有所缺陷，但随着现代企业制度的建立和完善，逐渐成为企业财务管理的主导目标。

财务管理原则也称理财原则，主要包括资金时间价值原则、资金合理配置原则、成本-效益-风险权衡原则、收支平衡原则、分级分权管理原则和利益关系协调原则。这些理财原则符合大量的观察和事实，被多数人所接受，是企业在组织财务活动、选择财务行为、处理财务关系时所必须执行的要求和必须遵循的规范。

任务三　财务管理的环境

任务分析

企业的财务活动是在一定的财务管理环境下进行的。财务管理环境是企业财务管理赖以生存的土壤，是企业开展财务管理活动的舞台。在财务管理中，必须认真分析研究各种财务管理环境的变动趋势，判明其对企业财务活动可能造成的影响，并据此采取相应的财务对策。

案例导入

2018年1月1日起，我国首部"绿色税法"——《中华人民共和国环境保护税法》开始实施，对大气污染物、水污染物、固体废物和噪声四类污染物，从过去由环保部门征收排污费，改为由税务部门征收环保税。以大气污染物为例，排放同样数量具有较高危害性的"甲醛"，所要缴纳的环保税是普通"烟尘"的24倍。这种政策处理，有利于引导企业改进工艺，减少污染物排放，特别是减少高危污染物的排放。

根据环境保护税法第十三条的规定，纳税人排放应税大气污染物或者水污染物的浓度值低于排放标准30%的，减按75%征收环境保护税；低于排放标准50%的，减按50%征收环境保护税。这一征收机制，带来企业的发展思路转变，节能减排成为"有利可图"的事情。开征环保税将使企业短期面临一定的压力，但随着企业加大节能减排力度，调整企业产业结构，推进产品转型升级，就能够减少税收成本，最终实现企业和社会的共赢。

那么请思考，环境保护税法的开征与企业财务管理环境有关系吗？

财务管理环境是指对企业财务活动和财务管理产生影响作用的企业内外各种条件的统称。环境构成了企业财务活动的客观条件，财务管理要获得成功，必须深刻认识和认真研究自己所面临的各种环境。财务环境既包括企业理财所面临的政治、经济、法律和社会文化等宏观环境，又包括企业自身管理体制、经营组织形式、生产经营规模、内部管理水平等微观环境。就所有企业来说，其宏观财务环境是相同的，但每一个企业的微观财务环境则是千差万别。本任务内容主要从宏观财务管理环境来加以说明。

拓展阅读：
财务管理的产生与发展

宏观财务管理环境是指在宏观范围内普遍作用于各个地区、各个部门、各类企业的财务管理活动的各种因素。财务管理的宏观环境包括的内容十分复杂，涉及经济、政治、法律、税收、社会文化等许多方面。

一、技术环境

财务管理的技术环境，是财务管理得以实现的技术手段和技术条件，它决定着财务管理的效率和效果。科技发展的新成果会影响产生新的财务管理方法和观点，科学技术的发展也影响财务管理技术方法的革新。

互联网时代下，网络化、数据化、知识化已成为现代社会的主旋律，经济信息和数据正以光速在网络上传递。现代电子技术和信息技术的广泛应用，为企业的财务管理提供了更广阔更先进的技术手段与方法。企业总部能够利用网络对所有下属单位以远程财务监控的方式，实现数据处理和财务资源的集中管理。同时，财务信息与其他业务信息的协同共享，使身处异地的相关人员，也可以通过网络互动功能共同为企业的财务管理进行实时分析和科学决策。财务管理从静态走向动态，能够提高财务信息的使用价值，提升企业管理水平和风险防范能力。

目前，通过建立健全会计信息法规体系和会计信息化标准体系，我国正全面推进会计信息化工作，力争通过5~10年的努力，使我国的会计信息化达到和接近世界先进水平。由于财务管理所依据的经济信息中，60%~70%是通过会计系统提供的会计信息，因此会计信息化的推进必将为财务管理工作创造更加良好的技术环境，一个精细管理、科学分析、正确决策的财务管理平台在逐步完善和优化中。

二、经济环境

经济环境是指企业在进行财务活动时所面临的宏观经济状况。在影响财务管理的各种外部环境中，经济环境是最重要的影响因素之一。经济环境内容十分广泛，包括经济体制、经济周期、经济发展水平、经济政策及社会通货膨胀水平等。

（一）经济体制

经济体制通常指国家经济组织的形式，它规定了国家与企业、企业与企业、企业与各经济部门之间的关系，并通过一定的管理手段和方法来调控或影响社会经济流动的范围、内容和方式等。现在世界上典型的经济体制有计划经济体制和市场经济体制两种。

以我国为例，我国先后经历了计划经济体制和市场经济体制两种经济体制。新中国成立后的前30年，我国推行计划经济体制，生产、资源分配以及产品消费等各方面，都由政府事先计划，这种体制使中国经济能够有计划、有目标地稳定发展，但也严重地束缚了其本身的活力和发展速度。计划经济体制下，企业是行政部门的附属物，既不能自主经营，又不能自负盈亏，企业其实并没独立的财务管理权利，财务管理内容及手段比较简单。1978年，我国社会主义市场经济体制改革率先在农村展开，1984年扩展到城市。市场经济体制下，市场在资源配置中的基础作用显著增强，企业成为"自主经营，自负盈亏"的经济实体，有独立的经营权，同时也有独立的财务管理权利。企业可以根据自身的需要运用多种方法与手段开展财务活动，经营财务关系。

（二）经济周期

经济周期也称商业周期，一般是指经济活动沿着经济发展的总体趋势所经历的有规律的扩张和收缩。这种周期性的波动变化一般分为繁荣、衰退、萧条和复苏四个阶段。企业应了解和把握经济周期，制定相应的财务管理对策来适应周期的波动，充分利用外部环境，在一定范围内，改变自己的小环境，以增强自身活力，扩大市场占有率。

西方学者探讨了经济周期中不同阶段的财务管理战略，现择其要点归纳如表1-1所示。

表1-1　经济周期中的财务管理战略

复　苏	繁　荣	衰　退	萧　条
增加厂房设备	扩充厂房设备	停止扩张	建立投资标准
实行长期租赁	继续建立存货	出售多余设备	保持市场份额
建立存货储备	提高产品价格	停产不利产品	压缩管理费用
开发新产品	开展营销规划	停止长期采购	放弃次要利益
增加劳动力	增加劳动力	削减存货	削减存货
		停止扩招雇员	裁减雇员

（三）经济发展水平

经济发展水平是指一个国家经济发展的规模、速度和所达到的水准。财务管理的发展水平和经济发展水平密切相关，经济发展水平越高，财务管理水平也越高。

财务管理在经济活动中无处不在，决定着企业的发展方向。提高企业财务管理水平，能够有效规避企业生产经营风险，使企业获得最佳的经济效益，从而促进整体经济发展水平的提高。而经济发展水平的提高，将引导企业更新管理理念和引进先进的管理模式，促进财务管理水平的提升。

（四）经济政策

经济政策是国家或政府为了达到充分就业、价格水平稳定、经济快速增长、国际收支平衡等宏观经济政策的目标，为增进经济福利而制定的解决经济问题的指导原则和措施。经济政策有宏观经济政策和微观经济政策之分。宏观经济政策包括财政政策、货币政策、金融政策等，微观经济政策是指政府制定的一些反对干扰市场正常运行的立法以及环保政策等。

经济政策正确与否，对社会经济的发展具有极其重要的影响。例如，金融政策中的货币发行量和信贷规模会影响企业投资的资金来源和投资的预期收益；财税政策会影响企业的资金结构和投资项目的选择；价格政策会影响资金的投向和投资的回收期及预期收益等。正确的经济政策可以对社会经济的发展起到巨大的推动作用；错误的经济政策则会给社会经济的发展带来严重的破坏。

（五）通货膨胀水平

通货膨胀指在一定时期内，物价水平普遍持续增长，从而造成货币购买力持续下降的现象。

在通货膨胀条件下，企业的资金占用量明显增加，资金需求迅速膨胀，同时物价上涨导致利率升高，增加企业的资金成本，影响企业的筹资、投资决策。在此期间，企业盈利能力会被较大程度的高估，股东要求分配更多的股利，虚利实分将使企业生产规模逐渐缩小，严重削弱企业的经营能力。

企业应积极主动研究相关对策，以减轻通货膨胀对企业造成的不利影响。在通货膨胀初期，货币存在贬值风险，企业应认真分析经济周期，谨慎选择合适的投资项目，实现资本保值；根据自身情况适当储备存货，与客户签订长期购货合同，以减少物价上涨造成的损失；加强营运资金的管理，调整流动资产与流动负债的构成比例，优化资金结构，以减少通货膨胀对企业运营造成的不利影响。在通货膨胀持续期，企业要不断修订产品销售政策，制定更严格的信用标准和缩短信用期间，让应收账款资金尽快回笼，减少资金占用；调整财务政策，防止和减少企业资产流失等。

三、金融环境

金融环境与企业财务管理活动密切相关。在市场经济条件下，企业的筹资、投资活动均要依靠相关金融机构，运用适当的金融工具，在金融市场中交易完成。金融机构、金融工具与金融市场共同构成了金融环境。

（一）金融机构

金融机构是指从事金融服务业有关的金融中介机构。按照是否属于银行系统，金融机构可划分为银行金融机构和非银行金融机构。

银行是依法成立的经营货币信贷业务的金融机构，具体包括如中央银行、政策性银行、商业银行、投资银行等。以我国为例，中央银行即为中国人民银行，政策性银行有国家开发银行、中国农业发展银行等，商业银行则包括中国工商银行、中国农业银行、中国银行和中国建设银行等。

非银行金融机构是以发行股票和债券、接受信用委托、提供保险等形式筹集资金，并将所筹资金运用于长期性投资的金融机构。其主要包括保险公司、信托投资公司、证券公司、金融资产管理公司、金融租赁公司等。

（二）金融工具

金融工具是指在金融市场中可交易的金融资产。借助金融工具，资金从供给方转移到需求方。例如，企业可以通过发行股票、债券达到融资的目的。股票、债券就是企业的融资工具。

金融工具可以分为基本金融工具和衍生金融工具两大类。基本金融工具也称为传统金融工具，它是衍生金融工具产生和运用的基础。主要的基本金融工具包括货币、票据、股票和债券等。衍生金融工具是在传统金融工具的基础上衍化和派生的，以杠杆和信用交易为特征，主要包括远期、期货、期权和掉期等。衍生金融工具种类复杂、繁多，具有跨期性、杠杆性、联动性和高风险性的特点。

（三）金融市场

金融市场是指资金融通市场，是资金供应者和资金需求者双方通过信用工具进行交易而融通资金的市场。金融市场是金融环境中，对企业财务管理最重要的影响因素。金融市场的构成十分复杂，是由许多不同的市场组成的一个庞大体系。

以金融市场上交易工具的期限为标准，可以把金融市场分为货币市场和资本市场两大类。货币市场是指以期限在一年以内的金融工具为媒介，进行短期资金融通的市场。该市场的主要功能是保持金融资产的流动性，以便随时转换成可以流通的货币，其市场容量大，信息流动迅速，交易成本低，交易活跃，能吸引众多的投资者和投机者参与。其主要包括同业拆借市场、票据市场、大额可转让定期存单市场、国库券市场等子市场。资本市场是指以期限在一年以上的金融工具为媒介，进行长期资金融通的市场。该市场融资期限长，流动性相对较差，风险大而收益较高，资金借贷量大且价格变动幅度大，是金融市场的重要组成部分。其主要包括股票市场、债券市场和融资租赁市场等。

以交易功能为标准，金融市场可以分为发行市场和流通市场。发行市场是资本需求者将证券首次出售给公众时形成的市场，它是新证券和票据等金融工具的买卖市场，因此又称为一级市场或初级市场。流通市场是已发行股票进行转让的市场，它一方面为股票持有者提供随时变现的机会；另一方面又为新的投资者提供投资机会。流通市场与发行市场的一次性行为不同，在流通市场上股票可以不断地进行交易，因此又称为二级市场。

除以上两种主要分类形式外，金融市场还可按照其他标准进行分类。例如，以融资对象为标准，金融市场可分为资本市场、外汇市场和黄金市场；以所交易金融工具的属性为标准，金融市场可分为基础性金融市场和金融衍生品市场；以地理范围为标准，金融市场可分为地方性金融市场、全国性金融市场和国际性金融市场。

（四）利率

在金融市场上，通过市场主体运用金融工具在各种交易场所进行资金交易，最终会形成金融市场的各种参数，包括市场利率、汇率、证券价格和证券指数等。其中，利率是决定企业资金成本高低的主要因素，也是企业筹资、投资的决定因素，在资金分配及企业财务决策中起着非常重要的作用。

利率也称利息率，是利息占本金的百分比指标，是金融市场上资金交易的价格。资金作为一种特殊商品，以利率为价格标准的融通，实质上是资源通过利率实行的再分配。一般而言，金融市场上资金的购买价格，可用以下公式表示：

利率＝纯粹利率＋通货膨胀附加率＋变现力附加率＋违约风险附加率＋到期风险附加率

其中，纯粹利率是在无风险、无通货膨胀情况下的平均利率，简称纯利率，也称为无风险报酬率。没有通货膨胀情况下的短期国债利率，可以近似作为纯粹利率。

利率与企业财务管理直接相关，是进行财务决策的前提和基础，准确地预测利率的变动趋势非常必要。预期利率上升时，企业应使用长期资金；预期利率下降时，企业应使用短期资金。对利率进行准确预测，合理确定企业长短期资金的结构，可以保护企业在任何利率环境下，都不会遭受重大损失。

四、法律环境

法律环境是指企业与外部发生经济关系时应遵守的有关法律、法规和规章制度。

国家管理企业经济活动和经济关系的手段包括行政手段、经济手段和法律手段三种。随着经济体制改革的不断深化，行政手段逐步减少，而经济手段，特别是法律手段日益增多，把越来越多的经济关系和经济活动的准则用法律的形式固定下来。企业的财务管理活动，无论是筹资、投资或是利润分配，都应当遵守有关的法律规范。

与企业财务管理活动有关的法律规范主要包括企业组织法规、财务法规和税收法规等。具体来说，如公司法、证券法、金融法、证券交易法、经济合同法、税法、企业财务通则、内部控制基本规范等，这些法规都是影响财务主体的财务机制运行的重要约束条件。

市场经济是法制经济，企业的经济活动总是在一定法律规范内进行的。法律既约束企业的非法经济行为，也为企业从事各种合法经济活动提供保护。

任务小结

企业财务活动在相当大程度上受到财务管理环境的制约，如生产、技术、供销、市场、物价、金融、税收等因素。概括来说，财务管理环境就是指对企业财务活动产生影响作用的企业内外各种条件或要素。它们是企业财务决策和管理难于改变的外部约束条件，企业财务管理必须适应它们的要求而主动变化。财务管理环境涉及的范围很广，其中最重要的财务管理环境是经济环境、金融环境和法律环境。只有在财务管理环境的各种因素作用下实现财务活动的协调平衡，企业才能正常运转和发展。

课后习题

一、单项选择题

1. 财务管理区别于企业其他管理的基本特征，在于它是一种（　　）。
   A. 物资管理　　　　B. 价值管理　　　　C. 使用价值管理　　　D. 劳动管理
2. 下列说法中，错误的是（　　）。
   A. 筹资活动是指企业为了满足投资和用资的需要，筹措和集中所需资金的过程
   B. 企业将资金用于购置固定资产，购买其他企业的股票和债券，这种资金的支出活动是企业的投资活动
   C. 一定时期内，企业营业资本周转速度越慢，企业需要的资金数量越少，资金的利用效率越高
   D. 企业净利润的分配应按照国家财务制度规定的分配形式和顺序进行
3. 企业财务关系中最为重要的关系是（　　）。
   A. 股东与经营者之间的关系
   B. 股东与债权人之间的关系
   C. 股东、经营者、债权人之间的关系
   D. 企业与政府有关部门、社会公众之间的关系
4. 甲、乙两个企业均投入100万的资本，本年获利均为20万元。但甲企业的获利已

经全部转化为现金,而乙企业则全部是应收账款。财务分析人员认为这两个企业均获利 20 万元,经营效果相同。得出这种结论的原因在于( )。

A. 没有考虑利润的获得时间

B. 没有考虑利润的获得时间和所承担的风险的大小

C. 没有考虑所获得利润和投入资本的关系

D. 没有考虑所获利润与规模大小的关系

5. 企业价值最大化目标强调的是企业的( )。

A. 预期获利能力　　B. 实际利润额　　C. 实际利润率　　D. 生产能力

6. ( )认为在货币资金的周转和循环过程中,不同时点的货币收支价值不一样,不能将它们直接相加或者简单比较。

A. 收支平衡原则　　　　　　　　B. 成本效益权衡原则

C. 资金合理配置原则　　　　　　D. 货币时间价值原则

7. 在经济萧条期,企业应采取的财务管理战略是( )。

A. 建立存货储备　　　　　　　　B. 出售多余设备

C. 裁减雇员　　　　　　　　　　D. 停止不利产品的生产

8. 在通货膨胀条件下,可能出现的现象有( )。

A. 资金需求锐减　　　　　　　　B. 企业盈利能力被低估

C. 利率降低　　　　　　　　　　D. 物价水平普遍上涨

二、多项选择题

1. 财务分析结果的使用者主要是( )。

A. 投资者　　　B. 债权人　　　C. 管理者　　　D. 债务人

2. 以下说法中,正确的是( )。

A. 利润最大化目标强调资源的合理配置,有利于企业加强管理

B. 股东财富最大化目标与企业价值最大化目标均考虑了资金的时间价值和风险因素

C. 每股收益最大化目标考虑了资金的时间价值和风险因素

D. 企业价值最大化只适用于上市公司

3. 下列说法中,符合成本-效益-风险权衡原则的是( )。

A. 企业应合理配置和调度资金以使资金保持合理的结构和比例关系

B. 企业应建立风险预警系统,建立收支平衡关系

C. 企业的成本、效益、风险是成比例的

D. 企业想达到最低成本、承担最小风险,同时获得最大效益是不可能的

4. 下列对企业财务管理环境的描述中,正确的有( )。

A. 企业财务管理环境既指企业面临的外部宏观环境,又包括企业内部的微观环境

B. 经济环境是企业在进行财务活动时所面临的微观经济状况

C. 互联网时代下,现代电子技术和信息技术的应用,推动着财务管理技术方法的革新,这是财务管理的技术环境对财务管理产生的影响

D. 市场经济下,法律虽然约束着企业的经济行为,但并不是财务管理环境的一部分

5. 影响财务管理的主要金融环境因素有( )。

A. 金融工具　　　B. 金融市场　　　C. 金融机构　　　D. 金融法律

三、判断题

1. 财务管理的基本环节包括财务预测、财务决策、财务预算、财务控制和财务分析。（　）

2. 企业与债权人之间的财务关系是一种强制性分配关系。（　）

3. 资金合理配置原则要求企业从每一个局部都使资金得到有效的运用，从而取得最大的经济效益。（　）

4. 股东财富最大化又可以表现为股票价格最大化，特别适用于上市公司。（　）

5. 经济复苏期，企业应该增加厂房设备，提高产品价格，增加劳动力。（　）

6. 保险公司、证券公司、金融租赁公司都是非银行金融机构。（　）

7. 基本金融工具种类多样，具有跨期性、杠杆性、联动性和高风险性，主要包括远期、期货、期权等。（　）

8. 纯粹利率可以近似使用没有通货膨胀情况下的短期国债利率来表示。（　）

四、复习思考题

1. 企业财务管理的对象及财务活动的内容是什么？
2. 将企业价值最大化作为财务管理目标的优点是什么？
3. 财务管理的外部和内部环境包括哪些？

实践操作

项目二 财务管理的基本观念

思维导图

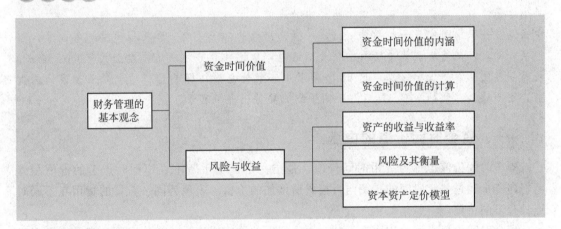

学习目标

知识目标：
1. 掌握资金时间价值和风险的含义；
2. 掌握终值与现值的计算以及风险的衡量；
3. 了解资本资产定价模型。

能力目标：
1. 能够比较不同时点的资金价值大小；
2. 能熟练运用资金时间价值的计算解决实际问题；
3. 能够在风险与收益之间进行权衡和选择。

素质目标：
1. 树立资金时间价值观念；
2. 增强风险意识。

任务一　资金时间价值

任务分析

任何投资项目的建设活动和经营活动都是在具体的时点上进行的，其投入和产出都分布在项目周期内的不同时点上，在进行经济效益指标的评价时，必须考虑不同时点上资金的可比性问题。资金时间价值的作用就是解决不同时点的可比性问题。

案例导入

有一个古老的故事，一个爱下象棋的国王棋艺高超，任何人只要能赢他，国王就会答应他任何一个要求。一天，一位年青人终于赢了国王，年轻人要求的奖赏就是在棋盘的第一个格子中放一粒麦子，在第二个格子中放进前一个格子中麦子粒数的一倍，每一个格子中都是前一个格子中麦子粒数的一倍，一直将棋盘的格子放满。国王很爽快地答应了，但很快就发现，即使将国库中所有的粮食都给他，也不够百分之一。棋盘上共有64个格子，按照今日国际麦子价格来算，这64个格子中麦粒的总数，即使是花尽世界三大富豪的财富，还不够其总数的1%。思考一下国王到底要付出多少麦子？

一、资金时间价值的内涵

资金时间价值也称为货币时间价值，是指一定量货币资本在不同时点上的价值量差额，即资金经过一定时间的投资与再投资所增加的价值。表现为同一数量的货币在不同时点具有不同价值。

资金时间价值来源于货币进入社会再生产后的价值增值。通常情况下，它是指没有风险也没有通货膨胀情况下的社会平均利润率。根据资金时间价值理论，可以将某一时点的资金价值金额折算为其他时点的价值金额。

引入资金时间价值概念后，就要树立新的时间价值观念。即不能直接比较发生在不同时点的资金，而要将不同时点的资金价值金额折算为同一时点的价值金额后再进行比较。在不同时点之间折算资金价值涉及两个非常重要的概念，即终值和现值。

终值又称本利和，是指现在一定量的资金折算到未来某一时点所对应的价值。

现值又称本金，是指未来某一时点上的一定量资金折算到现在所对应的价值。

现值和终值都是一定量资金在前后两个不同时点上所对应的价值，其差额即为资金时间价值。利率被视为资金时间价值的一种具体表现。

为计算方便，假定有关字母符号的含义如下：P 为现值；F 为终值；i 为利率；I 为利息；n 为计算利息的期数；A 为年金。在计算利息时，给出的利率一般为年利率，对于不足一年的利息，以1年等于360天来折算。

二、资金时间价值的计算

(一) 利息的两种计算方式

终值和现值的计算涉及利息计算方式的选择。利息计算方式主要有两种：单利和复利。

单利计息是指每期只按初始本金计提利息，每期利息相同。

复利计息是指每期不仅要对本金计息，而且要对前期的利息计提利息，计息基础是前期的本利和，每期利息不相等。俗称利滚利。

(二) 一次性收付款项

一次性收付款项指在某一特定时点上发生的某项一次性付款(或收款)业务，经过一段时间后发生与此相关的一次性收款(或付款)业务。

▶ 1. 单利的终值和现值

单利是指按照固定的本金计算利息的一种计息方式，即利不生利的计息方法。

(1) 单利终值的计算。其计算公式为
$$F = P \times (1 + i \times n)$$

【例2-1】某人将1 000元存入银行，年利率2%，假设按单利计息，求5年后的终值。

解：$F = P \times (1 + i \times n) = 1\,000 \times (1 + 2\% \times 5) = 1\,100(元)$

(2) 单利现值的计算。其计算公式为
$$P = F / (1 + i \times n)$$

【例2-2】某人为了10年后能从银行取出6 000元，在年利率2%的情况下，目前应存入银行的金额是多少？假设银行按单利计息。

解：$P = F / (1 + i \times n) = 6\,000 / (1 + 2\% \times 10) = 5\,000(元)$

▶ 2. 复利的终值和现值

复利是指不仅对本金计算利息，还对利息计算利息的一种计息方式，即每经过一个计息期，要将该期所派生的利息加入本金再计算利息，逐期滚动计算，俗称"利滚利"。

(1) 复利的终值(已知现值P，求终值F)。复利终值指一定量的货币，按复利计算若干期后的本利和。

例如，1元钱存入银行，假设银行的年利率是10%，按复利计息，则：

1年后的复利终值 = $1 \times (1 + 10\%) = 1.1(元)$

2年后的复利终值 = $1.1 \times (1 + 10\%) = 1 \times (1 + 10\%)^2 = 1.21(元)$

3年后的复利终值 = $1.21 \times (1 + 10\%) = 1 \times (1 + 10\%)^3 = 1.331(元)$

依此类推，可得复利终值的计算公式为
$$F = P \times (1 + i)^n$$

式中，$(1+i)^n$为复利终值系数，可用符号$(F/P, i, n)$表示，可在附录A复利终值系数表中查到相应的值。因而复利终值公式也可表示为
$$F = P \times (F/P, i, n)$$

【例2-3】某人将1 000元存入银行，年利率2%，假设按复利计息，求5年后的终值。

解：$F = P \times (1 + i)^n = 100 \times (1 + 2\%)^5 = 110.41(元)$

或 $F = P \times (F/P, i, n) = 100 \times (F/P, 2\%, 5) = 100 \times 1.104\,1 = 110.41(元)$

(2) 复利的现值(已知终值 F，求现值 P)。复利现值是指未来某期的一定量的资金，按复利计算的现在价值。其计算公式为

$$P=F/(1+i)^n$$

式中，$(1+i)^{-n}$ 为复利现值系数，可用符号 $(P/F, i, n)$ 表示，可在附录 B 复利现值系数表中查到相应的值。因而复利现值公式也可表示为

$$P=F\times(P/F, i, n)$$

【例 2-4】某人为了 10 年后能从银行取出 6 000 元，在年利率 2% 的情况下，目前应存入银行的金额是多少？假设银行按复利计息。

解：$P=F/(1+i)^n=6\,000/(1+2\%)^{10}=4\,922.09(元)$

或 $P=F\times(P/F, i, n)=6\,000\times(P/F, 2\%, 10)=6\,000\times0.820\,3=4\,921.8(元)$

(三) 年金终值和年金现值的计算

年金是指间隔期相等的系列等额收付款，通常用 A 来表示。年金按其每次收付款项发生的时点不同，可以分为普通年金、即付年金、递延年金、永续年金等类型。普通年金是指从第一期起，在一定时期内每期期末等额收付的系列款项，又称为后付年金。即付年金是指从第一期起，在一定时期内每期期初等额收付的系列款项，又称先付年金、预付年金。即付年金与普通年金的区别仅在于付款时间的不同。递延年金是指第一次收付款发生时间与第一期无关，而是隔若干期(m)后才开始发生的系列等额收付款项。永续年金是指无限期等额收付的特种年金。它是普通年金的特殊形式，即期限趋于无穷的普通年金。具体年金分类如表 2-1 所示。

表 2-1 年金的分类

年金种类	特 点	现金流量图
普通年金 (后付年金)	从第一期开始每期期末收付款项	A 在 1, 2, 3, 4 期末
即付年金 (先付年金)	从第一期开始每期期初收付款项	A 在 0, 1, 2, 3 期
递延年金	在第二期或第二期以后收付款项	A 在 2, 3, 4, 5 期
永续年金	无限期的普通年金	A 在 1, 2, 3, 4, … ∞

注：这里年金的收付时间间隔不一定是一年，还可以是半年、一个季度或者一个月等。

年金在我们的经济生活中非常普遍，如支付房屋的租金、抵押支付、商品的分期付款、分期付款赊购、分期偿还贷款、发放养老金、提取折旧以及投资款项的利息支付等，都属于年金收付形式。

▶ 1. 普通年金终值(已知年金 A，求终值 F)

普通年金终值是指普通年金最后一次收付时的本利和，它是每次收付款项的复利终值之和。

假设每期等额收付款项为 A，利率为 i，年金期数为 n，年金终值为 F，则普通年金的

终值如图 2-1 所示。

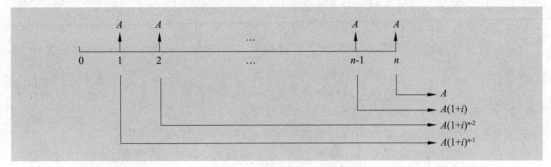

图 2-1 普通年金终值计算

根据复利终值的方法,计算年金为 A,利率为 i,期数为 n 的普通年金终值如下:

$$F = A + A(1+i) + \cdots + A(1+i)^{n-2} + A(1+i)^{n-1} \qquad ①$$

将两边同时乘以 $(1+i)$ 得:

$$F(1+i) = A(1+i) + A(1+i)^2 + \cdots + A(1+i)^{n-1} + A(1+i)^n \qquad ②$$

上述两式相减,即②-①可得:

$$F \times i = A(1+i)^n - A = A \times [(1+i)^n - 1]$$

整理得:

$$F = A \times \frac{(1+i)^n - 1}{i} = A \times (F/A, i, n)$$

式中,$\frac{(1+i)^n - 1}{i}$ 称为"年金终值系数",记作 $(F/A, i, n)$,可直接查阅年金终值系数表(见附录 C)。

【例 2-5】小王 5 年中每年年底存入银行 1 000 元,存款利率为 8%,求第 5 年年末小王取出的本利和是多少?

解:$F = A \times \frac{(1+i)^n - 1}{i} = 1\,000 \times \frac{(1+8\%)^5 - 1}{8\%} = 5\,866.60$(元)

或 $F = A \times (F/A, i, n) = 1\,000 \times (F/A, 8\%, 5) = 1\,000 \times 5.866\,6 = 5\,866.6$(元)

【例 2-6】A 矿业公司决定将其一处矿产 10 年开采权公开拍卖,因此它向世界各国煤炭企业招标开矿。已知甲公司和乙公司的投标书最具有竞争力,甲公司的投标书显示,如果该公司取得开采权,从获得开采权的第 1 年开始,每年年末向 A 公司缴纳 10 亿美元的开采费,直到 10 年后开采结束。乙公司的投标书表示,该公司在取得开采权时,直接付给 A 公司 40 亿美元,在 8 年末再付给 60 亿美元。如果 A 公司要求的年投资回报率为 15%。问:应接受哪家公司的投标?

解:甲公司的方案对 A 公司来说是一笔年收款 10 亿美元的 10 年普通年金,其终值计算如下:

$F = A \times (F/A, i, n) = 10 \times (F/A, 15\%, 10) = 10 \times 20.304 = 203.04$(亿美元)

乙公司的方案对 A 公司来说是两笔收款,分别计算其终值:

第 1 笔收款(40 亿美元)的终值:

$F = 40 \times (F/P, 15\%, 10) = 40 \times 4.045\,6 \approx 161.82$(亿美元)

第 2 笔收款(60 亿美元)的终值：
$F = 60 \times (F/P, 15\%, 2) = 60 \times 1.3225 = 79.35$(亿美元)
终值合计 $= 161.82 + 79.35 = 241.17$(亿美元)

甲公司付出的款项终值小于乙公司付出的款项的终值，因此 A 公司应接受乙公司的投标。

实际工作中，对于上述问题的决策多采用比较不同方案现值的方式进行。

▶ 2. 预付年金终值(已知年金 A，求终值 F)

预付年金终值是指一定时期内每期期初等额收付的系列款项的终值。

假设每期等额收付款项为 A，利率为 i，年金期数为 n，年金终值为 F，则预付年金的终值如图 2-2 所示。

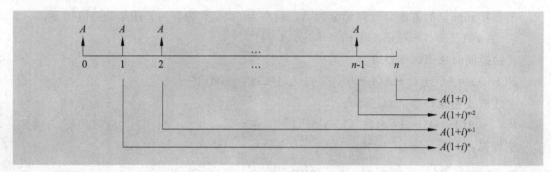

图 2-2 预付年金终值计算

根据复利终值的方法，计算年金为 A，利率为 i，期数为 n 的预付年金终值如下：

$$F = A(1+i) + A(1+i)^2 + A(1+i)^3 + \cdots + A(1+i)^n \qquad ①$$

将两边同时乘以 $(1+i)$ 得

$$F(1+i) = A(1+i)^2 + A(1+i)^3 + A(1+i)^4 + \cdots + A(1+i)^{n+1} \qquad ②$$

上述两式相减，即 ② － ① 可得

$$F = A \times \frac{(1+i)^n - 1}{i} \times (1+i) = A \times (F/A, i, n) \times (1+i)$$

或 $F = A \times \left[\frac{(1+i)^{n+1} - 1}{i} - 1 \right] = A \times [(F/A, i, n+1) - 1]$

式中，$\frac{(1+i)^{n+1} - 1}{i} - 1$ 称为"预付年金终值系数"，它和普通年金终值系数 $\frac{(1+i)^n - 1}{i}$ 相比，期数加 1 而系数减 1，可记作 $(F/A, i, n+1) - 1$。

【例 2-7】为给儿子上大学准备资金，王先生连续 6 年于每年年初存入银行 3 000 元。若银行存款利率为 5%(复利计息)，则王先生在第 6 年年末能一次取出本利和多少钱？

解：
$F = A \times [(F/A, i, n+1) - 1]$
$= 3\,000 \times [(F/A, 5\%, 7) - 1]$
$= 3\,000 \times (8.1420 - 1)$
$= 21\,426$(元)

或 $F = A \times (F/A, i, n) \times (1+i)$

$$= 3\,000 \times (F/A, 5\%, 6) \times (1+5\%)$$
$$= 3\,000 \times 6.801\,9 \times 1.05$$
$$\approx 21\,425.99(元)$$

▶ 3. 递延年金终值（已知年金 A，求终值 F）

递延年金是指首次收付款项发生在第二期或第二期以后的年金。一般用 m 表示递延期数（没有收付款项发生的期间数），用 n 表示连续收付期。递延年金的收付形式如图 2-3 所示。

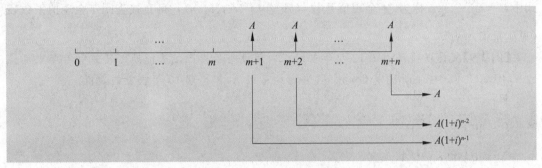

图 2-3　递延年金终值计算

从图 2-3 中可看出，递延年金的终值计算和普通年金的终值计算一样，计算公式为
$$F = A \times (F/A, i, n)$$
式中，n 表示连续收付期，递延年金终值的计算与递延期无关。

【例 2-8】某人从第四年末起，每年年末支付 100 元，利率为 10%。问：第七年末共支付多少？

解：
$$F = A \times (F/A, i, n)$$
$$= 100 \times (F/A, 10\%, 4)$$
$$= 100 \times 4.641$$
$$= 464.1(元)$$

▶ 4. 普通年金现值（已知年金 A，求现值 P）

普通年金现值是指将在一定时期内按相同时间间隔在每期期末收付的相等金额折算到第一期期初的现值之和。

假设每期等额收付款项为 A，利率为 i，年金期数为 n，年金现值为 P，则普通年金的现值如图 2-4 所示。

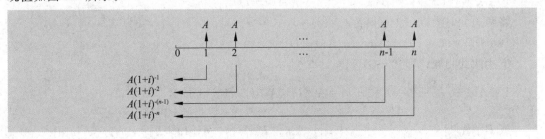

图 2-4　普通年金现值计算

根据复利现值的方法，计算年金为 A，利率为 i，期数为 n 的普通年金现值如下：

$P = A(1+i)^{-1} + A(1+i)^{-2} + \cdots + A(1+i)^{-(n-1)} + A(1+i)^{-n}$ ①

将两边同时乘以 $(1+i)$ 得：

$P(1+i) = A + A(1+i)^{-1} + \cdots + A(1+i)^{-(n-2)} + A(1+i)^{-(n-1)}$ ②

上述两式相减，即②-①可得：

$$P = A \times \frac{1-(1+i)^{-n}}{i} = A \times (P/A, i, n)$$

式中，$\frac{1-(1+i)^{-n}}{i}$ 称为"年金现值系数"，记作 $(P/A, i, n)$，可直接查阅年金现值系数表（见附录 D）。

【例 2-9】 某投资项目于 2012 年年初动工，假设当年投产，从投产之日起每年年末可得收益 40 000 元。按年折现率 6% 计算（复利计息），计算预期 10 年收益的现值。

解：

$P = 40\,000 \times \frac{1-(1+6\%)^{-10}}{6\%}$

$= 40\,000 \times (P/A, 6\%, 10)$

$= 40\,000 \times 7.360\,1$

$= 294\,404(\text{元})$

▶ 5. 预付年金现值（已知年金 A，求现值 P）

预付年金现值是指将一定时期内按相同时间间隔在每期期初收付的相等金额折算到第一期期初的现值之和。

假设每期等额收付款项为 A，利率为 i，年金期数为 n，年金现值为 P，则预付年金的现值如图 2-5 所示。

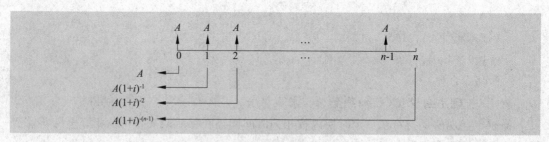

图 2-5 预付年金现值计算

根据复利现值的方法，计算年金为 A，利率为 i，期数为 n 的预付年金现值如下：

$P = A + A(1+i)^{-1} + A(1+i)^{-2} + \cdots + A(1+i)^{-(n-1)}$ ①

将两边同时乘以 $(1+i)$ 得：

$P(1+i) = A(1+i) + A + \cdots + A(1+i)^{-(n-2)}$ ②

上述两式相减，即②-①可得：

$P = A \times \frac{1-(1+i)^{-n}}{i} \times (1+i) = A \times (P/A, i, n) \times (1+i)$

或 $P = A \times \left[\frac{1-(1+i)^{-(n-1)}}{i} + 1 \right] = A \times [(P/A, i, n-1) + 1]$

式中，$\left[\dfrac{1-(1+i)^{-(n-1)}}{i}+1\right]$称为"预付年金现值系数"，它和普通年金现值系数 $\dfrac{1-(1+i)^{-n}}{i}$ 相比，期数要减1，而系数要加1，可记作$(P/A, i, n-1)+1$。

【例2-10】某人拟购房，开发商提出两种方案，一种是现在一次性支付80万元；另一种是从现在起每年年初付20万元，连续支付5年，若目前的银行贷款利率是7%，应如何付款？

解：一次性支付的现值：$P=80$ 万元

分期支付的现值：

$P=A\times(P/A, i, n)\times(1+i)$
$=20\times(P/A, 7\%, 5)\times(1+7\%)$
$=20\times4.100\,2\times(1+7\%)$
≈87.74 万元

或

$P=A\times[(P/A, i, n-1)+1]$
$=20\times(3.387\,2+1)$
≈87.74 万元

可见，分期支付的现值大于一次性支付。因此，一次性支付80万元更有利。

▶ 6. 递延年金现值（已知年金A，求现值P）

递延年金现值是指间隔一定时期后每期期末或期初收付的系列等额款项，按照复利计息方式折算的现时价值，即间隔一定时期后每期期末或期初等额收付资金的复利现值之和。递延年金现值的计算方法有三种：

方法一：先将递延年金视为n期普通年金，求出在递延期期末的普通年金现值，然后再折算到第一期期初，计算公式为

$$P=A\times(P/A, i, n)\times(P/F, i, m)$$

方法二：先计算$m+n$期年金现值，再减去m期年金现值，计算公式为

$$P=A\times[(P/A, i, m+n)-(P/A, i, m)]$$

方法三：先求递延年金终值再折现为现值，计算公式为

$$P=A\times(F/A, i, n)\times(P/F, i, m+n)$$

【例2-11】某企业向银行借入一笔款项，银行贷款的年利率为10%，每年复利一次。银行规定前5年不用还本付息，但从第6～20年每年年末偿还本息5 000元。要求：用三种方法计算这笔款项的现值。

解：

方法一：$P=5\,000\times(P/A, 10\%, 15)\times(P/F, 10\%, 5)$
$=5\,000\times7.606\,1\times0.620\,9$
$\approx23\,613.14$（元）

方法二：$P=5\,000\times[(P/A, 10\%, 20)-(P/A, 10\%, 5)]$
$=5\,000\times(8.513\,6-3.790\,8)$
$=23\,614$（元）

方法三：$P=5\,000\times(F/A,10\%,15)\times(P/F,10\%,20)$
$\qquad\quad=5\,000\times31.773\times0.148\,6$
$\qquad\quad\approx23\,607.34(元)$

三种方法计算结果的差异是因货币时间价值系数的小数点位数保留造成的，与方法无关。后面的例题中也有类似的情况，不再一一说明。

▶ 7. 永续年金现值（已知年金 A，求现值 P）

永续年金的现值可以被看成一个 n 趋于无穷大的普通年金的现值。普通年金现值的计算公式为

$$P=A\times\frac{1-(1+i)^{-n}}{i}$$

当 n 趋向无穷大时，$(1+i)^{-n}$ 趋于无穷小。故 $P=A/i$。

【例2-12】某市政府教育局考虑建立一个永久性教育基金，每年计划提出100 000元奖励家庭贫困且品学兼优的中学生，若银行年利率为5%，计算一次性存入多少钱才能保证以后的款项支付。

解：$P=A/i=100\,000/5\%=2\,000\,000(元)$

即一次性存入银行2 000 000元，才能保证以后的支付。

▶ 8. 年偿债基金（已知年金终值 F，求年金 A）

偿债基金是指为了在约定的未来某一时点清偿某笔债务或积聚一定数额的资金而必须分次等额提取的存款准备金。由于每次提取的等额准备金类似年金存款，因而同样可以获得按复利计算的利息，所以债务实际上相当于年金终值，每年提取的偿债基金相当于年金 A。也就是说，偿债基金的计算实际上是年金终值的逆运算。其计算公式为

$$A=F\times\frac{i}{(1+i)^n-1}=F\times(A/F,i,n)=F/(F/A,i,n)$$

式中，$\dfrac{i}{(1+i)^n-1}$ 称为"偿债基金系数"，记作 $(A/F,i,n)$，它的值是年金终值系数的倒数。

【例2-13】某人拟在5年后还清10 000元债务，从现在起每年年末等额存入银行一笔款项。假设银行存款年利率为10%，则每年需存入多少元？

解：
$A=F\times(A/F,10\%,5)$
$\quad=F/(F/A,10\%,5)$
$\quad=10\,000/6.105\,1$
$\quad\approx1\,637.97(元)$

▶ 9. 年资本回收额（已知年金现值 P，求年金 A）

资本回收额是指在给定的年限内等额回收或清偿初始投入的资本或所欠的债务。年资本回收额是年金现值的逆运算。其计算公式为

$$A=P\times\frac{i}{1-(1+i)^{-n}}=P\times(A/P,i,n)=P/(P/A,i,n)$$

式中，$\dfrac{i}{1-(1+i)^{-n}}$ 称为"资本回收系数"，记作 $(A/P,i,n)$，它的值是年金现值系数的

倒数。

【例 2-14】某企业借得 100 万元的贷款，在 10 年内以年利率 12% 等额偿还，则每年应付的金额为多少？

解：
$A = P \times (A/P, i, n)$
　$= 100/(P/A, 12\%, 10)$
　$= 100/5.650\ 2$
　$\approx 17.70(万元)$

（四）名义利率与实际利率的计算

复利的计息期不一定是一年，也有可能是一季度、一月或一日。如果以"年"作为基本计息期，每年计算一次复利，此时的年利率为名义利率；如果按照短于 1 年的计息期计算复利，并将全年利息额除以年初的本金，此时得到的利率为实际利率。

一年多次计息时名义利率与实际利率的换算关系为

$$i = (1 + r/m)^m - 1$$

式中，r 为名义利率；m 为每年复利的次数；i 为实际利率。

【例 2-15】年利率为 12%，按季复利计息，试求实际利率。

解：由于按季复利计息，因此一年复利计息 4 次。由于名义利率为 12%，所以
$i = (1 + r/m)^m - 1$
　$= (1 + 12\%/4)^4 - 1$
　$= 1.125\ 5 - 1$
　$= 12.55\%$

任务小结

资金时间价值也称为货币时间价值，是指一定量货币资本在不同时点上的价值量差额，即资金经过一定时间的投资与再投资所增加的价值。表现为同一数量的货币在不同时点具有不同价值。

单利计息：每期只按初始本金计提利息，每期利息相同。复利计息：每期不仅要对本金计息，而且要对前期的利息计提利息，计息基础是前期的本利和，每期利息不相等。

年金是指间隔期相等的系列等额收付款，通常用 A 来表示。年金按其每次收付款项发生的时点不同，可以分为普通年金、即付年金、递延年金、永续年金等类型。

任务二　风险与收益

任务分析

风险发生所导致的结果可能带来某种形式的损失或收益，不要认为存在风险就只理解

为损失的可能,风险也可能带来潜在的收益。企业的财务活动和经营管理活动总是在有风险的状态下进行的,只不过风险有大有小。投资者冒着风险投资,是为了获得更多的收益。理论上,风险越大,要求的收益越高,风险和收益之间存在密切的对应关系。

案例导入

假如你现在有 50 000 元,你可以购买一份价格为 50 000 元的 3 年期国库券,年利率为 5%。也可以用 50 000 元购买一家科技公司的股票,这家公司正在进行一项新的科研项目的研究,投资收益率将无法准确地评估。有人通过统计分析得出该公司的预期收益率为 30%,但收益率 30% 是不确定的。可能实际的收益率为 300%,如果研究失败也有可能亏损 20%。实际收益率与预期收益率之间可能会产生很大的差别。你会如何选择?在这两个例子中,如果购买国库券和购买科技公司的股票具有相同的预期报酬率,你又会做出什么选择?

一、资产的收益与收益率

(一) 资产收益的含义与计算

资产收益是指资产的价值在一定时期的增值。一般情况下,有两种表述资产收益的方式。

第一种方式是以金额表示的,称为资产收益额。通常以资产价值在一定期限内的增值量来表示。该增值量来源于两部分:一是期限内资产的现金净收入;二是期末资产的价值(或市场价格)相对于期初价值(或市场价格)的升值。前者多为利息、红利或股息收益,后者则称为资本利得。

第二种方式是以百分比表示的,称为资产的收益率。是资产增值量与期初资产价值(或价格)的比值。该收益率也包括两部分:一是利(股)息的收益率;二是资本利得的收益率。

如果不作特殊说明,资产的收益均指资产的年收益率,又称资产的报酬率。单期收益率的计算方法为

$$单期资产的收益率 = \frac{利息(股息)收益 + 资本利得}{期初资产价值(价格)}$$

$$= 利息(股息)收益率 + 资本利得收益率$$

【例 2-16】某股票一年前的价格为 10 元,一年中的税后股息为 0.25 元,现在的市价为 12 元。那么,在不考虑交易费用的情况下,一年内该股票的收益率是多少?

解:一年中资产的收益为

$$0.25 + (12 - 10) = 2.25(元)$$

其中,股息收益为 0.25 元,资本利得为 2 元。

$$股票的收益率 = (0.25 + 12 - 10) \div 10 = 2.5\% + 20\% = 22.5\%$$

其中,股利收益率为 2.5%;资本利得收益率为 20%。

(二) 资产收益率的类型

在实际的财务工作中,由于工作角度和出发点不同,收益率可以有以下一些类型。

▶ 1. 实际收益率

实际收益率表示已经实现的或确定能够实现的资产收益率,包括已实现的或确能实现的利(股)息率与资本利的收益率之和。当存在通货膨胀时,应当扣除通货膨胀的影响,才是真实的收益率。

▶ 2. 名义收益率

名义收益率仅指在资产合约上标明的收益率。例如借款协议上的借款利率。

▶ 3. 预期收益率

预期收益率也称为期望收益率,是指在不确定的条件下,预测的某资产未来可能实现的收益率。通俗地讲,是投资人期望获得的报酬率。

▶ 4. 必要收益率

必要收益率也称最低必要报酬率或最低要求的收益率,表示投资者对某资产合理要求的最低收益率。必要收益率与认识到的风险有关,人们对资产的安全性有不同的看法。如果某公司陷入财务困难的可能性很大,也就是说投资该公司股票产生损失的可能性很大,那么投资该公司股票将会要求一个较高的收益率,所以该股票的必要收益率就会较高。相反,如果某项资产的风险较小,那么对该项资产要求的必要收益率也就较小。必要收益率由两部分构成,即无风险收益率和风险收益率。

(1) 无风险收益率。无风险收益率也称无风险利率,它是指可以确定可知的无风险资产的收益率,它的大小由纯粹利率(资金的时间价值)和通货膨胀补贴两部分组成。一般情况下,为了方便起见,通常用短期国库券的利率近似的代替无风险收益率。

(2) 风险收益率。风险收益率是指某资产持有者因承担该资产的风险而要求的超过无风险利率的额外收益,它等于必要收益率与无风险收益率之差。风险收益率衡量了投资者将资金从无风险资产转移到风险资产而要求得到的"额外补偿",它的大小取决于以下两个因素:一是风险的大小;二是投资者对风险的偏好。

二、风险及其衡量

(一) 风险的概念

在财务管理中,资金时间价值和风险价值是两个重要的概念。一种投资的收益率总是与其风险联系在一起。只有当投资者认为可以获得较高回报的时候,他们才会投资于有风险的资产。

所谓风险是指在一定条件下或一定时期内,某一项行动具有多种可能而不确定的结果。风险具有多样性和不确定性,人们可以事先估计采取某种行动可能导致的各种结果以及各种结果出现的可能性大小,但无法确定最终结果是什么。例如,掷一枚硬币,可以事先知道落地时有正面朝上和反面朝上两种结果,并且每种结果出现的可能性各为50%,但谁也无法事先知道正面朝上还是反面朝上。

风险是客观的、普遍的,广泛地存在于企业的业务活动中,并影响着企业的财务目标。由于企业的财务活动经常是在有风险的情况下进行的,各种难以预料和无法控制的原因可能会使企业遭受风险和损失,而企业冒着风险投资总是要获取更多的收益。因此,企业的风险投资需要经过认真分析,以最大限度地减少风险,增加收益。

(二) 风险的种类

风险可以按照不同的标准分类。

▶ 1. 从个别投资主体的角度分类

从个别投资主体的角度来看,风险分为系统风险和非系统风险两类。

系统风险是指那些对所有企业产生影响的因素带来的风险,如战争、经济衰退、通货膨胀、高利率等。这类风险涉及所有的投资对象,不能通过多元化投资来分散,因此又称为不可分散风险或市场风险。例如,企业投资于股票,不论买哪一种股票,都要承担系统风险,经济衰退时各种股票的价格都会有不同程度的下跌。

非系统风险是指发生于个别企业的特有事件造成的风险,如罢工、新产品开发失败、没有争取到重要合同、诉讼失败等。这类事件是随机发生的,因而可以通过多元化投资来分散,即发生于一家企业的不利事件可以被其他企业的有利事件所抵消。这类风险又称为可分散风险或企业特有风险。例如,企业投资股票时,买几种不同的股票比只买一种股票风险小。

▶ 2. 从企业本身角度分类

从企业本身来看,风险分为经营风险(商业风险)和财务风险(筹资风险)两类。

经营风险是指由于企业经营情况的不确定性而导致盈利能力的变化,从而造成的投资者收入或本金减小或损失的可能性。它主要是指企业在不利用债务时的资产风险。它是任何商业活动都有的,也叫商业风险。经营风险源于两个方面:一是企业外部条件的变化,如经济形势、市场供求、市场价格等的变动;二是企业内部条件的变化,如生产技术装备、产品质量、工人以及设备的劳动生产率、生产成本的变化等。

财务风险是指企业由于利用负债融资而引起的企业盈余变动,是筹资决策带来的风险,也叫筹资风险。当企业的投资报酬率(息税前利润与平均总资产的比率)高于借款利率时,借入资本能给企业带来额外的税后净利;当企业投资报酬率低于借款利率时,由于债务的利息是一项固定开支,企业的税后净利将受到额外的损失,这就是所谓的财务风险。

(三) 风险的衡量

资产的风险是资产收益率的不确定性,其大小可用资产收益率的离散程度来衡量,离散程度是指资产收益率的各种可能结果与预期收益率的偏差。衡量资产的指标主要有收益率的方差、标准离差和标准离差率等。

▶ 1. 概率分布

概率是用来表示随机事件发生可能性大小的数值。一般用 X 表示随机事件,P_i 表示随机事件的第 i 种结果,为出现该种结果的相应概率。若必然出现,则 $P_i=1$;若不可能出现,则 $P_i=0$。所有可能结果出现的概率之和必定为1,即概率必须满足下列两个要求:

$$0 \leqslant P_i \leqslant 1 \text{ 和 } \sum_{i=1}^{n} P_i = 1.$$

▶ 2. 预期收益率

对预期收益率的直接估算,可参考以下三种方法。

方法一:加权平均法。首先描述影响收益率的各种可能情况,然后预测各种可能发生的概率,以及在各种可能情况下收益率的大小,那么预期收益率就是各种情况下收益率的加权平均,权数是各种可能情况发生的概率。计算公式为

$$E(R) = \sum_{i=1}^{n} R_i \times P_i$$

式中，$E(R)$ 为预期收益率；P_i 表示情况 i 可能出现的概率；R_i 表示情况 i 出现时的收益率。

【例 2-17】半年前以 5 000 元购买某股票，一直持有至今尚未卖出，持有期曾获红利 50 元。预计未来半年内不会再发放红利，且未来半年后市值达到 5 900 元的可能性为 50%，市价达到 6 000 元的可能性也是 50%。那么，预期收益率是多少？

解：

预期收益率 = [50%×(5 900－5 000)＋50%×(6 000－5 000)]÷5 000＝19%

方法二：历史数据分组法。首先收集事后收益率（历史数据），将这些历史数据按照不同的经济状况分类，并计算发生在各类经济状况下的收益率观测值的百分比，将所得百分比作为各类经济情况可能出现的概率，然后计算各类经济情况下所有收益率观测值的平均值作为该类情况下的收益率，最后计算各类情况下收益率的加权平均数就得到预期收益率。

例如，假定收集了历史上的 100 个收益率的观测值，在这 100 个历史数据中，发生在"经济良好"情况下的有 30 个，发生在"一般"和"经济较差"情况下的各有 50 个和 20 个，那么可估计经济情况出现良好、一般和较差的概率分别为 30%、50% 和 20%。然后，将经济良好情况下所有 30 个收益率观测值的平均值（假如为 10%）作为经济良好情况下的收益率，同样，计算另两类经济情况下观测值的平均值（假如分别是 8% 和 5%），那么

预期收益率＝30%×10%＋50%×8%＋20%×5%＝8%。

方法三：算术平均法。首先收集能够代表预期收益率分布的历史收益率的样本，假定所有历史收益率的观察值出现的概率相等，那么预期收益率就是所有数据的简单算术平均值。

【例 2-18】XYZ 公司股票的历史收益率数据如表 2-2 所示，请用算术平均值估计其预期收益率。

表 2-2　XYZ 公司股票的历史收益率

年度	1	2	3	4	5	6
收益率/%	26	11	15	27	21	32

解：

预期收益率 $E(R)$ ＝(26%＋11%＋15%＋27%＋21%＋32%)÷6＝22%

【例 2-19】某企业有 A、B 两个投资项目，两个投资项目的收益率及其概率分布情况如表 2-3 所示，试计算两个项目的期望收益率。

表 2-3　A 项目和 B 项目投资收益率的概率分布

项目实施情况	该种情况出现的概率		投资收益率/%	
	项目 A	项目 B	项目 A	项目 B
好	0.20	0.30	15	20
一般	0.60	0.40	10	15
差	0.20	0.30	0	－10

解：

根据第二种方法计算项目 A 和项目 B 的期望投资收益率分别为：

项目 A 的期望投资收益率＝0.20×15％＋0.60×10％＋0.20×0＝9％

项目 B 的期望投资收益率＝0.30×20％＋0.40×15％＋0.30×(－10％)＝9％

从计算结果可以看出，两个项目的期望投资收益率都是 9％，但是否可以就此认为两个项目是等同的呢？我们还需要了解概率分布的离散情况，即计算标准离差和标准离差率。

▶ 3. 离散程度

离散程度是用来衡量风险大小的统计指标。一般说来，离散程度越大，风险越大；离散程度越小，风险越小。反映随机变量离散程度的指标包括平均差、方差、标准离差、标准离差率和全距等。本书主要介绍方差、标准离差、标准离差率三项指标。

(1) 方差。方差是用来衡量资产收益率的各种可能值与其预期收益率(期望值)之间的偏离程度，其计算公式为

$$\sigma^2 = \sum_{i=1}^{n}(X_i - \overline{E})^2 \times P_i$$

(2) 标准离差。标准离差反映资产收益率的各种可能值与其预期收益率之间的偏离程度的指标，它等于方差的开方，其计算公式为

$$\sigma = \sqrt{\sum_{i=1}^{n}(X_i - \overline{E})^2 \times P_i}$$

标准离差和方差都是以绝对数衡量某资产的风险。在预期收益率相同的情况下，标准离差或方差越大，风险越大；反之，标准离差或方差越小，则风险越小。由于标准离差或方差指标是以绝对数来衡量资产风险，故不适用于具有不同的预期收益率资产风险的衡量。

(3) 标准离差率。标准离差率是资产收益率的标准离差与预期收益率之比，其计算公式为

$$V = \frac{\sigma}{E}$$

【例 2-20】以例 2-19 中的数据为例，分别计算例 2-19 中 A、B 两个项目投资收益率的方差、标准离差和标准离差率，并判断 A、B 两个项目的投资风险大小。

解：

项目 A 的方差为

$\sigma^2 = 0.20 \times (15\% - 9\%)^2 + 0.60 \times (10\% - 9\%)^2 + 0.20 \times (0 - 9\%)^2 = 0.002\,4$

项目 A 的标准离差为

$\sigma = \sqrt{0.002\,4} = 4.9\%$

项目 B 的方差为

$\sigma^2 = 0.30 \times (20\% - 9\%)^2 + 0.40 \times (15\% - 9\%)^2 + 0.30 \times (-10\% - 9\%)^2$
$= 0.015\,9$

项目 B 的标准离差为

$\sigma = \sqrt{0.015\,9} = 12.61\%$

项目 A 的标准离差率为
$V_A = 4.90\% / 9\% = 0.544$
项目 B 的标准离差率为
$V_B = 12.61\% / 9\% = 1.40$

经比较 A、B 两个项目收益率的方差、标准离差和标准离差率可知，A 项目投资风险小于 B 项目。

风险衡量的相关指标如表 2-4 所示。

表 2-4　风险衡量的相关指标

衡量指标	计算公式	结论
预期收益率	$E(R) = \sum_{i=1}^{n} R_i \times P_i$	反映预期收益的平均化，不能直接用来衡量风险
标准差	$\sigma = \sqrt{\sum_{i=1}^{n}(R_i - \overline{E})^2 \times P_i}$	预期收益率相同情况下，标准离差越大，风险越大
标准离差率	$V = \dfrac{\sigma}{E}$	标准离差率越大，风险越大

(四) 风险对策

▶ 1. 规避风险

当风险所造成的损失不能由该项目可能获得的收益予以抵消时，应当放弃该资产，以规避风险。规避风险的例子包括拒绝与不守信用的厂商业务往来；放弃可能明显导致亏损的投资项目。

▶ 2. 减少风险

减少风险主要有两个方面含义：一是控制风险因素，减少风险的发生；二是控制风险发生的频率和降低风险损害程度。减少风险的常用方法：进行准确的预测；对决策进行多方案优选和替代；及时与政府部门沟通获取政策信息；在发展新产品前，充分进行市场调研；采用多领域、多地域、多项目、多品种的投资以分散风险。

▶ 3. 转移风险

转移风险即对可能给企业带来灾难性损失的资产，企业应以一定代价，采取某种方式转移风险。如向保险公司投保；采取合资、联营、联合开发等措施实现风险共担；通过技术转让、租赁经营和业务外包等实现风险转移。

▶ 4. 接受风险

接受风险包括风险自担和风险自保两种。风险自担是指风险损失发生时，直接将损失摊入成本或费用，或冲减利润；风险自保是指企业预留一笔风险金或随着生产经营的进行，有计划地计提资产减值准备等。

(五) 风险偏好

风险偏好是指为了实现目标，企业或个体投资者在承担风险的种类、大小等方面的基本态度。风险就是一种不确定性，投资者面对这种不确定性所表现出的态度、倾向便是其风险偏好的具体体现。根据人们的效用函数的不同，可以按照其对风险的偏好分为风险回避者、风险追求者和风险中立者，他们的决策原则如表 2-5 所示。

表 2-5　不同类型风险偏好者的决策原则

类　　型	决　策　原　则
风险回避者	当预期收益率相同时，选择低风险的资产；当风险相同时，选择高预期收益率的资产
风险追求者	当预期收益率相同时，选择风险大的
风险中立者	资产选择的唯一标准是预期收益率的大小，不考虑风险

三、资本资产定价模型

所谓资本资产，主要指的是股票，而定价则试图解释资本市场如何决定股票报酬率，进而决定股票价格。财务管理学中常用资本资产定价模型（Capital Asset Pricing Model，CAPM）来描述资产的收益与风险的关系。模型公式为

$$K = R_f + \beta(R_m - R_f)$$

式中，R 表示某资产的必要收益率；β 表示该资产的系统风险系数；R_f 表示无风险收益率（通常以短期国债的利率来近似替代）；R_m 表示市场组合平均收益率（通常用股票价格指数收益率的平均值或所有股票的平均收益率来代替），$(R_m - R_f)$ 称为市场风险溢酬。

某资产的风险收益率是市场风险溢酬与该资产 β 系数的乘积，即

$$风险收益率 = \beta(R_m - R_f)$$

如果该资本资产为投资组合，则 β 系数等于被组合各证券 β 系数的加权平均数。

【例 2-21】 某投资组合由三只股票组成，三只股票的 β 系数分别为 2.0、1.0、0.5，在投资组合中所占资金比重分别为 60%、30%、10%。市场平均收益率为 14%，无风险收益率为 10%。计算该组合的必要收益率。

解：第一步，求解组合的 β 系数：
$\beta = 60\% \times 2.0 + 30\% \times 1.0 + 10\% \times 0.5 = 1.55$

第二步，将所有变量代入公式：
$K = R_f + \beta(R_m - R_f) = 10\% + 1.55(14\% - 10\%) = 16.2\%$

任务小结

资产收益是指资产的价值在一定时期的增值。

收益率包括以下类型：实际收益率、名义收益率、预期收益率和必要收益率，其中必要收益率包括无风险收益率和风险收益率。

拓展阅读：
资金时间价值在生活中的应用

风险是指在一定条件下或一定时期内，某一项行动具有多种可能而不确定的结果。风险可以按照不同的标准分类：从个别投资主体的角度来看，风险分为系统风险和非系统风险两类；从企业本身来看，风险分为经营风险（商业风险）和财务风险（筹资风险）两类。

课后习题

一、单项选择题

1. 已知甲方案投资收益率的期望值为15%，乙方案投资收益率的期望值为12%，两个方案都存在投资风险。比较甲、乙两方案风险大小应采用的指标是（   ）。
   A. 方差　　　　　　B. 净现值　　　　　　C. 标准离差　　　　　D. 标准离差率

2. 某企业拟进行一项存在一定风险的完整工业项目投资，有甲、乙两个方案可供选择：已知甲方案净现值的期望值为1 000万元，标准离差为300万元；乙方案净现值的期望值为1 200万元，标准离差为330万元。下列结论中正确的是（   ）。
   A. 甲方案优于乙方案　　　　　　　B. 甲方案的风险大于乙方案
   C. 甲方案的风险小于乙方案　　　　D. 无法评价甲乙方案的风险大小

3. 以下关于资金时间价值的叙述中，错误的是（   ）。
   A. 资金时间价值是指一定量资金在不同时点上的价值量差额
   B. 资金时间价值相当于没有风险、没有通货膨胀条件下的社会平均利润率
   C. 根据资金时间价值理论，可以将某一时点的资金金额折算为其他时点的金额
   D. 资金时间价值等于无风险收益率减去纯粹利率

4. 下列各项中，不能通过证券组合分散的风险是（   ）。
   A. 非系统风险　　　B. 公司特别风险　　　C. 可分散风险　　　D. 市场风险

5. 甲某四年后需用资金48 000元，假定银行四年期存款年利率为5%，则在单利计息情况下，目前需存入的资金为（   ）元。
   A. 40 000　　　　B. 29 803.04　　　　C. 39 729.6　　　　D. 31 500

6. 企业年初借得50 000元贷款，10年期，年利率12%，已知年金现值系数（P/A，12%，10）=5.650 2，则每年初应付金额为（   ）元。
   A. 8 849　　　　　B. 5 000　　　　　C. 6 000　　　　　D. 7 901

7. 某人分期付款购买一套住房，每年年末支付40 000元，分10次付清，假设年利率为3%，则相当于现在一次性支付（   ）元。
   A. 469 161　　　　B. 341 208　　　　C. 426 510　　　　D. 504 057

8. 有一项年金，前3年无流入，后5年每年初流入500元，年利率为10%，则其现值为（   ）元。
   A. 1 994.59　　　　B. 1 565.68　　　　C. 1 813.48　　　　D. 1 423.21

二、多项选择题

1. 某债券的面值为1 000元，每半年发放40元的利息，那么下列说法中正确的有（   ）。
   A. 半年的利率为4%　　　　　　B. 年票面利率为8%
   C. 年实际利率为8%　　　　　　D. 年实际利率为8.16%

2. A证券的预期报酬率为12%，标准离差为15%；B证券的预期报酬率为18%，标准差离为20%，则下列说法中正确的有（   ）。
   A. A的绝对风险大　　　　　　B. B的绝对风险大
   C. A的相对风险大　　　　　　D. B的相对风险大

3. 某公司向银行借入 12 000 元，借款期为 3 年，每年年末还本付息 4 600 元，则借款利率为（　　）。

A. 大于 8％　　　　B. 小于 8％　　　　C. 大于 7％　　　　D. 小于 6％

4. 在选择资产时，下列说法中正确的有（　　）。

A. 当预期收益率相同时，风险回避者会选择风险小的

B. 如果风险相同，对于风险回避者而言，将无法选择

C. 如果风险不同，对于风险中立者而言，将选择预期收益率大的

D. 当预期收益率相同时，风险追求者会选择风险小的

5. 对于资金时间价值，下列表述中正确的有（　　）。

A. 一般情况下应按复利方式来计算

B. 可以直接用短期国债利率来表示

C. 是指一定量资金在不同时点上的价值量差额

D. 相当于没有风险和没有通货膨胀条件下的社会平均资金利润率

三、判断题

1. 递延年金现值的大小与递延期无关，故计算方法和普通年金现值是一样的。（　　）

2. 资金时间价值是资金在周转使用中产生的，是资金所有者让渡资金使用权而参与社会财富分配的一种形式。（　　）

3. 企业向保险公司投保既可以规避风险还可以在一定程度上减少风险。（　　）

4. 如果市场上短期国库券的利率为 6％，通货膨胀率为 2％，风险收益率为 3％，则资金时间价值为 4％。（　　）

5. 递延年金有终值，终值的大小与递延期是有关的，在其他条件相同的情况下，递延期越长，则递延年金的终值越大。（　　）

6. 普通年金是指从第 1 期起，在一定时期内每期期初等额收付的系列款项。普通年金有时也简称年金。（　　）

7. 证券组合风险的大小，等于组合中各个证券风险的加权平均数。（　　）

8. 在有关资金时间价值指标的计算过程中，普通年金现值与普通年金终值是互为逆运算的关系。（　　）

四、计算分析题

1. 甲公司 2008 年年初对 A 设备投资 1 000 000 元，该项目 2010 年年初完工投产，2010 年、2011 年、2012 年年末预期收益分别为 200 000 元、300 000 元、500 000 元，银行存款利率为 12％。

要求：

（1）按单利计算，2010 年年初投资额的终值；

（2）按复利计算，并按年计息，2010 年年初投资额的终值；

（3）按复利计算，并按季计息，2010 年年初投资额的终值；

（4）按单利计算，2010 年年初各年预期收益的现值之和；

（5）按复利计算，并按年计息，2010 年年初各年预期收益的现值之和；

（6）按复利计算，并按季计息，2010 年年初各年预期收益的现值之和。

2. 某公司持有 A、B、C 三只股票构成的证券组合，三种股票所占比重分别为 50%、30%、20%；其 β 系数分别为 1.2、1.0、0.8；股票的市场收益率为 10%，无风险收益率为 8%。

问题：(1)计算该证券组合的风险收益率；
(2)计算该证券组合的必要收益率；
(3)投资 A 股票的必要收益率。

实践操作

项目三 筹资管理

思维导图

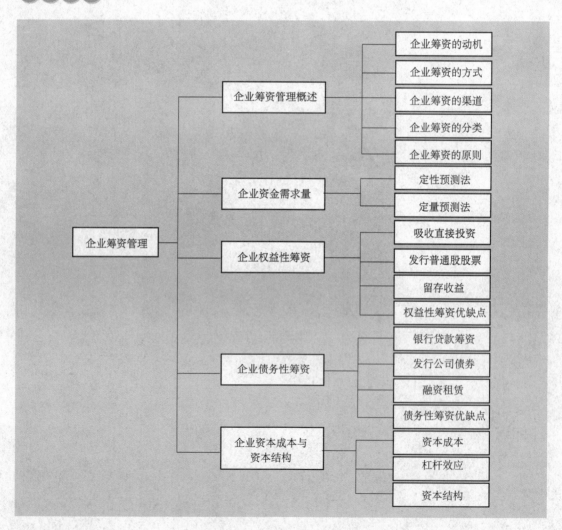

学习目标

知识目标：
1. 了解筹资的动机、方式、分类；
2. 掌握筹资需求量的预测方法；
3. 掌握权益性筹资与债务性筹资。

能力目标：
1. 能够完成资金成本的计算以及杠杆原理；
2. 能够确定最佳资本结构，并在多种筹资方法中进行最优决策。

素质目标：
1. 树立企业筹资的观念；
2. 增强筹划意识。

任务一 筹资管理概述

任务分析

企业筹资最基本的目的，是为了企业经营的维持和发展，为企业的经营活动提供资金保障，但每次具体的筹资行为，往往受特定动机的驱动。资金是企业的血液，是企业设立、生存和发展的物质基础，是企业开展生产经营业务活动的基本前提。

案例导入

北京小米科技有限责任公司成立于2010年4月，是一家专注于智能硬件和电子产品研发的移动互联网公司。"为发烧而生"是小米的产品概念。在小米迅速成长过程中，是如何解决资金问题的？小米的筹资历险记：2010年底，小米在接受晨兴、启明、IDG总计4 100万美元的A轮筹资时，估值为2.5亿美元；2011年12月，小米公司在完成第二轮9 000万美元筹资，投资人除了上述三家机构，又增加了顺为基金、淡马锡以及高通公司，而公司估值已经翻了4倍，升至10亿美元；2012年6月小米完成第三轮筹资2.1亿美元，公司整体估值达40亿美元；2013年8月小米再一次完成筹资，本次筹资金额在100亿美元。每一次的筹资都为小米带来新的血液，也使小米一跃成为仅次于阿里、腾讯、百度的中国第四大互联网公司。

一、企业筹资的动机

企业筹资是指企业为了满足经营活动、投资活动、资本结构管理和其他需要，运用一定的筹资方式，通过一定的筹资渠道，筹措和获取所需资金的一种财务行为。

（一）设立性筹资动机

设立性筹资动机是指企业设立时为取得资本金并形成开展经营活动的基本条件而产生的筹资动机，在企业设立之初，必须先筹集一定的法定资本金作为企业启动资金。

（二）扩张性筹资动机

扩张性筹资动机是指企业为扩大经营规模或增加对外投资而产生的筹资动机。企业维持简单再生产所需要的资金是稳定，通常不需要或很少。如果企业扩大再生产，经营规模扩张、开展对外投资，就需要大量追加筹资。

（三）调整性筹资动机

调整性筹资动机是指企业因调整资本结构而产生的筹资动机。调整性筹资的目的是调整资本结构，而不是为企业经营活动追加资金，这类筹资通常不会增加企业的资本总额。

（四）支付性筹资动机

支付性筹资动机是指企业为了满足经营活动的正常波动所形成的支付需要而产生的筹资动机，如原材料购买的大额支付、员工工资的集中发放、银行借款的提前偿还、股东股利发放等。

二、筹资的方式

筹资方式是指企业筹集资金所采取的具体形式，它受法律环境、经济条件、融资市场等筹资环境的制约。一般来说，企业筹资方式有三种：股权性筹资、债务性筹资和混合性筹资，股权性筹资是企业最基本的筹资方式。股权性筹资形成企业的股权资金，通过吸收直接投资、公开发行股票、留存收益等方式取得；债务性筹资形成企业的债务资金，通过向金融机构借款、发行公司债券、利用商业信用等方式取得；混合性筹资方式，属于兼有股权性筹资和债务性筹资性质。

（1）吸收直接投资，即企业按照"共同投资、共同经营、共担风险、共享利润"的原则直接吸收国家、法人、个人投入资金的一种筹资方式。

（2）发行股票，即企业以发售股票的方式筹集资金，只有股份有限公司才能发行股票。股票的发售对象，可以是社会公众，也可以是定向的特定投资主体。

（3）留存收益，即企业从税后净利润中提取的盈余公积金以及从企业可供分配利润中留存的未分配利润。

（4）向金融机构借款，即根据借款合同从银行或非银行金融机构借入的需要还本付息的一种筹资方式。

（5）发行公司债券，即企业以发售公司债券的方式取得资金的一种筹资方式。发行公司债券，适用于向法人单位和自然人两种渠道筹资。

（6）商业信用，即企业之间在商品或劳务交易中，由于延期付款或延期交货所形成的借贷关系来筹集短期资金的方式。

（7）融资租赁，即企业与租赁公司签订租赁合同，从租赁公司取得租赁物资资产，通过对租赁物的占有、使用取得自己的筹资方式。融资租赁方式不直接取得货币资金，通过租赁关系，直接取得实物资产，快速形成生产能力，然后通过出租人分期交付租金方式偿还资产的价款。

三、筹资的渠道

目前，企业的筹资渠道主要有下面几种，即企业自我积累、向金融机构借款、向非金融机构及企业借款、企业内部集资、向社会发行债券和股票、租赁等。不同的筹资渠道，其所承担的税负也不一样。

（一）企业自我积累

企业自我积累是由企业税后利润所形式，积累速度慢，不适应企业规模的迅速扩大，而且自我积累存在双重征税问题。虽然这种筹资方式使业主权益增大，资金所有权与经营权合二为一，但税负却最重。

（二）借款筹资

借款筹资主要是指向金融机构（如银行）进行融资，其成本主要是利息负债。向银行的借款利息一般可以在税前冲减企业利润，从而减少企业所得税。向非金融机构及企业筹资操作余地很大，但由于透明度相对较低，国家对此有限额控制。若从纳税筹划角度而言，企业借款，即企业之间拆借资金效果最佳。

（三）向社会发行债券和股票

向社会发行债券和股票属于直接融资，避开了中间商的利息支出。由于借款利息及债券利息可以作为财务费用，即企业成本的一部分而在税前冲抵利润，减少所得税税基，而股息的分配应在企业完税后进行，股利支付没有费用冲减问题，这相对增加了纳税成本。所以一般情况下，企业以发行普通股票方式筹资所承受的税负重于向银行借款所承受的税负，而借款筹资所承担的税负又重于向社会发行债券所承担的税负。企业内部集资入股筹资方式可以不用缴纳个人所得税。从一般意义上讲，企业以自我积累方式筹资所承受的税收负担重于向金融机构贷款所承担的税收负担，而贷款融资方式所承受的税负又重于企业借款等筹资方式所承受的税负，企业间拆借资金方式所承担的税负又重于企业内部集资入股所承担的税负。

（四）国家财政投入筹资

对于国家或地方的重点建设项目，可以申请国家财政或地方财政投资，通过国有资本金的形式投入企业。对于过去"拨改贷"政策时期的国家财政贷款，在符合当前政策的前提下，也可申请实现"贷改投"，转为国有资本金。

根据国家的宏观政策，政府财政中还有种种重点科技项目贷款、支农贷款、扶贫贷款、环境治理贷款等低息或贴息贷款，也是符合项目条件的企业可争取的筹资渠道。

四、筹资的分类

企业采用不同方式筹集资金，按照不同标准进行分类。

（一）股权筹资、债务筹资和混合筹资

股权资本，是股东投入的、企业依法长期持有的资本。企业在经营期间，投资者不得抽回，因而股权资本也称为自有资金，包括实收资本（股本）、资本公积、盈余公积和未分配利润，它是通过吸收直接投资、发行股票、内部积累等方式筹集的资金。

债务资本，是企业按合同向债权人取得的、在规定期限内需要清偿的债务。负债筹集

的资金不能归企业永久使用,必须按期还本付息。债权人对企业的经营状况不承担责任,因而债务资金具有较大的财务风险,但付出的资本成本相对较低。

混合筹资,兼具股权与债务筹资性质,如发行可转换债券、发行优先股和发行股权认证等筹集的资金。

(二)直接筹资与间接筹资

按照是否借助金融机构为媒介来获取社会资金,企业筹资分为直接筹资与间接筹资。

直接筹资,是企业直接与资金供应方协商取得资金的一种筹资方式,不需要通过金融机构来筹集资金,是企业直接从社会取得资金的一种方式。虽说直接筹资的筹资手续比较复杂,筹资费用高,但是筹集领域广阔,能够直接利用社会资金,有利于提高企业的知名度。直接筹资方式主要有发行股票、发行债券、吸收直接投资等。直接筹资方式既可以筹集股权资金,也可以筹集债务资金。

间接筹资,是企业借助金融机构中介而筹集资金。在间接筹资方式下,银行等金融机构发挥中介作用,预先筹集资金,然后提供给企业。间接筹资手续相对简单,效率高,费用较低,但是易受金融政策影响和制约。间接筹资的基本方式是银行存款,此外还有融资租赁方式。

(三)内部筹资和外部筹资

内部筹资是指企业通过留存收益而形成的筹资来源。内部筹资一般无需花费筹资费用,从而降低了资本成本。

外部筹资是指企业向外部筹集资金而形成的。企业从外部筹集资金一般需要花费一定的筹资费用,因而提高了筹资成本。

(四)长期筹资与短期筹资

按照企业所筹集资金使用期限不同,可分为长期筹资和短期筹资。

长期筹资是指企业筹集使用期限在一年以上的资金。长期筹资的目的主要是在于扩大企业经营规模、对外投资等筹集资金

短期筹资是指企业筹集使用期限在一年以内的资金。短期资金主要是用于企业的日常资金周转。

四、筹资原则

企业筹资管理的基本要求,是在严格遵守国家法律法规的基础上,分析影响筹资的各种因素,权衡资金的性质、数量、成本和风险,合理选择筹资方式,提高筹资效果。

(一)合法筹集资金原则

不论何种筹资方式,企业最终都通过筹资行为向社会获取资金。企业的筹资行为和筹资活动必须遵行国家的相关法律法规,依法履行法律法规和投资合同约定的责任,合法合规筹资,依法信息披露,维护各方的合法权益。

(二)规模适当原则

规模适当原则是指企业要根据生产经营规模适当筹集资金,既要避免因筹集资金不足影响正常生产经营,又要防止筹集资金过多,造成资金的闲置。

(三)筹措及时原则

筹措及时是指要合理安排筹资时间,既避免过早筹集资金形成的资金投放闲置,又要

防止取得资金的时间滞后，错过资金投放的最佳时间。

（四）方式经济原则

方式经济原则是指要充分利用各种来源渠道，选择经济、可行的资金来源。由于不同筹资渠道和方式取得的资金，其资本成本各有差异。企业应当在考虑难易程度的基础上，针对不同来源资金的成本进行分析，尽可能选择经济、可行的筹资渠道与方式，力求降低筹资成本。

（五）结构合理原则

结构合理原则是指企业筹资要综合考虑股权筹资与债务筹资的关系、内部筹资与外部筹资、长期筹资与短期筹资的关系，合理安排资本结构，保持适当偿债能力，防范企业财务危机，提高筹资效益。

任务小结

安排筹资渠道和选择筹资方式是一项重要的财务工作，直接关系到企业所能筹措资金的数量、成本和风险。因此，需要深刻认识各种筹资渠道和筹资方式的特征、性质以及与企业融资要求的适当性，在权衡不同性质资金的数量、成本和风险的基础上，按照不同的筹资渠道合理选择筹资方式，有效筹集资金。

任务二　企业资金需求量预测

任务分析

资金的需求量是筹集的数量依据，必须科学合理地进行预测。资金需求量预测是指企业根据生产经营的需求，对未来所需资金的估计和推测。企业筹集资金，首先要对资金需求量进行预测，即对企业未来组织生产经营活动的资金需求量进行估计、分析和判断。在正常情况下，企业资金的需求，来源于两个基本目的：满足经营运转的资金需求，满足投资发展的资金需求。

案例导入

房地产业是国民经济的支柱产业，具有巨大的行业带动性，其资金量级大、生产周期长、受政策影响明显的特点也决定了其营运资金管理的难度和重要性。快速周转是市场经营的王道，资金链断裂是所有企业的噩梦，房地产企业更应重视流动性风险控制。资金的筹集对资金需求的保障能力，是企业流动性危机存在与否的根源。对经营活动营运资金需求的界定和预测，可以使房地产企业有效地监控房地产企业的项目协同及资金使用情况，及时多渠道筹集资金，避免资金链断裂的风险，提供了房地产企业风险管理的新工具；其他利益相关者如银行也可以据此评估企业的信用状况及经营效率，决定授信额度。

一、定性预测法

定性预测法是根据调查研究所掌握的情况和数据资料,凭借预测人员的知识和经验,对资金需求量所做出的判断。这种方法一般不能提供有关事件确切的定量概念,而主要是定性地估计某一事件的发展趋势、优劣程度和发生的概率。定性预测是否正确,完全取决于预测者的知识和经验。在进行定性预测时,虽然要汇总各方面人士的意见和综合地说明财务问题,但也需将定性的财务资料进行量化,这并不改变这种方法的性质。定性预测主要是根据经济理论和实际情况进行理性的、逻辑的分析和论证,以定量方法作为辅助;一般在缺乏完整、准确的历史资料时采用。

二、定量预测法

定量预测法是指以资金需求量与有关因素的关系为依据,在掌握大量历史资料的基础上选用一定的数学方法加以计算,并将计算结果作为预测的一种方法。

(一)销售百分比预测法

销售百分比预测法,是根据销售额与资产负债表和利润表项目之间的比例关系,来预测未来一定销售额下资金需求量的方法。例如:企业为销售 100 元货物需要 30 元存货,存货与销售额的百分比为 30%。在预测未来销售额的情况下,存货的资金需求量就可以预测了。

销售百分法首先假设某些资产与销售额存在稳定的百分比关系,进而确定筹资需求量。运用此法预测资金需求量的前提,一是企业的部分资产和负债与销售额同比例变化;二是企业各项资产、负债与所有者权益结构已达到最优。采用销售百分比预测法步骤如下。

▶ 1. 计算增加销售额下的资产和负债

敏感项目是指资产负债表项目的金额变动与销售增减有直接关系的项目,非敏感性项目是指资产负债表项目的金额变动与销售增减无直接关系的项目。敏感资产项目包括现金、应收账款、存货等,敏感负债项目包括应付账款、应付票据、应付费用等,不包括短期借款、短期融资券、长期负债等。

预计总资产(负债)增加额=预计增加销售额×资产(负债)敏感项目销售百分比

▶ 2. 计算留存收益增加额

留存收益增加=预计销售额×销售净利润×留存率

▶ 3. 计算外部筹资需求

外部筹资需求=预计总资产额-预计总负债额-留存收益增加

$$= \frac{A}{S_1} \times \Delta S - \frac{B}{S_2} \times \Delta S - P \times E \times S_2$$

式中,A 为随销售而变化的敏感性资产;B 为随销售而变化的敏感性负债;S_1 为基期销售额;S_2 为预期销售额;ΔS 为销售变动额;P 为销售净利率;E 为利润留存率;A/S_1 为敏感资产与销售额的关系百分比;B/S_2 为敏感负债与销售额的关系百分比。

【例 3-1】光华公司 2016 年 12 月 31 日的简要资产负债表如表 3-1 所示。假定光华公司 2016 年销售收入 1 000 万元,销售净利润为 10%,留存率 40%,预计 2017 年的销售收入增长率20%,假定销售净利率不变。

表3-1 光华公司资产负债表(2016年12月31日)

资产	金额/万元	占销售收入百分比/%	负债与所有者权益	金额/万元	占销售收入百分比/%
现金	2 000	2	短期借款	10 000	不变动
应收账款	28 000	28	应付账款	13 000	13
存货	30 000	30	应付债券	27 000	不变动
长期投资	40 000	不变动	实收资本	30 000	不变动
			留存收益	20 000	不变动
合计	100 000	60		100 000	13

解：预计总资产增加额=1 000×20%×60%=120(万元)

预计总负债增加额=1 000×20%×13%=26(万元)

留存收益增加额=1 000×(1+20%)×10%×40%=48(万元)

外部筹资需求量=120-26-48=46(万元)

(二) 资金习性预测法

资金习性是指资金占用量与产品产销量之间的依存关系。按照这种关系，可将占用资金区分为不变资金、变动资金和半变动资金。不变资金是指在一定的产销规模内不随产量（或销量）变动的资金，主要包括为维持经营活动展开而占用的最低数额的现金、原材料的保险储备、必要的成品储备和厂房、机器设备等固定资产占用的资金。变动资金是指随产销量变动而同比例变动的资金，一般包括在最低储备以外的现金、存货、应收账款等所占用资金。半变动资金是指虽受产销量变动的影响，但不成同比例变动的资金，如一些辅助材料上占用的资金等，半变动资金可采用一定的方法划分为不变资金和变动资金两部分。

在进行资金习性分析前提下，预测资金需求量的数学模型为

$$y=a+bx$$

式中，y 为资金需要总量；x 为业务量；a 为不变资本；b 为单位业务量所需变动资金。

资金习性预测法的关键是区分不变资金和变动资金，特别是如何正确地将变动成本划分为不变资金和变动资金。划分变动资金的方法通常有高低点法和回归直线法。

▶ 1. 资金预测的高低点法

资金预测高低点法是指依据企业一定期间资金占用的历史资料，按照资金习性原理和 $y=a+bx$ 直线方程式，选用最高收入期和最低收入期的资金需要量之差，同时对两个收入的销售额之差进行对比，先求 b 的值，然后再代入原直线方程，求出 a 的值，从而估计推测资金需要量的方法。参数 a、b 值的计算公式如下：

b=(最高收入期资金占用量-最低收入期资金占用量)/(最高销售收入-最低销售收入)

a=最高收入期资金占用量-b×最高销售收入

或

$a=$最低收入期资金占用量$-b×$最低销售收入

【例3-2】某企业历史上资金需要量与销售收入之间的关系如表3-2所示；2017年预测销售收入20 000万元，采用高低点法预测2017年公司资金需求量。

表3-2 资金需要量与销售收入变化情况表　　　　　　单位：万元

年　度	销售收入	现金占用
2011	10 200	680
2012	10 000	700
2013	10 800	690
2014	11 100	710
2015	11 500	730
2016	12 000	750

解：运用高低点法测算甲企业的下列指标：

(1) 每元销售收入占用变动现金；

$b=$（最高收入期的资金占用量－最低收入期的资金占用量）/（最高销售收入－最低销售收入）$=(750-680)/(12\ 000-10\ 000)=70/2\ 000$

$\qquad =0.035$

(2) 销售收入占用不变现金总额。

将$b=0.035$的数据代入2016年$y=a+bx$得

$a=750-0.035×12\ 000=330$（元）

该公司资金需要量模型为

$y=330+0.035x$

(3) 运用资金需求量模型预测该公司2017年资金需要量为

$330+0.035×20\ 000=1\ 030$（万元）

▶ 2. 资金预测的回归直线法

资金预测回归直线法是根据若干期业务量和资金需求总额的历史资料，运用最小平方法原理计算不变资金和单位销售额变动资金的一种资金习性分析法。

(三) 因素分析法

因素分析法又称分析调整法，是以有关项目基期年度的平均资金需要量为基础，根据预测年度的生产经营任务和资金周转加速的要求，进行分析调整，来预测资金需要量的一种方法。这种方法计算简便，容易掌握，但预测结果不太精确。因素分析计算方法如下：

资金需要量＝（基期资金平均占用额－不合理资金占用额）×

　　　　　（1±预测期销售增长率）×（1－预测期资金周转速度增长率）

【例3-3】光华公司上年度资金平均占用额为1 100万元，经分析，其中不合理部分100万元，预计本年度销售增长6%，资金周转加速3%，则

预测本年度资金需要量＝（1 100－100）×（1+6%）×（1－3%）＝1 028.2（万元）

任务小结

筹资需求量预测的基本目的是保障筹资的资金既能满足生产经营的需要,又不会产生资金多余而闲置。企业资金需求量通常采用定性预测法和定量预测法。

任务三 企业权益性筹资

任务分析

企业的资产由投资人提供的所有者权益和债权人提供的负债两部分构成,即资产=负债+所有者权益。所有者权益是企业资金的最主要来源,是企业筹集负债资金的前提与基础。通常将所有者权益也称为权益资金或自有资金,是指企业通过吸收直接投资、发行股票、内部积累等方式筹集的资金。

案例导入

海航的当家人陈峰反复讲的故事是,1989年,他从民航总局南下创办海南省航空公司(海南航空前身)时,就只从海南省政府那里获得了1 000万元财政资金支持,这点钱"只够买个飞机零件"。听上去很可怜很不容易,可其实,当时整个中国都不富裕,尤其是刚刚建省不久的海南,能拿出1 000万元人民币已经是相当不容易了,何况,海南省政府相当支持尚在摇篮里的海南航空,除了1 000万元启动资本,当时海南省航空公司在海南省政府的支持下,通过定向募集的方式,筹集2.5亿元资金。

一、吸收直接投资

吸收直接投资是指企业按照"共同投资、共同经营、共担风险、共享收益"的原则,直接吸收国家、法人、个人和外商投入资金的一种筹资方式。吸收直接投资是非股份制企业筹集权益资本的基本方式,采用吸收直接投资的企业,资本部分为等额资本股份,无需公开发行股票。吸收直接投资实际出资额,注册资本部分形成实收资本,超过注册资本的部分属于资本溢价、形成资本公积。

(一)直接投资的种类

▶ 1. 吸收国家投资

国家投资是指有权代表国家投资的政府部门或者机构,以国有资产投入公司,这种情况下形成的资本叫国有资本。根据《公司国有资本与公司财务暂行办法》的规定,在公司持续经营期间,公司以盈余公积、资本公积转增实收资本的,国有公司和国有独资公司由公司董事会或经理办公室决定,并报主管财政机关备案;股份有限公司和有限责任公司由董事会决定,并经股东大会审议通过。

一般吸收国家投资具有以下三方面的特点。

(1) 产权归属国家。
(2) 资金的运用和处置受国家约束较大。
(3) 国有公司中采用比较广泛。

▶ 2. 吸收法人投资

法人投资是指法人单位以其依法可支配的资产投入公司,这种情况下形成的资本叫法人资本。

吸收法人投资一般具有以下特点:
(1) 发生在法人单位之间。
(2) 以参与公司利润分配或控制为目的。
(3) 出资方式灵活多样。

▶ 3. 合资经营

合资经营是指两个或者两个以上的不同国家的投资者共同经营,创办企业,并且共同经营、共担风险、共负盈亏、共享利益的一种直接投资方式。

▶ 4. 社会公众投资

社会公众投资是指社会个人或本公司职工以个人合法财产投入公司,这种情况下形成的资本称为个人资本。

吸收社会公众投资一般具有以下特点。
(1) 参加投资的人员较多。
(2) 每人投资的数额相对较少。
(3) 以参与公司利润分配为目的。

(二) 直接投资的出资方式

▶ 1. 以货币资产出资

以货币资产出资是吸收直接投资中最重要的出资方式。企业有了货币资产,便可以获取其他物资资源,支付各种费用,满足企业创建开支和随后的日常周转需要。

▶ 2. 以实物资产出资

实物出资是指投资者以房屋、建筑物、设备等固定资产和材料、燃料、商品产品等流动资产所进行的投资。

实物投资应符合以下条件。
(1) 适合企业生产、经营、研发等活动的需要。
(2) 技术性能良好。
(3) 作价公平合理。

▶ 3. 以土地使用权出资

土地使用权是指土地经营者对依法取得的土地在一定期限内有进行建筑、生产经营或其他活动的权利。土地使用权具有相对的独立性,在土地使用权存续期间,包括土地所有权在内的其他任何人和单位,不能任意收回土地和非法干预使用权人的经营活动。

企业吸收土地使用权投资应符合以下条件。
(1) 适合企业科研、生产、经营、研发等活动的需要。
(2) 地理、交通条件适宜。

(3) 作价公平合理。

► 4. 以工业产权出资

工业产权通常是指专有技术、商标权、专利权、非专利技术等无形资产。吸收工业产权等无形资产出资的风险较大。

另外,《公司法》对无形资产出资方式另有限制,股东或者发起人不得以劳务、信用、自然人姓名、商誉、特许经营权或者设定担保的财产等作价出资。

（三）吸收直接投资的程序

► 1. 确定筹资数量

企业在新建或扩大经营时,应首先确定资金的需求量。资金的需求量应根据企业的生产经营规模和供销条件等来核定,以确保筹资数量与资金需求量相适应。

► 2. 寻找投资单位

企业既要广泛了解有关投资者的资信、财力和投资意向,又要通过信息交流和宣传,使出资方了解企业的经营能力、财务状况以及未来预期,以便公司从中寻找最合适的合作伙伴。

► 3. 协商和签署投资协议

找到合适的投资伙伴后,双方进行具体协商,确定出资数额、出资方式和出资时间。企业应尽可能吸收货币投资,如果投资方确有先进而适合需要的固定资产和无形资产,亦可采取非货币投资方式。对实物投资、工业产权投资、土地使用权投资等非货币资产,双方应按公平合理的原则协商定价。当出资数额、资产作价确定后,双方须签署投资的协议或合同,以明确双方的权利和责任。

► 4. 取得所筹集的资金

签署投资协议后,企业应按规定或计划取得资金。如果采取现金投资方式,通常还要编制拨款计划,确定拨款期限、每期数额及划拨方式,有时投资者还要规定拨款的用途,如把拨款区分为固定资产投资拨款、流动资金拨款、专项拨款等。如为实物、工业产权、非专利技术、土地使用权投资,一个重要的问题就是核实财产。财产数量是否准确,特别是价格有无高估低估的情况,关系到投资各方的经济利益,必须认真处理,必要时可聘请专业资产评估机构来评定,然后办理产权的转移手续取得资产。

（四）吸收直接投资的筹资的优缺点

► 1. 吸收直接投资的优点

(1) 能够尽快形成生产能力。

(2) 容易进行信息沟通。

(3) 资本成本较高。相对于股票筹资来说,吸收直接投资的资本成本较高。不过,吸收投资的手续相对比较简便,筹资费用较低。

► 2. 吸收直接投资的缺点

(1) 企业控制权集中,不利于企业治理。

(2) 不利于进行产权交易。

二、发行普通股股票

股票是股份有限公司为筹措股权资本而发行的有价证券,是公司发给股东的入股凭证，是股东拥有公司财产所有权的法律证书，也是股东据以取得股息和红利的一种有价证券。股票可以依法进行买卖，价格随行就市。股票只能由股份有限公司发行。

（一）股票的种类

▶ 1. 按股东权利划分，分为优先股和普通股

优先股是普通股的对称。优先股是股份公司发行的在分配红利和剩余财产时比普通股具有优先权的股份。优先股也是一种没有期限的有权凭证，优先股股东一般不能在中途向公司要求退股（少数可赎回的优先股例外）。

普通股是"优先股"的对称，是随企业利润变动而变动的一种股份，是公司资本构成中最普通、最基本的股份，是股份企业资金的基础部分。

普通股的基本特点是其投资利益（股息和分红）不是在购买时约定，而是事后根据股票发行公司的经营业绩来确定，公司的经营业绩好，普通股的收益就高；而经营业绩差，普通股的收益就低。普通股是股份公司资本构成中最重要、最基本的股份，亦是风险最大的一种股份，但又是股票中最基本、最常见的一种。

▶ 2. 按票面是否记名，分为记名股票和无记名股票

记名股股票在发行时，票面上记载有股东的姓名，并记载于公司的股东名册上。

记名股票的特点就是除持有者和其正式的委托代理人或合法继承人、受赠人外，任何人都不能行使其股权。另外，记名股票不能任意转让。

无记名股股票在发行时，在股票上不记载股东的姓名。其持有者可自行转让股票，任何人一旦持有便享有股东的权利，无须再通过其他方式、途径证明有自己的股东资格。这种股票转让手续简便，但也应该通过证券市场的合法交易实现转让。

▶ 3. 按上市地点，分为A股、B股、H股、N股、S股等

A股，即人民币普通股，由我国境内公司发行，境内上市交易，它以人民币标明面值，以人民币认购和交易。B股，即人民币特种股票，由我国境内公司发行，境内上市交易，它以人民币标明面值，以外币认购和交易。H股，即注册地在内地、在香港上市的股票，依此类推，在纽约和新加坡上市的股票，就分别为N股和S股。

（二）股票的发行条件

新设立的股份有限公司申请公开发行股票，应当符合下列条件。

（1）公司的生产经营符合国家产业政策，具备健全且运行良好的组织机构。

（2）公司发行的普通股只限一种，同股同权，同股同利。

（3）以发起方式设立股份有限公司的，发起人以书面认定公司章程规定及发行的股份后，应即缴纳全部股款。以募集方式设立股份有限公司的，发起人认购的股份不得少于公司股份总数的35%，其余应当向社会公开募集。

（4）发行人在最近三年内没有重大违法行为。

（5）证监会规定的其他条件。

（三）股票的发行程序

股票的发行有严格的法律规定程序，任何未经法定程序发行的股票都不发生效力。公开发行股票的基本程序是：

（1）公司做出股票发行决议。

(2) 公司做好股票发行的准备工作。
(3) 提出发行股票的申请。
(4) 有关机构进行审核。
(5) 签署承销协议。
(6) 公布招股说明书。
(7) 按照规定程序招股。
(8) 认股人缴纳股款。
(9) 向认股人交割股票。

(四) 股份有限公司上市条件

上市是公司上市的最主要的目的之一，上市融资不仅资金数量大、速度快，而且上市融入的资金作为股权融资，无需归还，也不用支付利息，可以大幅度降低企业财务成本，也不受国家收缩银根等金融政策的影响。在中国，发行股票的市盈率可以达到20倍甚至是更高，这就意味着公司通过上市可以将需要用二三十年时间积累的资金一次性募集到位。

公司公开发行的股票进入证券交易所交易，必须受严格的条件限制。股份有限公司公司申请股票上市的条件是：

(1) 股票经国务院证券管理部门批准已向社会公开发行。
(2) 公司股本总额不少于人民币 5 000 万元。
(3) 开业时间在3年以上，最近3年连续盈利；原国有企业依法改建而设立的，或者《公司法》实施后新组建成立，其主要发起人为国有大中型企业的，可连续计算。
(4) 持有股票面值达到人民币 1 000 元以上的股东人数不少于 1 000 人，向社会公开发行的股份达到公司股份总数的 25% 以上；公司股本总额超过人民币 4 亿元的，其向社会公开发行股份的比例为 15% 以上；
(5) 公司在最近3年内无重大违法行为，财务会计报告无虚假记载；
(6) 国务院规定的其他条件。

(五) 发行普通股筹资的优缺点

▶ 1. 发行普通股票是公司筹集资金的优点

(1) 能提高公司的信誉。发行股票筹集的是主权资金。普通股本和留存收益构成公司借入一切债务的基础。有了较多的主权资金，就可为债权人提供较大的损失保障。因而，发行股票筹资既可以提高公司的信用程度，又可为使用更多的债务资金提供有力的支持。
(2) 没有固定的到期日，不用偿还。发行股票筹集的资金是永久性资金，在公司持续经营期间可长期使用，能充分保证公司生产经营的资金需求。
(3) 没有固定的利息负担。公司有盈余，并且认为适合分配股利，就可以分给股东；公司盈余少，或虽有盈余但资金短缺或者有有利的投资机会，就可以少支付或不支付股利。
(4) 筹资风险小。由于普通股票没有固定的到期日，不用支付固定的利息，不存在不能还本付息。

▶ 2. 发行普通股筹资的缺点

(1) 资本成本较高。

(2) 容易分散控制权。

(3) 新股东分享公司未发行新股前积累的盈余，会降低普通股的净收益，从而可能引起股价的下跌。

三、留存收益

留存收益是指企业从历年实现的利润中提取或形成的留存于企业的内部积累，包括盈余公积和未分配利润两类。盈余公积是指企业按照有关规定从净利润中提取的积累资金。公司制企业的盈余公积包括法定盈余公积和任意盈余公积。法定盈余公积是指企业按照规定的比例从净利润中提取的盈余公积。任意盈余公积是指企业按照股东会或股东大会决议提取的盈余公积。企业提取的盈余公积经批准可用于弥补亏损、转增资本或发放现金股利或利润等。未分配利润是指企业实现的净利润经过弥补亏损、提取盈余公积和向投资者分配利润后留存在企业的，历年结存的利润。相对于所有者权益的其他部分来说，企业对于未分配利润的使用有较大的自主权。

（一）留存收益的筹资途径

（1）提取盈余公积金。盈余公积金是指有指定用途的留存净利润。盈余公积金是从当期企业净利润中提取的积累资金，其提取基数是本年度的净利润。盈余公积金主要用于企业未来的经营发展，经投资者审议后也可以用于转增股本（实收资本）和弥补以前年度的经营亏损，但不得用于以后年度的对外利润分配。

（2）未分配利润。未分配利润是指未限定用途的留存净利润。未分配利润有两层含义：第一，这部分净利润本年没有分配给公司的股东投资者；第二，这部分净利润未指定用途，可以用于企业未来的经营发展、转增资本（实收资本）、弥补以前年度的经营亏损及以后年度的利润分配

（二）利用留存收益的筹资优缺点

▶ 1. 利用留存收益的优点

（1）不用发生筹资费用。企业从外界筹集长期资本，与普通股筹资相比较，留存收益筹资不需要发生筹资费用，资本成本较低。

（2）维持公司的控制权分布。利用留存收益筹资，不用对外发行新股或吸收新投资者，由此增加的权益资本不会改变公司的股权结构，不会稀释原有股东的控制权。

▶ 2. 利用留存收益的缺点

筹资数额有限。留存收益的最大数额是企业到期的净利润和以前年度未分配利润之和，不像外部筹资一次性可以筹集大量资金。如果企业发生亏损，那么当年就没有利润留存。另外，股东和投资者从自身期望出发，往往希望企业每年发放一定的利润，保持一定的利润分配比例。

四、权益性筹资的优缺点

（一）权益性筹资的优点

▶ 1. 权益性筹资是企业稳定的资本基础

权益资本没有固定的到期日，无需偿还，是企业的永久性资本，除非企业清算时才有可能

予以偿还。这对于保障企业对资本的最低需求，促进企业长期持续稳定经营具有重要意义。

▶ 2. 权益性筹资是企业良好的信誉基础

权益性资本作为企业最基本的资本，代表了公司的资本实力，是企业与其他单位组织开展经营业务，进行业务活动的信誉基础。同时，股权资本也是其他方式筹资的基础，尤其可为债务筹资，包括银行借款、发行公司债券等提供信用保障。

▶ 3. 企业财务风险较小

权益性资本不用在企业正常运营期内偿还，不存在还本付息的财务风险。相对于债务资本而言，股权资本筹资限制少，资本使用上也无特别限制。另外，企业可以根据其经营状况和业绩的好坏，决定向投资者支付报酬的多少，资本成本负担比较灵活。

（二）权益性筹资的缺点

▶ 1. 资本成本负担较重

尽管权益性资本的资本成本负担比较灵活，但一般而言，股权筹资的资本成本要高于债务筹资。这主要是由于投资者投资于股权特别是投资于股票的风险较高，投资者或股东相应要求得到较高的报酬率。企业长期不派发利润和股利，将影响企业的市场价值。从企业成本开支的角度来看，股利、红利从税后利润中支付，而使用债务资本的资本成本允许税前扣除。此外，普通股的发行、上市等方面的费用也十分庞大。

▶ 2. 容易分散企业的控制权

利用股权筹资，由于引进了新的投资者或出售了新的股票，必然会导致企业控制权结构的改变，分散了企业的控制权。控制权的频繁迭变，势必要影响企业管理层的人事变动和决策效率，影响企业的正常经营。

▶ 3. 信息沟通与披露成本较大

投资者或股东作为企业的所有者，有了解企业经营业务、财务状况、经营成果等的权利。企业需要通过各种渠道和方式加强与投资者的关系管理，保障投资者的权益。特别是上市公司，其股东众多而分散，只能通过公司的公开信息披露了解公司状况，这就需要公司花更多的精力，有些还需要设置专门的部分，用于公司的信息披露和投资者关系管理。

任务小结

权益性筹资是企业最基本的筹资方式，包括吸收直接投资、发行股票和利用留存收益。权益性资本没有固定的到期日，无需偿还，是企业的永久性资本，除非企业清算时才有可能予以偿还。因而财务风险小，但付出的资本成本相对较高。

任务四　企业债务性筹资

任务分析

对于一个企业来说，完全依靠自有资金从事经营活动，不发生负债风险，这对控制资金成果的不稳定性是有利的，在企业经营上也是稳妥的。但是当需要借款时，为保持经营的稳妥性而拒绝借款，就会失去发展的时机。因此，过于保守的经营方式，在许多情况下是不适宜的，而应该学会善于利用社会资金，利用借款负债经营。按照所筹资金可使用时间的长短，把负债筹资分为长期负债筹资和短期负债筹资两类。按筹资方式可分为银行借款、发行债券、融资租赁、商业信用等。

案例导入

一家民营企业4年融资3 000亿元。民营企业的身份，产业新城的不确定性，收益的未知性，抵押物的缺乏，再加上历年来负债率高和不断增加的短期偿债压力，注定了该企业不可能过多指望银行贷款。我们来看一下该企业2015年财报，即便这时候的该企业已经市值近800亿元，总资产近1 700亿元，品牌知名度如日中天的超大型企业，但是其全年银行贷款金额却只占整体融资金额的26.94%，不到三分之一。

情势所迫，该企业硬生生将自己修炼成了融资高手，翻阅该企业的报表和公告，你会感觉这家企业就是一本"花式融资百科全书"，在中国能运用的融资方式，该企业几乎都尝试了一遍。

根据统计显示，2012—2016年4月这4年多的时间，不依靠银行贷款，该企业一共从外部融得资金2 974亿元，涉及融资方式多达21种。这其中包括信托借贷、债券、售后回租式融资租赁、债权转让、债务重组等债务性筹资。

一、银行借款筹资

银行借款是指企业向银行或其他非银行金融机构借入的、需要还本付息的款项，包括偿还期限超过1年的长期借款和不足1年的短期借款，主要用于企业购建固定资产和满足流动资金周转的需要。

（一）银行借款的种类

▶1. 按提供贷款的机构，分为政策性银行贷款、商业银行贷款和其他金融机构贷款

政策性银行贷款是指执行国家政策性贷款业务的银行向企业发放的贷款，通常为长期贷款。例如，国家开发银行贷款，主要满足企业承建国家重点建设项目的资金需要；中国进出口信贷银行贷款，主要为大型设备的进出口提供的买方信贷或卖方信贷；中国农业发展银行贷款，主要用于确保国家对粮、棉、油等政策性收购资金的供应。

商业性银行贷款是指由各商业银行，如中国工商银行、中国建设银行、中国农业银行、中国银行等，向工商企业提供的贷款，用以满足企业生产经营的资金需要，包括短期贷款和长期贷款。

其他金融机构贷款，如从信托投资公司取得实物或货币形式的信托投资贷款，从财务公司取得的各种中长期贷款，从保险公司取得的贷款等。其他金融机构的贷款一般较商业银行贷款的期限要长，要求的利率较高，对借款企业的信用要求和担保的选择比较严格。

▶2. 按机构对贷款有无担保要求，分为信用贷款和担保贷款

信用贷款是指以借款人的信誉或保证人的信用为依据而获得的贷款。企业取得这种贷

款,无需以财产作抵押。对于这种贷款,由于风险较高,银行通常要收取较高的利息,往往还附加一定的限制条件。

担保贷款是指由借款人或第三方依法提供担保而获得的贷款。担保包括保证责任、财务抵押、财产质押,由此,担保贷款包括保证贷款、抵押贷款和质押贷款。

▶ 3. 按企业取得贷款的用途,分为基本建设贷款、专项贷款和流动资金贷款

略。

(二) 银行借款程序

企业向银行借款,通常要经过以下步骤。

(1) 企业提出借款申请。企业根据筹资需求向银行提出书面申请,按银行要求的条件和内容填报申请书。

(2) 金融机构审批。银行按照有关政策和贷款条件,对借款企业进行信用审查,依据审批权限,核准公司申请的借款金额和用款计划。

(3) 签订借款合同。借款申请获批后,银行与企业进一步协商贷款的具体条件,签订正式的借款合同,规定贷款的数额、利率、期限和一些约束性条款。

(4) 银行发放贷款。借款合同签订后,企业在核定的贷款指标范围内,根据用款计划和实际需求,一次或分次将贷款转入公司的存款结算户,以便使用。

(5) 企业到期偿还借款。

(三) 银行借款信用条件

(1) 信贷额度。信贷额度即贷款限额,是借款人与银行在协议中规定的允许借款人借款的最高额度。如果企业超过限额继续向银行借款,银行将停止办理;如果企业信誉恶化,即使银行曾经同意按信贷额度提供贷款,企业也可能得不到借款,且银行不会承担法律责任。

(2) 周转信贷协定。周转信贷协定,是银行从法律上承诺向企业提供不超过某一最高限额的贷款协定。在协定的有效期内,只要企业借款总额未超过最高限额,银行必须满足企业任何时候提出的借款要求。

(3) 补偿性余额。补偿性余额,是银行要求借款人在银行中保持按贷款余额或实际借用额的一定百分比(通常为10%~20%)计算的最低存款余额。其目的在于降低银行贷款风险。但对借款企业来说,补偿性余额则提高了借款的实际利率,加重了企业的利息负担。补偿性余额贷款实际利率的计算公式为

$$补偿性余额贷款实际利率 = \frac{名义利率}{1-补偿性余额比例} \times 100\%$$

【例3-4】某公司以年利率5%向银行借款250万元,银行要求保留10%的补偿性余额,企业实际可以动用的借款只有225万元。那么,该项借款的实际利率为多少?

解:

补偿性余额贷款实际利率 = $5\%/(1-10\%) \approx 5.56\%$

(四) 借款利息的支付方式

(1) 收款法。收款法又称为利随本清法,是在借款到期时向银行支付利息的方法。采用这种方法,借款的名义利率等于其实际利率。

(2) 贴现法。贴现法是银行向企业发放贷款时,先从本金中扣除利息部分,而到期时

借款企业再偿还全部本金的一种计息方法。采用这种方法，其实际利率高于名义利率。贴现贷款实际利率的计算公式为

$$贴现贷款实际利率 = \frac{利息}{贷款金额 - 利息} \times 100\%$$

或

$$贴现贷款实际利率 = \frac{名义利率}{1 - 名义利率} \times 100\%$$

【例 3-5】某企业从银行取得借款 100 万元，期限 1 年，名义利率为 10%，利息为 10 万元。按照贴现法付息，企业实际可动用的贷款为 90 万元(100 万元－10 万元)，求该项贷款的实际利率。

解：
贴现贷款实际利率 = 10%/(1－10%) ≈ 11.11%

(五) 银行借款的筹资优缺点

▶ 1. 银行借款筹资的优点

(1) 筹资速度快。与发行债券、融资租赁等债权筹资方式相比，银行借款的程序相对简单，所花时间较短，公司可以迅速获得资金。

(2) 资本成本较低。利用银行借款所支付的利息可以税前列支，也无需支付筹资费用。

(3) 筹资弹性较大。在借款之前，公司根据当时的资本需要与银行等贷款机构直接商定贷款的时间、数量和条件。在借款期间，若公司的财务状况发生某些变化，也可与债权人再协商，变更借款数量、时间和条件，或提前偿还本息。

▶ 2. 银行借款筹资的缺点

(1) 财务风险较大。银行借款，必须定期还本付息，在经营不利的情况下，可能会产生不能偿还的风险，甚至导致破产。

(2) 限制条件较多。与债券筹资相比，银行借款合同对借款用途有明确规定，通过借款的保护性条款，对公司资本支出额度、再筹资、股利支付等行为严格的约束，以后公司的生产经营活动和财务政策必将受到影响。

(3) 筹资数额有限。银行借款的数额往往受到贷款机构资本实力的制约，不可能像发行债券、股票那样一次筹集到大笔资金。

二、发行公司债券

公司债券(又称企业债券)是指公司依照法定程序发行、约定在一定期限内还本付息的有价凭证。发行公司债券是债务筹资的一个重要方面。

(一) 公司债券的种类

▶ 1. 按照债券的票面上是否记名，可将债券分成记名债券和无记名债券

(1) 记名公司债券，即在券面上登记持有人姓名，支取本息要凭印鉴领取，转让时必须背书并到债券发行公司登记的公司债券。

(2) 不记名公司债券，即券面上不需载明持有人姓名，还本付息及流通转让仅以债券为凭，不需登记。

▶ 2. 按照债券有无抵押担保的情况，可将债券分为信用债券、抵押债券和担保债券

(1) 信用债券包括无担保债券和附属信用债券。无担保债券是仅凭债券发行者的信用发行的，没有抵押品做抵押或担保人作担保的债券；附属信用债券是对债券发行者的普通资产和收益拥有次级要求权的信用债券。

(2) 抵押债券是指以一定的抵押品作抵押而发行的债券。抵押债券按抵押物品的不同，又可分为不动产抵押债券、设备抵押债券和证券抵押债券。

(3) 担保债券是指由一定保证人作担保而发行的债券。

▶ 3. 按照债券能否转换为公司股票，可将债券分为可转换债券和不可转换债券

(1) 可转换债券是指债券持有者可以在规定的时间内，按照规定的价格转换为发债公司股票的一种债券。

(2) 不可转换债券是指不能转换为发债公司股票的债券，大多数公司债券属于这种类型。

(二) 发行公司债券的条件

根据《公司法》的规定，股份有限公司和有限责任公司，具有发行债券的资格。

根据《证券法》规定，公开发行公司债券，应符合下列条件。

(1) 股份有限公司的净资产不低于人民币 3 000 万元，有限责任公司的净资产不低于人民币 6 000 万元。

(2) 累计债券总额不超过公司净资产额的 40%。

(3) 最近 3 年平均可分配利润足以支付公司债券 1 年的利息。

(4) 筹集的资金投向符合国家产业政策。

(5) 债券的利率不超过国务院限定的利率水平。

(6) 国务院规定的其他条件。

(三) 发行公司债券的程序

(1) 作出发行债券决议。具体决定公司债券发行总额、票面金额、发行价格；募集办法、债券利率、偿还日期及方式等内容。

(2) 提出发行债券申请。应当向国务院授权的部门或者国务院证券监督管理机构申报，并报送公司营业执照、公司章程、公司债券募集办法、资产评估报告和验资报告。

依照规定聘请保荐人的，还应报送保荐人出具的发行保荐书。

(3) 公告债券募集办法。应当载明本次发行债券总额和资金用途、债券面额、债券利率、还本付息的期限与方式、债券担保情况、债券发行价格、发行的起止日期、公司净资产额、已发行的尚未到期的公司债券总额、债券的承销机构等事项。

(4) 签订承销协议。公司代销或者包销方式。

(5) 交付债券，收缴债券款，置备公司债券存根簿。

(四) 公司债券筹资的优缺点

▶ 1. 公司债券优点

(1) 筹资规模较大。债券属于直接融资，发行对象分布广泛，市场容量相对较大，且不受金融中介机构自身资产规模及风险管理的约束，可以筹集的资金数量也较多。

（2）具有长期性和稳定性。债券的期限可以比较长，且债券投资者一般不能在债券到期之前向企业索取本金，因而债券筹资方式具有长期性和稳定性的特点。

（3）有利于资源优化配置。由于债券是公开发行的，是否购买债券取决于市场上众多投资者自己的判断，并且投资者可以比较方便地交易并转让所持有的债券，有助于加速市场竞争，优化社会资金的资源配置效率。

▶ 2. 公司债券缺点

（1）发行成本高。企业公开发行公司债券的程序比较复杂，需要聘请保荐人、会计师、律师、资产评估师以及资信评级机构等中介，发行成本较高。

（2）信息披露成本高。发行债券需要公开披露募集说明书及其引用的审计报告、资产评估报告、资信评级报告等多种文件，债券上市后也需要披露定期报告和临时报告，信息披露成本较高，同时也对保守企业经营、财务等信息及其他商业机密不利。

（3）限制条件多。发行债券的契约书中的限制条款通常比优先股及短期债务更为严格，可能会影响企业的正常发展和以后的筹资能力。

三、融资租赁

租赁是指通过签订资产出让合同的方式，使用资产的一方（承租方）通过支付租金，向出让资产的一方（出租方）取得资产使用权的一种交易行为。

（一）租赁的分类

租赁分为融资租赁和经营租赁。

经营租赁又称业务租赁，是融资租赁的对称，是为了满足经营使用上的临时或季节性需要而发生的资产租赁。经营租赁是一种短期租赁形式，它是指出租人不仅要向承租人提供设备的使用权，还要向承租人提供设备的保养、保险、维修和其他专门性技术服务的一种租赁形式（融资租赁不需要提高这个服务）。

融资租赁又称设备租赁，是指实质上转移与资产所有权有关的全部或绝大部分风险和报酬的租赁。融资租赁是由租赁公司按承租单位要求出资购买设备，在较长的合同期内提供给承租单位使用的融资信用业务，是一种不可撤销的、完全付清的中长期融资形式，是现代租赁的主要类型。

（二）融资租赁程序与租赁合同

▶ 1. 融资租赁的基本程序

（1）选择租赁公司，确定所需要的租赁设备。

（2）向租赁公司提出申请，办理租赁委托。

（3）签订购货协议与租赁合同。

（4）办理验货与投保。

（5）支付租金。

（6）处理租赁期满的设备，融资租赁合同期满，承租企业应按租赁合同的规定，实行退租、续租、留购，也可以低价卖给承租企业或无偿赠送给承租企业。

▶ 2. 融资租赁合同

融资租赁合同由承租企业与租赁公司签订，主要内容有以下两方面。

（1）一般条款，主要包括合同的性质、当事人身份、合同签订日期；重要名词解释；

租赁设备的名称、规格型号、数量、技术性能、交货地点、使用地点；交货、验收、各款和费用条款；租期、起租日期；租金的构成、支付方式、支付的币种与金额等。

(2) 特殊条款。主要包括购货合同与租赁合同的关系；租赁设备的所有权；租赁期间不得退租；对出租人的免责与对承租人的保障；对承租人违约和对出租人的补救；设备的使用、保管、维修和保养；保险条款；租赁保证金和担保条款；租赁期满对设备的处理条款等。

(三) 融资租赁租金的计算

▶ **1. 租金的构成**

融资租赁每期租金多少，取决于以下几项因素。

(1) 设备原价及预计残值，包括设备买价、运输费用、安装调试费、保险费等，以及该设备租赁期满后，出售可得的市价。

(2) 利息，指租赁公司为承担企业购置设备垫付资金所支付的利息。

(3) 租赁手续费，指租赁公司承办租赁设备所发生的业务费用和必要的利润。

▶ **2. 租金的支付方式**

按支付时期的长短，可以分为年付、半年付、季付和月付等方式；按支付时期先后，可以分为现付租金和后付；按每期支付金额，可以分为等额支付和不等额支付两种。

▶ **3. 租金的计算方法**

在我国租赁业务中，计算租金的方法一般采用等额年金法。等额年金法下，通常要根据利率和租赁手续费率确定一个组费率，作为折现率。

【例3-6】某企业于2017年1月1日从租赁公司租赁一套设备，价值60万元，租期6年，租赁期满时预计净残值5万元，归租赁公司。若年利率为10%，租金每年年末支付一次，则每年的租金为多少？

解：每年租金=[600 000−50 000×(P/F, 10%, 6)]/(P/A, 10%, 6)=131 283（万元）

(四) 融资租赁筹资的优缺点

▶ **1. 融资租赁的优点**

(1) 在资金缺乏的情况下，能迅速获得所需资产。融资租赁集"融资"与"融物"于一身，融资租赁使企业在资金短缺的情况下引进设备成为可能。特别是针对中小型企业、新创企业而言，融资租赁是一条重要的融资途径。有时，大型企业对于大型设备、工具等固定资产也需要融资租赁，以解决巨额资金的需求。例如商业航空公司的飞机，大多是通过融资租赁取得的。

(2) 限制条款较少。相比其他长期负债筹资形式，融资租赁所受限制的条款较少。

(3) 设备淘汰风险较小。融资租赁期限一般为设备使用年限的75%。

(4) 财务风险较小。分期负担租金，不用到期归还大量资金。

(5) 税收负担较轻。租金可在税前扣除。

▶ **2. 融资租赁的缺点**

(1) 资金成本较高。其租金通常比举借银行借款或发行债券所负担的利息高得多，租金总额通常高于设备价值的30%。

(2) 筹资弹性较小。当租金支付期限和金额固定时，增加企业资金调度难度。

四、债务筹资优缺点

（一）债务筹资的优点

▶1. 筹资速度较快

与股权筹资比，债务筹资不需要经过复杂的审批手续和证券发行程序，如银行借款、融资租赁等，可以迅速地获得资金。

▶2. 筹资弹性大

发行股票等股权筹资，一方面需要经过严格的政府审批；另一方面从企业的角度出发，由于股权不能退还，股权资本在未来永久性地给企业带来资本成本的负担。利用债务筹资，可以根据企业的经营情况和财务状况，灵活商定债务条件，控制筹资数量，安排取得资金的时间。

▶3. 资本成本负担较轻

一般来说，债务筹资的资本成本要低于股权筹资。其一是取得资金的手续费用等筹资费用较低；其二是利息、租金等用资费用比股权资本要低；其三是利息等资本成本可以在税前支付。

▶4. 可以利用财务杠杆

债务筹资不改变公司的控制权，因而股东不会出于控制权稀释原因反对负债。债权人从企业那里只能获得固定的利息或租金，不能参加公司剩余收益的分配。当企业的资本报酬率高于债务利率时，会增加普通股股东的每股收益，提高净资产报酬率，提升企业价值。

▶5. 稳定公司的控制权

债权人无权参加企业的经营管理，利用债务筹资不会改变和分散股东对公司的控制权。

（二）债务筹资的缺点

▶1. 不能形成企业稳定的资本基础

债务资本有固定的到期日，到期需要偿还，只能作为企业的补充性资本来源。再加上债务往往需要进行信用评级，没有信用基础的企业和新创企业，往往难以取得足够的债务资本。现有债务资本在企业的资本结构中达到一定比例后，往往由于财务风险升高而不容易再取得新的债务资金。

▶2. 财务风险较大

债务资本有固定的到期日，有固定的利息负担，抵押、质押等担保方式取得的债务，资本使用上可能会有特别的限制。这些都要求企业必须有一定的偿债能力，要保持资产流动性及其资产报酬水平，作为债务清偿的保障，对企业的财务状况提出了更高的要求，否则会给企业带来财务危机，甚至导致企业破产。

▶3. 筹资数额有限

债务筹资的数额往往受到贷款机构资本实力的制约，不可能像发行债券股票那样一次筹集到大笔资本，无法满足公司大规模筹资的需要。

任务小结

银行借款、发行债券和融资租赁,是债务筹资的三种基本形式。债务资本有固定的到期日,到期需要偿还,只能作为企业的补充性资本来源。由于其有固定的到期日,有固定的债息负担,因而具有较大的财务风险,但付出的资本成本相对较低。另外,债务筹资的数额往往受到贷款机构资本实力的制约,除发行债券方式外,一般难以像发行股票那样一次筹集到大笔资金,无法满足公司大规模筹资的需要。

任务五 企业资本成本与资本结构

任务分析

企业的筹资管理,在选择筹资方式的同时,还要合理安排资本结构。资本结构优化是企业筹资管理的基本目标,也会对企业的生产经营安排产生制约性的影响。资本成本是资本结构优化的标准,资本成本的固定特性,带来了杠杆效应。资本结构的合理性会直接影响企业目前和将来的发展状况,甚至关系到企业的生死存亡。

案例导入

北京德鑫泉物联网科技股份有限公司成立于2004年,是专业从事RFID(包括智能标签、非接触智能卡、双界面智能卡)生产、应用及个性化全面解决方案(设计、工艺、原材料、读写器、产品及咨询)的高新技术企业。主营产品为全自动RFID Inlay生产设备及机器人与视觉自动化设备。公司技术实力雄厚,致力于技术创新、工艺积累,拥有多项专利核心技术。其发明:射频识别装置及其生产方法于2012年1月11日通过中国国家知识产权局的审查,授予专利权。德鑫泉拥有完全自主知识产权的全自动RFID Inlay生产线已经成功应用于国内外身份证、驾驶证、电子护照、公交卡、金融、物流、制造等重要领域。2008年,该公司顺利通过ISO9001:2000国际质量管理体系认证,并依此建立了质量管理体系。由国信证券担任推荐主办券商的北京德鑫泉物联网科技股份有限公司,2011年10月8日将正式登陆中关村科技园区非上市股份公司代办股份转让系统,股份代码430074。据悉,这是新三板运行以来的首家物联网公司。可以看出,该公司在产品发展方面拥有广阔良好的前景,但同时,作为逐步发展的中小企业,其在资本结构方面的问题也不容小视。

一、资本成本

(一) 资本成本的含义

资本成本是指企业为筹集和使用资本而付出的代价,包括筹资费用和占用费用。

▶ 1. 筹资费用

筹资费用是指企业在资本筹措过程中为获取资本而付出的代价,如向银行支付的借款手续费,因发行股票、公司债券而支付的发行费等。筹资费用通常在资本筹集时一次性发生,在资本使用过程中不再发生,因此被视为筹资数额的一项扣除。

2. 占用费用

占用费用是指企业在资本使用过程中因占用资本而付出的代价,如向银行等债权人支付的利息,向股东支付的股利等。占用费用是因为占用了他人资金而必须支付的,是资本成本的主要内容。

资本成本既可以用绝对数表示,也可以用相对数表示。用绝对数表示的,如借入长期资金即指资金占用费和资金筹集费;用相对数表示的,如借入长期资金即为资金占用费与实际取得资金之间的比率。其基本公式为

$$资本成本率 = \frac{年资金占用费}{筹资总额 - 筹资费用} = \frac{年资金占用费}{筹资总额 \times (1 - 筹资费用率)}$$

(二)资本成本的作用

资本成本在企业筹资、投资和经营活动过程中具有以下三方面的作用。

1. 资本成本是企业筹资决策的重要依据

企业的资本可以从各种渠道,如银行信贷资金、民间资金、企业资金等来源取得,其筹资的方式也多种多样,如吸收直接投资、发行股票、银行借款等。但不管选择何种渠道,采用哪种方式,主要考虑的因素还是资本成本。

通过不同渠道和方式所筹措的资本,将会形成不同的资本结构,由此产生不同的财务风险和资本成本。所以,资本成本也就成了确定最佳资本结构的主要因素之一。

随着筹资数量的增加,资本成本将随之变化。当筹资数量增加到增资的成本大于增资的收入时,企业便不能再追加资本。因此,资本成本是限制企业筹资数额的一个重要因素。

2. 资本成本是评价和选择投资项目的重要标准

资本成本实际上是投资者应当取得的最低报酬水平。只有在投资项目的收益高于资本成本的情况下,才值得为之筹措资本;反之,就应该放弃该投资机会。

3. 资本成本是衡量企业资金效益的临界基准

如果一定时期的综合资本成本率高于总资产报酬率,就说明企业资本的运用效益差,经营业绩不佳;反之,则相反。

(三)影响资本成本的因素

$$投资者要求的报酬率 = 无风险报酬率 + 风险报酬率$$
$$= 纯粹利率 + 通货膨胀率 + 风险报酬率$$

1. 总体经济环境

总体经济环境决定企业所处的国民经济发展状况和水平,以及预期的通货膨胀。

国民经济保持健康、稳定、持续增长,整个社会经济的资金供给和需求相对均衡且通货膨胀水平低,资金所有者投资的风险小,预期报酬率低,筹资的资本成本率相应就比较低。

2. 资本市场条件

资本市场条件包括资本市场的效率和风险。

如果资本市场缺乏效率,证券的市场流动性低,投资者投资风险大,要求的预期报酬

率高。

▶ 3. 企业经营状况和融资状况

经营风险和财务风险共同构成企业总体风险。

如果企业经营风险高，财务风险大，则企业总体风险水平高，投资者要求的预期报酬率大。

▶ 4. 企业对筹资规模和时限的需求

(1) 企业一次性需要筹集的资金规模大、占用时限长，资本成本就高。

(2) 融资规模、时限与资本成本的正相关性并非线性关系，当融资规模突破一定限度时，才引起资本成本的明显变化。

(四) 个别资本成本的计算

个别资本成本是指单一融资方式的资本成本，主要包括银行借款资本成本、公司债券资本成本、普通股资本成本和留存收益成本等，其中前两类是债务资本成本，后两类是权益资本成本。个别资本成本率取决于三个因素：用资费用、筹资费用和筹资额。

个别资本成本的高低，用相对数即资本成本率表达。

▶ 1. 银行借款资本成本率的计算

银行借款资本成本包括借款利息和借款手续费用。利息费用税前支付，可以起抵税作用，一般计算税后资本成本率，以便与权益资本成本率具有可比性。银行借款的资本成本计算公式为

$$银行借款资本成本率(k) = \frac{借款额 \times 年利率 \times (1-所得税税率)}{借款额 \times (1-手续费率)} \times 100\%$$

$$= \frac{年利率 \times (1-所得税税率)}{(1-手续费率)} \times 100\% = \frac{i(1-T)}{1-f} \times 100\%$$

式中，k 为银行借款资本成本率；i 为银行借款年利率；f 为筹资费用率；T 为所得税税率。

【例 3-7】某企业取得 5 年期长期借款 200 万元，年利率为 10%，每年付息一次，到期一次还本，借款费用率为 0.2%，企业所得税税率为 20%，求该借款的资本成本率。

解：银行借款资本成本率 $= \dfrac{10\% \times (1-20\%)}{1-0.2\%} = 8.016\%$

▶ 2. 公司债券资本成本率的计算

公司债券资本成本，包括债券利息和借款发行费用。债券可以溢价发行，也可以折价发行。其资本成本率按一般模式计算为

$$公司债券资本成本率(k) = \frac{年利息 \times (1-所得税税率)}{债券筹资总额 \times (1-手续费率)} \times 100\% = \frac{I(1-T)}{L(1-f)}$$

式中，k 为债券资本成本率；L 为公司债券筹资总额；I 为公司债券年利息；f 为筹资费用率；T 为所得税税率。

【例 3-8】某企业以 1 100 元的价格，溢价发行面值为 1 000 元、期限为 5 年、票面利率为 7% 的公司债券一批。每年付息一次，到期一次还本，发行费用率为 3%，所得税税率为 20%。求该债券的资本成本率。

解：公司债券资本成本率 $= \dfrac{1\,000 \times 7\% \times (1-20\%)}{1\,100 \times (1-3\%)} = 5.25\%$

3. 普通股资本成本率的计算

普通股资本成本率主要是向股东支付的各期股利。

1) 股利增长模型法

假设：某股票本期支付股利为 D_0，未来各期股利按 g 速度增长，筹资费用率为 f，股票目前市场价格为 P_0，则普通股资本成本率为

$$K_s = \frac{D_0 \times (1+g)}{P_0 \times (1-f)} + g = \frac{D_1}{P(1-f)} + g$$

【例 3-9】某公司普通股市价为 30 元，筹资费用率为 2%，本年发放现金股利每股 0.6 元，预期股利年增长率为 10%，求 K_s。

解：$K_s = 0.6 \times (1+10\%)/30 \times (1-2\%) + 10\% = 12.245\%$

2) 资本资产定价模型法

$$K_s = R_f + \beta \times (R_m - R_f)$$

式中，K_s 为普通股资金成本率；R_m 为市场投资组合的期望收益率；R_f 为无风险利率；β 为某公司股票收益率相对于市场投资组合期望收益率的变动浮动。

【例 3-10】某公司普通股 β 系数为 1.5，此时一年期国债利率为 5%，市场平均报酬率为 15%，求该普通股资本成本率。

解：普通股资本成本率 $= 5\% + 1.5 \times (15\% - 5\%) = 20\%$

4. 留存收益资本成本率

留存收益是由企业税后净利润形成的，是一种所有者权益，其实质是所有者向企业的追加投资。企业利用留存收益无需发生筹资费用。如果企业将留存收益用于再投资，所获得的收益率低于股东自己进行一项风险相似的投资项目的收益，企业就应当将其分配给股东。留存收益的资本成本率，表现为股东追加投资要求的报酬率，其计算与普通股成本相同，也分为股利增长模型法和资本资产定价模型法，不同点在于不考虑筹资费用。

普通股股利每年固定时，其计算公式为

$$留存收益资本成本率 = \frac{每年固定股利}{普通股筹资金额} \times 100\%$$

普通股股利逐年固定增长的企业，则为

$$留存收益资本成本率 = \frac{第一年预期股利}{普通股筹资金额} \times 100\% + 股利年增长率$$

二、杠杆效应

财务管理中的杠杆效应是指由于特定固定支出或费用的存在，当某一财务变量以较小幅度变动时，另一相关变量会以较大幅度变动的现象，包括经营杠杆和财务杠杆两种效应形式。杠杆效应既可以产生杠杆利益，也可能带来杠杆风险。

(一) 经营杠杆效应

1. 经营杠杆

经营杠杆是指由于固定性经营成本的存在，而使得企业的资产报酬（息税前利润）变动率大于业务量变动率的现象。经营杠杆反映了资产报酬的波动性，用以评价企业的经营风险。如图 3-1 所示，用息税前利润（EBIT）表示资产总报酬，则

$$EBIT = S - V - F = (P - V_c)Q - F = M - F$$

式中，EBIT 为息税前利润；S 为销售额；V 为变动性经营成本；F 为固定性经营成本；Q 为产业务量；P 为销售单价；V_c 为单位变动成本；M 为边际贡献。

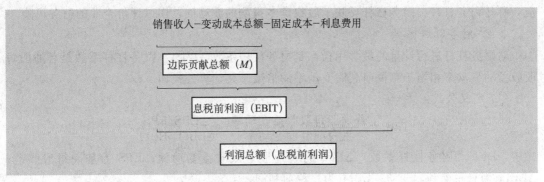

图 3-1　息税前利润示意

前提假设：企业产销量中，产量＝销量，即产销平衡。

息税前利润(EBIT)＝销售收入－变动成本总额－固定成本

▶ 2. 经营杠杆系数

只要企业存在固定经营性成本，就存在经营杠杆效应。但不同企业或同一企业不同产销量基础上的经营杠杆效应的大小是不完全一致的，为此需要对经营杠杆进行计量。对经营杠杆进行计量最常用的指标是经营杠杆系数。经营杠杆系数(DOL)是指息税前利润变动率相当于产销量变动率的倍数。

(1) 定义公式：

$$DOL = 息税前利润变动率 / 产销变动率 = \frac{\Delta EBIT / EBIT}{\Delta Q / Q}$$

(2) 简化公式：

$$DOL = 基期边际贡献 / 基期息税前利润 = M/EBIT = M/(M-F)$$
$$= 基期边际贡献 / 基期息税前利润$$

【例 3-11】泰华公司产销某种服装，固定成本 500 万元，变动成本率 70%。年产销额 5 000 万元时，变动成本 3 500 万元，固定成本 500 万元，息前税前利润 1 000 万元；年产销额 7 000 万元时，变动成本为 4 900 万元，固定成本仍为 500 万元，息前税前利润为 1 600 万元。可以看出，该公司产销量增长了 40%，息前税前利润增长了 60%，产生了 1.5 倍的经营杠杆效应。求 DOL。

解：$DOL = \dfrac{\Delta EBIT / EBIT}{\Delta Q / Q} = \dfrac{600/1\ 000}{2\ 000/5\ 000} = 1.5 (倍)$

▶ 3. 经营杠杆的作用

(1) 经营杠杆是用来分析利润变动与业务量变动之间关系的经济概念，一般情况下利润增长率就会大于业务量增长率，其原因是企业存在固定成本，只要企业存在固定成本，就会存在此规律。

(2) 经营杠杆可以揭示一些经济现象，反映企业经营风险，可以帮助企业较快地预测，可用于决策，故经营杠杆是一条很重要且具有实用价值的经济规律。

（二）财务杠杆效应

▶ 1. 财务杠杆的含义

这种由于固定财务费用的存在而导致每股利润变动率大于息税前利润变动率的杠杆效应，称作财务杠杆。财务杠杆反映了股权资本报酬的波动性，用以评价企业的财务风险。

▶ 2. 财务杠杆系数

对财务杠杆进行计量的最常用指标是财务杠杆系数（DFL）。财务杠杆系数是普通股每股收益的变动率相当于息税前利润变动率的倍数。其计算公式如下。

（1）定义公式：

$$DFL = \frac{普通股每股收益变动率}{息税前利润变动率} = \frac{\Delta EPS/EPS}{\Delta EBIT/EBIT}$$

式中，DFL 为财务杠杆系数；ΔEPS 为普通股每股收益变动额；EPS 为基期每股收益；$\Delta EBIT$ 为息税前利润变动；EBIT 为息税前利润。

（2）简化公式：

$$DFL = \frac{EBIL}{EBIL - I} = \frac{基期息税前利润}{基期息税前利润 - 基期利息}$$

式中，DFL 为财务杠杆系数；EBIL 为基期税前利润；I 为基期利息。

【例 3-12】假设企业不存在优先股，某企业资产总额为 150 万元，权益性资本占 55%，负债平均利率为 12%，当前销售额为 100 万元，息税前利润 20 万元，求财务杠杆系数。

解：

$I = 150 \times (1 - 55\%) \times 12\% = 8.1(万元)$

$DFL = \frac{EBIL}{EBIL - I} = 20/(20 - 8.1) = 1.68$

▶ 3. 财务杠杆的作用

（1）将财务杠杆定义为"企业在制定资本结构决策时对债务筹资的利用"。因而财务杠杆又可称为融资杠杆、资本杠杆或者负债经营。这种定义强调财务杠杆是对负债的一种利用。

（2）财务杠杆是指在筹资中适当举债，调整资本结构给企业带来额外收益。如果负债经营使得企业每股利润上升，便称为正财务杠杆；如果使得企业每股利润下降，通常称为负财务杠杆。显而易见，在这种定义中，财务杠杆强调的是通过负债经营而引起的结果。

（三）总杠杆效应

▶ 1. 总杠杆

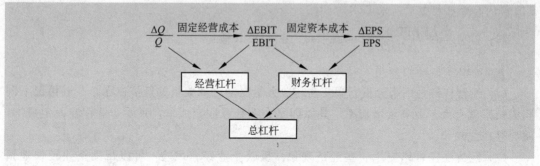

图 3-2　总杠杆示意

总杠杆是指由于固定经营成本和固定资本成本的存在，导致普通股每股收益变动率大于产销业务量变动率的现象，如图 3-2 所示。

▶ 2. 总杠杆系数

（1）定义公式：

$$\frac{\Delta EPS/EPS \times \Delta EBIT/EBIT}{\Delta EBIT/EBIT \times \Delta Q/Q}$$

$$DTL = \frac{\Delta EPS/EPS}{\Delta Q/Q}$$

总杠杆系数与经营杠杆系数和财务杠杆系数的关系为

$$DTL = DOL \times DFL$$

（2）简化公式：

$$DTL = \frac{基期边际贡献}{基期利润总额} = \frac{M}{M-F-I}$$

$$= \frac{M}{M-F} \times \frac{M-F}{M-F-I}$$

式中，M 为基期边际贡献；F 为固定性经营成本；I 为基期利息；DTL 为总杠杆系数。

【例 3-13】某企业有关资料如表 3-1 所示，分别计算其 20×2 年经营杠杆系数、财务杠杆系数和总杠杆系数。

表 3-1 杠杆效应计算表

项目	20×1 年	20×2 年	变动率
销售收入（售价 10 元）	1 000 万元	1 200 万元	+20%
边际贡献（单位 4 元）	400 万元	480 万元	+20%
固定成本	200 万元	200 万元	—
息税前利润（EBIT）	200 万元	280 万元	+40%
利息	50 万元	50 万元	—
利润总额	150 万元	230 万元	+53.33%
净利润（税率 20%）	120 万元	184 万元	+53.33%
每股收益（200 万股，元）	0.60 元	0.92 元	+53.33%
经营杠杆系数（DOL）			2.000
财务杠杆系数（DFL）			1.333
总杠杆系数（DTL）			2.667

三、资本结构

（一）资本结构的含义

资本结构是指企业各种资本的价值构成及其比例关系，是企业一定时期筹资组合的结果。广义的资本结构是指企业全部资本的构成及其比例关系。企业一定时期的资本可分为债务资本和股权资本，也可分为短期资本和长期资本。狭义的资本结构是指企业各种长期资本的构成及其比例关系，尤其是指长期债务资本与（长期）股权资本之间的构成及其比例关系。

（二）影响资本结构的主要因素

（1）企业经营状况的稳定性和成长率。稳定性好，企业可较多地负担固定的财务费用；成长率，可能采用高负债的资本结构，以提升权益资本的报酬。

（2）企业的财务状况和信用等级。财务状况好、信用等级高，容易获得债务资本。

（3）企业的资产结构。企业不同的资产结构也会影响企业的资金结构。一般而言，拥有大量固定资产的企业主要通过长期负债和发行股票等筹集资金；拥有较多流动资产的企业，则更多依赖流动负债来筹集资金；资产适用于抵押贷款的公司，往往举债较多；而以技术研究开发为主的公司则负债很少。

（4）企业投资人和管理当局的态度。

（5）行业特征和企业发展周期。产品市场稳定的成熟产业（经营风险小），可提高债务资本比重；高新技术企业产品、技术、市场尚不成熟（经营风险大），可降低债务资本比重。

（6）企业发展周期。初创阶段经营风险高，应控制负债比率；成熟阶段经营风险低，可适度增加债务资金比重；收缩阶段市场占有率下降，经营风险逐步加大，应逐步降低债务资金比重。

（7）经济环境的税务政策和货币政策。所得税税率高，债务资金抵税作用大，企业充分利用这种作用以提高企业价值；紧缩的货币政策，市场利率高，企业债务资金成本增大。

（三）最佳资本结构

最佳资本结构是指企业在一定时期内，筹措的资本的加权平均资本成本最低，使企业的价值达到最大化。它应是企业的目标资本结构，需符合三个条件：

（1）有利于最大限度地增加所有者的财富，使企业价值最大化的资本结构。

（2）能使加权平均资本成本最低的资本结构。

（3）能使资产保持适宜的流动，并使资本结构具有弹性的资本结构。

其中，加权平均资本成本最低则是最主要的判断标准。

（四）资本结构决策的方法

一般资本结构决策的方法主要有以下两种。

▶ **1. 比较资金成本法**

比较资金成本法即通过比较不同的资本结构的加权平均资本成本，选择其中加权平均资本成本最低资本结构的方法。其程序包括：①拟定几个筹资方案；②确定各方案的资本结构；③计算各方案的加权平均资本成本；④通过比较，选择加权平均资本成本最低的结构为最佳资本结构。

企业资本结构决策，分为初次利用债务筹资和追加筹资两种情况。前者称为初始资本结构决策，后者称为追加资本结构决策。比较资本成本法将资本成本的高低作为选择最佳资本结构的唯一标准，简单实用，因而常常被采用。

1) 初始资本结构决策

企业在实际筹资过程中,对拟定的筹资总额可以采用多种筹资方式来筹措,同时对各种筹资方式的筹资数额可有不同的安排,由此就形成了若干筹资方案可供抉择。在个别资本成本率已确定的情况下,综合资本成本率的高低,主要取决于各种筹资方式的筹资额占拟定筹资总额比重的高低。

【例 3-14】 某公司创建时,拟筹资 300 万元,现有 A、B 两个筹资方案可供选择,见表 3-2。

表 3-2 筹资方案情况表

筹资方式	方案 A		方案 B	
	筹资额/万元	资本成本率/%	筹资额/万元	资本成本率/%
长期借款	50	6	100	7
债券	150	9	120	8
普通股	100	15	80	15

根据上述资料,分别计算 A、B 两个筹资方案的综合资本成本率,并比较其大小,从而确定最佳资本结构方案。

解:计算各方案的综合资金成本率:

$KW(A) = 50/300 \times 6\% + 150/300 \times 9\% + 100/300 \times 15\% = 10.5\%$

$KW(B) = 100/300 \times 7\% + 120/300 \times 8\% + 80/300 \times 15\% = 9.53\%$

根据计算结果,B 方案的综合资本成本率小于 A 方案,在其他条件相同的情况下,B 方案为最佳筹资方案,其所形成的资本结构也是最佳资本结构。

2) 追加资本结构决策

企业在持续的生产经营过程中,由于扩大业务或对外投资的需要,有时会增加筹集资金,即所谓追加筹资。因追加筹资以及筹资环境的变化,企业原有的资本结构就会发生变化,从而使原定的最佳资本结构未必仍是最优的。因此,企业应在资本结构不断变化中寻求最佳资本结构,保持资本结构的最优化。

【例 3-15】 远扬公司原有的资本结构表如表 3-3 所示。

表 3-3 原资本结构表

资本来源	资本额/万元	资本成本率/%
长期借款	400	8
长期债券	400	10
优先股	200	14
普通股	600	6
合计	1 600	

该企业由于扩大经营规模拟增资 400 万元,有两种追加筹资方案可供选择。

A 方案:发行长期债券 100 万元,资本成本率为 8.5%;另发行普通股 300 万元,资本成本率16%。

B方案：长期借款300万元，资本成本率为7%；另外发行普通股100万元，由于增加负债增加了风险，普通股资本成本率上升为18%。

要求：用比较资本成本法选择最优追加资本方案。

解：(1) A方案的加权平均资本成本率 = $\frac{400}{2\,000} \times 6\% + \frac{400+100}{2\,000} \times \frac{400 \times 8\% + 100 \times 8.5\%}{500} + \frac{200}{2\,000} \times 10\% + \frac{900}{2\,000} \times \frac{600 \times 14\% + 300 \times 16\%}{900} = 10.825\%$

(2) B方案的加权平均资本成本率 = $\frac{400+300}{2\,000} \times \frac{400 \times 6\% + 300 \times 7\%}{700} + \frac{400}{2\,000} \times 8\% + \frac{200}{2\,000} \times 10\% + \frac{600+100}{2\,000} \times \frac{600 \times 14\% + 100 \times 18\%}{700} = 9.95\%$

根据计算结果，B方案的综合资本成本率小于A方案，在其他条件相同的情况下，B方案为最佳筹资方案，其所形成的资本结构也是最佳资本结构。

比较资金成本法的优点：以加权平均资本成本最低为唯一判断标准，因此在应用中体现出直观性和操作上的简便性。另外，资本成本的降低必然给企业财务带来良好的影响，一定条件下也可以使企业的市场价值增大。缺点是仅仅以加权平均资本成本最低作为唯一标准，在一定条件下会使企业蒙受较大的财务损失，并可能导致企业市场价值的波动。

▶ 2. 息税前利润－每股利润分析法（EBIT－EPS分析法）

将企业的盈利能力与负债对股东财富的影响结合起来，去分析资金结构与每股利润之间的关系，进而确定合理的资金结构的方法，叫息税前利润－每股利润分析法，简写为EBIT－EPS分析法，也被称为每股利润无差别点法。它是利用息税前利润和每股利润之间的关系来确定最优资金结构的方法。根据这一分析方法，可以分析判断在什么样的息税前利润水平下适于采用何种资金结构。这种方法确定的最佳资金结构亦即每股利润最大的资金结构。

所谓每股利润无差别点，指在不同筹资方式下，每股利润相等的息税前利润，它表明筹资企业的一种特定经营状态或盈利水平。每股利润的计算公式为

每股利润 = [（息税前利润 － 负债利息）×（1 － 所得税率）] / 普通股股数

$$\frac{(EBIT - I_1) \times (1-T) - D_1}{N_1} = \frac{(EBIT - I_2) \times (1-T) - D_2}{N_2}$$

式中，N_1、N_2为两种方案发行在外普通股股数；I_1、I_2为两种增资方案下的年利息；D_1、D_2为两种方案优先股股利额。

每股收益无差别点是指发行股票筹资和负债筹资，筹集相同资本后，企业每股利润相等的那个筹资金额点。由于负债有递减所得税的效应，而股票筹资股利无法在税前扣除，所以，当预计的息税前利润大于每股利润无差别点时，负债筹资方案可以加大企业财务杠杆的作用，放大收益倍数。当预计息税前利润小于每股利润无差别点时，发行股票筹资比较好。

该方法是通过计算各备选筹资方案的每股收益无差别点并进行比较来选择最佳资金结构融资方案的方法。每股收益无差别点是指每股收益不受融资方式影响的销售水平。对每股收益无差别点有两种解释，即每股收益不受融资方式影响的销售额，或每股收益不受融

资方式影响的息税前利润。

【例 3-16】 布朗公司目前的资本总额是 1 000 万元,其结构为:债务资本 300 万元,权益资本 700 万元。现准备追加筹资 200 万元,有两种筹资方案:A 方案增加权益资本;B 方案增加负债。已知:增资前的负债利率为 10%,若采用负债增资方案,则全部负债利率提高到 12%;公司所得税率 25%;增资后息税前利润率可达 20%。试比较这两种方案并做出选择。你能帮布朗公司的财务经理做决定吗?

解:(1)无差异点的计算:

$$\frac{(EBIT-30)\times(1-25\%)}{900}=\frac{(EBIT-60)\times(1-25\%)}{700}$$

得:EBIT=165 万元,即 EBIT=165 万元(无差异点)时的资本结构为最佳资本结构。本题中 EBIT=1 200×20%=240(万元),大于 165 万元的无差别点,应选择负债筹资方式。

(2)按题意,分别计算两种方案的税后资本利润率:

增加权益资本:$\frac{(1\ 200\times20\%-300\times10\%)\times(1-25\%)}{900}=17.5\%$

增加负债:$\frac{(1\ 200\times20\%-500\times12\%)\times(1-25\%)}{700}=19.29\%$

所以增加负债方案入选。

任务小结

企业的筹资管理,在选择筹资方式的同时,还要合理安排资本结构。资本结构优化是企业筹资管理的基本目标,也会对企业的生产经营安排产生制约性的影响。资本成本是资本结构优化的标准,资本成本的固定特性,带来了杠杆效应。资本成本是衡量资本结构优化程度的标准,也是对投资获得经济效益的最低要求,通常用资

拓展阅读:
哈罗单车获得新一轮融资

本成本率表示。资本结构是指企业各种资本的价值构成及其比例关系,是企业一定时期筹资组合的结果。

课后习题

一、单项选择题

1. 下列各项中,不属于吸收直接投资方式的是( )。
   A. 吸收国家投资　　　　　　B. 吸收法人投资
   C. 吸收社会公众投资　　　　D. 合作经营

2. 我国《公司法》规定,以募集方式设立股份有限公司的,发起人认购的股份不得少于公司股份总数的( )。
   A. 25%　　　　B. 30%　　　　C. 35%　　　　D. 45%

3. 下列筹资方式中,不属于直接筹资的是( )。
   A. 吸收直接投资　　B. 发行股票　　C. 发行债券　　D. 融资租赁

4. 下列各项中，属于留存收益来源渠道的是（   ）。
   A. 只有盈余公积金 B. 只有未分配利润
   C. 包括盈余公积金和未分配利润 D. 只是分配的股利

5. 下列关于留存收益筹资的说法中，正确的是（   ）。
   A. 筹资途径为未分配利润 B. 筹资费用较高
   C. 资本成本比普通股低 D. 导致控制权的分散

6. 银行借款筹资方式的优点是（   ）。
   A. 筹资成本低 B. 限制条件少
   C. 财务风险低 D. 能提高公司信誉

7. 下列各项中，能够引起企业权益资金增加的筹资方式是（   ）。
   A. 吸收直接投资 B. 发行公司债券
   C. 利用留存收益 D. 留存收益转增资本

8. 根据财务管理理论，按企业所取得资金的权益特征不同，可将筹资分为（   ）。
   A. 直接筹资和间接筹资 B. 内部筹资和外部筹资
   C. 股权筹资、债务筹资和混合筹资 D. 短期筹资和长期筹资

二、多项选择题

1. 企业资金需要量预测的方法主要有（   ）。
   A. 因素分析法 B. 销售百分比法
   C. 资金习性预测法 D. 本量利分析法
   E. 销售毛利率法

2. 下列也属于吸收直接投资的出资方式的有（   ）。
   A. 以实物资产出资 B. 以土地使用权出资
   C. 以工业产权出资 D. 以特定债权出资

3. 下列各项中，属于股权性筹资方式的有（   ）。
   A. 发行债券筹资 B. 发行股票筹资
   C. 融资租赁筹资 D. 投入资本筹资
   E. 留存收益筹资

4. 下列各项中，属于股权筹资特点的有（   ）。
   A. 是企业稳定的资本基础 B. 企业的财务风险较大
   C. 是企业良好的信誉基础 D. 信息沟通与披露成本较大

5. 留存收益的筹资途径包括（   ）。
   A. 实收资本 B. 盈余公积金 C. 未分配利润 D. 资本公积

三、判断题

1. 融资租赁方式下，租赁期满，设备必须作价转让给承租人。（   ）

2. 资本公积转增股本不属于留存收益的筹资途径。（   ）

3. 由于股票投资风险大，收益具有不确定性，投资者要求的风险补偿较高，因此股票筹资的资本成本较高。（   ）

4. 按照所筹资金使用期限的长短，可以将筹资分为权益筹资和负债筹资。（   ）

四、计算分析题

1. 某公司普通股目前的股价为10元/股,筹资费用率为6%,刚刚支付的每股股利为2元,股利固定增长率2%。计算该企业利用留存收益的资本成本率。

2. 某企业拟增加发行普通股,发行价为15元/股,筹资费率为2%,企业刚刚支付的普通股股利为1.2元/股,预计以后每年股利将以5%的速度增长,企业所得税税率为30%。计算企业普通股的资金成本。

实践操作

项目四 项目投资管理

思维导图

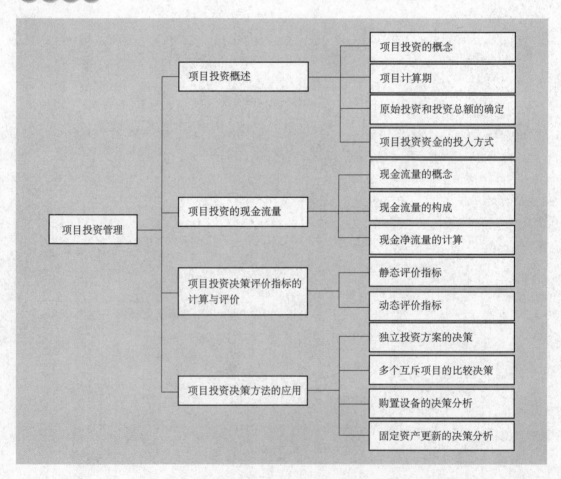

学习目标

知识目标：
1. 了解项目投资、原始投资与总投资及现金流量的含义；
2. 理解项目评价指标的计算方法及特点；
3. 掌握现金净流量的计算方法。

能力目标：
1. 能够估算投资项目的现金流量；
2. 能运用静态和动态评价指标分析项目投资方案的可行性。

素质目标：
1. 提高对项目投资的整体认识；
2. 锻炼决策分析思维。

任务一　项目投资概述

任务分析

投资决策是企业最重要的决策之一。从某种意义上说，一个企业就是由一系列的投资项目所组成的。正确的投资可以为企业的发展提供杠杆效应，大大加速企业的发展；反之，投资失误也有可能将企业存在的种种弊端放大，甚而影响企业的生存。而了解项目投资的相关概念有利于做出正确的投资决策。

案例导入

某企业拟投资新建一个项目，在建设起点开始投资，历经 2 年后投产，试产期为 1 年，主要固定资产的预计使用寿命为 10 年。据此，可以估算出该项目的建设期、运营期、达产期和项目计算期分别为多少？

一、项目投资的概念

企业通过投资，购买具有实质内涵的经营资产，包括有形资产和无形资产，形成具体的生产经营能力，开展实质性的生产经营活动，谋取经营利润。这类投资称为项目投资。项目投资的目的在于改善生产条件、扩大生产能力，以获取更多的经营利润。

二、项目计算期

投资项目从开始建设到最后报废清理的全部时间称为项目计算期。项目计算期包括建设期和运营期。建设期是指从开始投资建设到建成投产这一过程的全部时间。建设期第一年的年初称为建设起点，建设期最后一年的年末称为投产日。项目计算期最后一年的年末称为终结点，假定项目最终报废或清理均发生在终结点。从投产日到终结点之间的时间间隔称为运营期，包括试产期和达产期两个阶段。试产期是指项目投入生产，但生产能力尚未完全达到设计能力时的过渡阶段。达产期是生产运营达到设计预期水平后的时间。

如图 4-1 所示，项目计算期、建设期和运营期之间有以下关系成立，即

$$项目计算期(n) = 建设期(s) + 运营期(p)$$

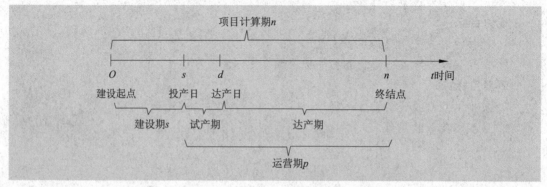

图 4-1　项目计算期

三、原始投资和投资总额的确定

原始投资又称初始投资，是反映项目所需现实资金水平的价值指标。从项目投资的角度来看，原始投资是企业为使项目完全达到设计生产能力、开展正常生产经营而投入的全部资金，包括建设投资和流动资金投资。

建设投资是指建设期内按一定生产经营规模和建设对象而进行的投资，包括固定资产投资、无形资产投资和开办费投资。固定资产投资与固定资产原值不同，是项目用于取得固定资产而发生的投资，不包括固定资产在建设期内的资本化利息；无形资产投资是项目用于取得无形资产而发生的投资；开办费是组织项目投资的企业在筹建期间发生的不形成固定资产和无形资产价值的投资。

流动资金投资又称为营运资金投资，是项目投产前后一次或分次投放于流动资产项目的投资增加额。

项目总投资是原始投资与建设期资本化利息之和，是反映项目投资总体规模的指标。

原始投资＝建设投资＋流动资金投资
　　　　＝固定资产投资＋无形资产投资＋开办费投资＋流动资金投资
项目总投资＝原始投资＋建设期资本化利息

四、项目投资资金的投入方式

项目投资资金的投入方式有两种：一次投入和分次投入。

一次投入方式是指投资行为集中一次发生，例如投资行为发生在项目计算期的第一年年初或年末；而投资行为涉及两个或两个以上时点的，则属于分次投入方式，例如投资行为涉及两个年度或一个年度内分次注入资金。当建设期为零时，则一般为一次投入方式。

【例 4-1】A 公司拟新建一条生产线项目，建设期为两年，运营期为 20 年。全部建设投资分别安排在建设起点、建设期第二年年初和建设期末分三次投入，投资额分别为 100 万

元、300万元和68万元；全部流动资金投资安排在投产后第一年和第二年年末分两次投入，投资额分别为15万元和5万元。根据项目筹资方案的安排，建设期资本化借款利息为22万元。根据上述资料，不考虑资金时间价值，请估算该项目原始投额和总投资额。

解：根据公式计算如下：

建设投资＝100＋300＋68＝468（万元）

流动资金投资＝15＋5＝20（万元）

原始投资＝468＋20＝488（万元）

项目总投资＝488＋22＝510（万元）

任务小结

企业通过投资，购买具有实质内涵的经营资产，包括有形资产和无形资产，形成具体的生产经营能力，开展实质性的生产经营活动，谋取经营利润。这类投资称为项目投资。

投资项目从开始建设到最后报废清理的全部时间，称为项目计算期。项目计算期包括建设期和运营期。

原始投资又称初始投资，是反映项目所需现实资金水平的价值指标，包括建设投资和流动资金投资。

项目投资资金的投入方式有两种：一次投入和分次投入。

任务二　项目投资的现金流量

任务分析

现金流量是现代理财学中的一个重要概念，是指企业在一定会计期间按照现金收付实现制，通过一定经济活动（包括经营活动、投资活动、筹资活动和非经常性项目）而产生的现金流入、现金流出及其总量情况的总称，即企业一定时期的现金和现金等价物的流入和流出的数量。例如：销售商品、提供劳务、出售固定资产、收回投资、借入资金等，形成企业的现金流入；购买商品、接受劳务、购建固定资产、现金投资、偿还债务等，形成企业的现金流出。衡量企业经营状况是否良好，是否有足够的现金偿还债务，资产的变现能力等，现金流量是非常重要的指标。

案例导入

某项目需要固定资产投资210万元，开办费用20万元，流动资金垫支30万元。其中固定资产投资和开办费用在建设期初发生，开办费于投产当年一次性摊销。流动资金在经营期初垫支，在项目结束时收回。建设期为1年，建设期资本化利息10万元。该项目的有效期为10年，直线法计提固定资产折旧，期满有残值20万元。该项目投产后，第1～5年每年归还借款利息10万元，各年分别产生净利润10万元、30万元、50万元、60万元、

60万元、50万元、30万元、30万元、20万元、10万元。该项目每年的现金净流量是多少呢?

一、现金流量的概念

现金流量是投资项目财务可行性分析的主要分析对象,净现值、内含报酬率、回收期等财务评价指标,均是以现金流量为对象进行可行性评价的。利润只是期间报告的结果,对于投资方案财务可行性来说,项目的现金流量状况比会计期间盈亏状况更为重要。一个投资项目能否顺利进行,有无经济上的效益,不一定取决于有无会计期间利润,而在于能否带来正现金流量,即整个项目能否获得超过项目投资的现金回收。

由一项长期投资方案所引起的在未来一定期间所发生的现金收支,叫作现金流量。其中,现金收入称为现金流入量,现金支出称为现金流出量,现金流入量和现金流出量相抵后的余额称为现金净流量(NCF)。

在一般情况下,投资决策中的现金流量通常指现金净流量。这里的"现金"既指各种货币性资产,也可以指项目投资所需投入的企业所拥有的非货币性资产(如原材料、设备等)的变现价值。

投资项目从整个经济寿命周期来看,大致可以分为三个时点阶段:建设期、运营期和终结点,现金流量的各个项目也可归属于各个时点阶段之中。

为了便于现金流量内容的分析,简化现金流量的计算过程,现金流量的确定有下列假设。

(1) 全投资假设。全投资假设以投资项目为主体、项目计算期为期间确定现金流量的内容,将整个投资项目的自有资金和借入资金都看作投资额,作为现金流出计算。例如,甲公司拟投资一项目,项目原始投资额为1 000万元,企业将自有资金600万元和从银行借入的400万元一并投资项目,则1 000万元都应看作项目的现金流出。

(2) 运营期和折旧年限一致假设。即假设项目的主要固定资产的折旧年限或使用年限与经营期相同。

(3) 时点指标假设。在分析投资项目的相关现金流量时,无论涉及的指标是时期指标还是时点指标,均假设按年初或年末的时点指标处理。一般情况下,建设投资在建设期内的有关年度的年初或年末发生;流动资金投资则在建设期期末或运营期期初发生;运营期内的收入和费用在各年度的年末发生;项目的报废和清理则在终结点发生。

(4) 不管投资项目的原始投资是一次投入还是分次投入,一般假设原始投资都在建设期内全部投入。

二、现金流量的构成

(一) 从现金流量的内容看

从现金流量的内容来看,现金流量包括现金流入量和现金流出量。

▶ 1. 现金流入量

投资项目现金流入量是整个投资和回收的过程中所发生的实际现金收入,主要包括项目投产后每年的营业现金收入、固定资产报废时的残值收入及项目结束时回收垫支的流动资金。

(1) 营业收入。营业收入是指项目投产后每年实现的全部销售收入或业务收入，必须是实现的现金收入。

(2) 固定资产报废时的残值收入。固定资产报废时的残值收入是指投资项目的固定资产在报废处理时所收回的价值。

(3) 回收垫支的流动资金。回收垫支的流动资金是指项目在终结点因不再发生新的替代投资而收回的原垫支的全部流动资金的投资额。

在营业收入中，理论上，本期发生的赊销额不应计入本期的现金流入，而回收以前时期的赊销额则应计入本期的现金流入。实践中为简化核算，可假定正常经营年度内每期发生的赊销额与回收的应收账款大体相等。

▶ 2. 现金流出量

投资项目现金流出量是指整个投资和回收过程中所发生的实际现金支出，主要包括建设投资支出、垫支的流动资金、经营成本和各项税款等。

(1) 建设投资支出。建设投资支出是指在项目建设期内，企业按项目规模和生产经营需要而进行的固定资产、无形资产和开办费等投资的总和。

(2) 垫支的流动资金。垫支的流动资金是指项目生产经营期周转使用的营运资金投入，包括正常的原材料、产成品、在产品、存货的占用等，另外还包括货币资金的支出。

(3) 经营成本。经营成本是指在经营期内，为满足生产经营而用货币支付的那一部分成本费用，又称付现成本，是生产经营期最主要的现金流出量。某年的经营成本等于该年的总成本扣除该年折旧费和摊销额等非付现成本的差额。

(4) 各项税款。各项税款是指企业在项目生产经营期依法缴纳的各项税款，主要包括增值税、消费税、所得税等。本书中这里的税款只考虑所得税。

(二) 从现金流量产生的时间看

从现金流量产生的时间来看，现金流量包括建设期现金流量、运营期现金流量和终结点现金流量。

▶ 1. 建设期现金流量

建设期现金流量是指使项目建成并投入使用而发生的有关现金流量，是项目的投资支出。一般包括建设投资、流动资金投资。如果是固定资产的更新改造项目，则建设期现金流量还包括原有固定资产变价收入和清理费用。

▶ 2. 运营期现金流量

运营期现金流量是指项目投入运行后，在寿命期间内因生产活动而产生的现金流入量和现金流出量。这些现金流量通常按照会计年度计算，主要包括营业收入、经营成本、其他各项现金支出、各项税款。

▶ 3. 终结点现金流量

终结点现金流量是指投资项目终结时所发生的各种现金流量，主要包括回收固定资产余值和投资时垫支的流动资金的收回。

三、现金净流量的计算

现金净流量是指在项目计算期内，一定时期的现金流入量和现金流出量之间的差额，

记作 NCF，其计算公式为

$$NCF_t = 第 t 年的现金流入量 - 第 t 年的现金流出量$$

式中，NCF_t 表示第 t 年的现金净流量。

依据现金流量产生的时间来划分现金流量，包括建设期现金流量、运营期现金流量和终结点现金流量。每个阶段的现金净流量计算如下。

（一）建设期内的现金净流量

在项目建设期内，主要是进行投资，所以只有现金流出，几乎没有现金流入，现金净流量就是项目投资额。其计算公式为

$$建设期内 NCF_t = -第 t 年的项目投资额$$

（二）经营期内的现金净流量

项目经营期内的现金净流量是指项目投产后，在整个生产经营期内正常生产经营所发生的现金流入量和流出量的差额。其计算公式为

$$经营期内 NCF_t = 营业收入 - 付现成本 - 所得税$$
$$= 税后营业利润 + 非付现成本$$

式中，非付现成本主要是固定资产年折旧费用、长期资产摊销费用、资产减值准备等。

（三）终结点的现金净流量

项目终结点的现金净流量是指项目经营期终结时发生的现金流量，除了上述项目经营期计算出的净流量外，还包括固定资产的净残值收入、垫支流动资金的回收等。其计算公式为

$$终结点 NCF_t = 该年经营现金净流量 + 净残值收入 + 该年回收额$$

【例 4-2】 某投资项目需要在建设期期初一次投入固定资产总额 1 100 万元和垫支流动资金 300 万元，固定资产的使用寿命为 5 年，使用直线法折旧，预计残值 100 万元。该项目预计每年生产设备 3 000 台，每台售价为 1 万元，单位销售成本为 0.8 万元，适用的所得税税率为 25%。

要求：确定该投资项目建设期、经营期和终结点的现金净流量。

解：根据资料计算如下：

(1) 项目建设期的现金净流量：

$NCF_0 = -1\ 100 - 300 = -1\ 400（万元）$

(2) 项目经营期的现金净流量：

年折旧费 $= (1\ 100 - 100) \div 5 = 200（万元）$

税后营业利润 $= 3\ 000 \times (1 - 0.8) \times (1 - 25\%) = 450（万元）$

经营期现金净流量 = 税后营业利润 + 非付现成本
$= 450 + 200 = 650（万元）$

$NCF_1 = NCF_2 = NCF_3 = NCF_4 = 650（万元）$

(3) 项目终结点的现金净流量：

$NCF_5 =$ 该年经营现金净流量 + 净残值收入 + 该年回收额
$= 650 + 100 + 300 = 1\ 050（万元）$

将项目建设期、经营期及终结点的现金净流量编制为现金净流量表，如表 4-1 所示。

表 4-1　现金净流量表　　　　　　　　　　　　　　　单位：万元

时间	0	1	2	3	4	5	合计
固定资产投资	−1 100	—	—	—	—	—	−1 100
垫支的流动资金	−300	—	—	—	—	300	0
年营业现金净流量	—	650	650	650	650	650	3 250
残值收入	—	—	—	—	—	100	100
各期现金净流量	−1 400	650	650	650	650	1 050	

任务小结

现金流量是指一项投资方案在未来一定时期内所发生的现金流入量和现金流出量的总称。在企业的项目投资决策过程中，现金流量是评价投资方案是否可行必须考虑的基础性数据，也是计算投资项目评价指标的主要依据和重要信息。在项目投资决策中，现金流量涉及以下三个内容：现金流入量、现金流出量和现金净流量。任何一个项目都可分为三个阶段：建设期、运营期和终结点。项目建设期内的现金净流量的计算公式为

$$NCF_t = -第t年的项目投资额$$

项目运营期内的现金净流量的计算公式为

$$NCF_t = 营业收入 - 付现成本 - 所得税 = 税后营业利润 + 非付现成本$$

项目终结点的现金净流量的计算公式为

$$NCF_t = 该年经营现金净流量 + 净残值收入 + 该年回收额$$

任务三　项目投资决策评价指标的计算与评价

任务分析

在对项目投资决策进行评价时有两类指标：一类是不考虑资金时间价值的静态评价指标，主要包括静态投资回收期和投资利润率；另一类是考虑资金时间价值的动态评价指标，主要包括动态回收期、净现值、年金净流量、净现值率、现值指数和内含报酬率等。以上这些指标在对项目投资进行决策时都各有其优缺点。我们应当学会具体情况具体分析，即对不同时期、不同情况使用不同的指标进行分析。

案例导入

英达公司拟购买一台新型机器，以代替原来的旧机器。新机器购价为 800 000 元，购入时支付 60%，余款下年付清，按 20% 计息。新机器购入后当年即投入使用，使用年限 6 年，报废后估计有残值收入 80 000 元，按直线法计提折旧。使用新机器后，公司每年新增净利润 70 000 元。当时的银行利率为 12%。你能运用净现值分析该公司是否需要购买

新机器吗？

项目投资决策评价指标按是否考虑资金时间价值，可分为静态评价指标和动态评价指标两大类。

一、静态评价指标

静态评价指标是指不考虑资金时间价值而直接按投资项目形成的现金流量计算的指标，包括静态回收期和投资利润率，这类指标计算简单，易于理解。

（一）静态回收期(PP)

▶ 1. 静态回收期的含义

投资项目的未来现金净流量累计到与原始投资额相等时所经历的时间，这种不考虑货币时间价值而计算的回收期称为静态回收期。

▶ 2. 静态回收期的决策原则

用静态回收期指标评价方案时，回收期越短越好。企业如果事先确定了基准回收期，则

回收期≤基准回收期，方案可行；

回收期＞基准回收期，方案不可行。

如果同时存在两个以上的可接受投资的方案，则应选择回收期较短者。

▶ 3. 静态回收期的计算方法

（1）未来每年现金净流量相等时。

$$静态回收期 = \frac{原始投资额}{每年现金净流量}$$

【例4-3】某工厂准备从甲、乙两种机床中选购一种机床。甲机床购价为30 000元，投入使用后，每年现金净流量为6 000元；乙机床购价为36 000元，投入使用后，每年现金流量为8 000元。

要求：用静态回收期指标决策该厂应选购哪种机床？

解：根据静态回收期公式可得：

$$甲机床回收期 = \frac{30\ 000}{6\ 000} = 5(年)$$

$$乙机床回收期 = \frac{36\ 000}{8\ 000} = 4.5(年)$$

计算结果表明，乙机床的回收期比甲机床短，该工厂应选择乙机床。

（2）未来每年现金净流量不相等时。

当未来每年现金净流量不相等时，应把每年现金净流量逐年累计加总，根据累计的现金净流量来确定回收期。

$$静态回收期 = t + \frac{A - \sum NCF_t}{NCF_{t+1}}$$

式中，A表示投资额，该投资项目的回收期在第t年与第$t+1$年之间；$\sum NCF_t$表示累计到第t年的现金净流量；NCF_{t+1}表示第$t+1$年的现金净流量。

【例4-4】A公司有一投资项目，需投资200 000元，使用年限为5年，每年的现金流量

不相等,有关资料如表 4-2 所示。

要求:计算该投资项目的回收期。

表 4-2 项目现金流量表　　　　　　　　单位:元

年　　份	现金净流量	累计现金净流量
1	30 000	30 000
2	35 000	65 000
3	60 000	125 000
4	50 000	175 000
5	40 000	215 000

解:从表 4-2 的累计现金净流量栏中可见,该投资项目的回收期在第 4 年与第 5 年之间。为了计算较为准确的回收期,采用以下方法计算:

$$静态回收期 = t + \frac{A - \sum NCF_t}{NCF_{t+1}} = 4 + \frac{200\ 000 - 175\ 000}{40\ 000} = 4.625(年)$$

▶ 4. 静态回收期的优缺点

优点:计算简便,易于理解。

缺点:没有考虑回收期以后的现金流量。

(二) 投资利润率(ROI)

▶ 1. 投资利润率的含义

投资利润率又称为投资报酬率,是指投资方案的年平均利润额和原始投资额的比率。

▶ 2. 投资利润率的决策原则

利用投资利润率进行投资决策时,将方案的投资利润率与预先确定的基准投资利润率(或企业要求的最低投资利润率)进行比较,则

投资利润率≥基准投资利润率,方案可行;

投资利润率<基准投资利润率,方案不可行。

一般情况下,投资利润率越大越好。

▶ 3. 投资利润率的计算方法

$$投资利润率 = \frac{平均年利润额}{原始投资额} \times 100\%$$

【例 4-5】某项目的原始投资额为 1 500 万元,年平均净利润为 500 万元,计算该项目的投资利润率。

解:投资利润率 $= \frac{500}{1\ 500} \times 100\% = 33.33\%$

▶ 4. 投资利润率的优缺点

优点:计算简便明了,容易掌握。

缺点:没有考虑资金的时间价值。

二、动态评价指标

项目投资决策中的动态评价指标是指考虑资金时间价值后按投资项目形成的现金净流

量计算的指标，包括动态回收期、净现值、净现值率、现值指数和内含报酬率等。

（一）动态回收期(PP)

▶ 1. 动态回收期的含义

投资项目的未来现金净流量的现值累计到与原始投资额现值相等时所经历的时间，这种考虑资金时间价值而计算的回收期称为动态回收期。

▶ 2. 动态回收期的计算方法

（1）未来每年现金净流量相等时。

当未来每年现金净流量相等时，未来现金净流量的年金现值系数为$(P/A, i, n)$，则

$$原始投资额现值 = 每年现金净流量 \times (P/A, i, n)$$

【例4-6】某机械厂准备从甲、乙两种机床中选购一种机床。甲机床购价为35 000元，投入使用后，每年现金净流量为7 000元；乙机床购价为36 000元，投入使用后，每年现金净流量为8 000元，资本成本率为9%。

要求：用动态回收期指标决策该厂应选购哪种机床？

解：根据公式可得

甲机床：$(P/A, 9\%, n) = \dfrac{35\ 000}{7\ 000} = 5$

乙机床：$(P/A, 9\%, n) = \dfrac{36\ 000}{8\ 000} = 4.5$

查表得知，当$i=9\%$时，第6年年金现值系数为4.486，第7年年金现值系数为5.033。由于甲机床的年金现值系数为5，乙机床的年金现值系数为4.5，相应的回收期运用插值法计算，得知甲机床$n=6.94$年，乙机床$n=6.03$年。计算结果表明，乙机床的回收期比甲机床短，该机械厂应选择购买乙机床。

（2）未来每年现金净流量不相等时。

当未来每年现金净流量不相等时，应把每年现金净流量现值逐年累计加总，根据累计的现金净流量现值来确定回收期。

$$动态回收期 = t + \frac{A - \sum \text{PNCF}_t}{\text{PNCF}_{t+1}}$$

式中，A表示投资额，且该投资项目的回收期在第t年与第$t+1$年之间；$\sum \text{PNCF}_t$表示累计到第t年的现金净流量的现值；PNCF_{t+1}表示第$t+1$年的现金净流量的现值。

【例4-7】A公司有一投资项目，需投资150 000元，使用年限为5年，每年的现金流量不相等，资本成本率为5%，有关资料如表4-3所示。

要求：计算该投资项目的动态回收期。

表4-3　项目现金流量表　　　　　　　　　　单位：元

年　份	现金净流量	累计净流量	净流量现值	累计现值
1	30 000	30 000	28 560	28 560
2	35 000	65 000	31 745	60 305
3	60 000	125 000	51 840	112 145

续表

年　份	现金净流量	累计净流量	净流量现值	累计现值
4	50 000	175 000	41 150	153 295
5	40 000	215 000	31 360	184 655

解：从表4-3的累计现金净流量栏中可见，该投资项目的回收期在第3年与第4年之间。为了计算较为准确的动态回收期，采用以下方法计算：

$$动态回收期 = t + \frac{A - \sum \text{PNCF}_t}{\text{PNCF}_{t+1}} = 3 + \frac{150\,000 - 112\,145}{41\,150} \approx 3.92(年)$$

动态回收期的决策原则和静态回收期的一样，而动态回收期相对于静态回收期来说优点在于考虑了货币时间价值，缺点和静态回收期一样没有考虑回收期以后的现金流量。

(二) 净现值(NPV)

▶ 1. 净现值的含义

净现值是指投资方案未来现金净流量现值与原始投资额现值之间的差额。

▶ 2. 净现值的决策原则

使用净现值指标进行投资方案评价时，预定贴现率是投资者所期望的最低投资报酬率。净现值≥0，方案可行，说明方案的实际报酬率高于所要求的报酬率；

净现值＜0，方案不可行，说明方案的实际投资报酬率低于所要求的报酬率。

其他条件相同时，净现值越大，方案越好。

利用净现值指标对项目的财务可行性进行评价时，正确选择贴现率显得非常重要，因为贴现率的选择会直接影响投资方案的评价结果。如果选择的贴现率过低，会加大企业的投资风险；如果选择的贴现率过高，可能会使企业失去好的投资机会。贴现率的确定方法有两种，一种是根据资本成本来确定，另一种是根据企业要求的最低资金利润率来确定。相比之下前一种由于计算资本成本比较困难，故限制了其应用范围；后一种根据资金的机会成本，即一般情况下可以获得的报酬来确定，比较容易确定。

▶ 3. 净现值的计算方法

$$净现值 = 未来现金净流量现值 - 原始投资额现值$$

【例4-8】新达公司准备投资于一个投资额为2万元的A项目，项目期限4年，期望投资报酬率为10%，每年能获取现金流量7 000元。

要求：利用净现值指标决策该项目的可行性。

解：根据公式可得

$\text{NPV} = 7\,000 \times (P/A, 10\%, 4) - 20\,000$

　　　$= 7\,000 \times 3.169\,9 - 20\,000$

　　　$= 2\,189.30(元)$

结论：因该项目的净现值为2 189.3元＞0，该项目财务上可行。

【例4-9】新泰公司预购入一台设备，价值25 000元，可用5年，第1～5年各年现金净流量分别为5 000元，6 000元，8 000元，10 000元，12 000元，贴现率为10%。

要求：计算该投资项目净现值。

解：根据公式可得
$$NPV = 5\,000 \times (P/F, 10\%, 1) + 6\,000 \times (P/F, 10\%, 2) + 8\,000 \times (P/F, 10\%, 3) +$$
$$10\,000 \times (P/F, 10\%, 4) + 12\,000 \times (P/F, 10\%, 5) - 25\,000$$
$$= 5\,000 \times 0.909\,1 + 6\,000 \times 0.826\,4 + 8\,000 \times 0.751\,3 + 10\,000 \times 0.683\,0 +$$
$$12\,000 \times 0.620\,9 - 25\,000$$
$$= 4\,795.1(元)$$

根据计算结果，净现值4 795.1元大于0，该方案可行。

▶ 4. 净现值的优缺点

净现值是长期投资决策评价指标中最重要的指标之一。其优点在于：

（1）充分考虑了货币时间价值，能较合理地反映投资项目的真正经济价值。

（2）考虑了项目计算期的全部现金净流量，体现了流动性与收益性的统一。

（3）考虑了投资风险性，贴现率的选择与风险大小有关，风险越大，贴现率应越高。

但是该指标的缺点也较明显：

（1）净现值是一个绝对值指标，无法直接反映投资项目的实际投资收益率水平，当各项目投资额不同时，难以确定投资方案的好坏。

（2）贴现率的选择比较困难。如果两方案采用不同的贴现率，不能够得出正确的结论。同一方案中，如果考虑投资风险，要求的风险报酬率不易确定。

（3）净现值有时也不能对寿命期不同的互斥投资方案进行直接决策。某项目净现值小，但其寿命期短；另一项目净现值大，但其寿命期长。两项目由于寿命期不同，因而净现值不可比。

(三) 年金净流量(ANCF)

▶ 1. 年金净流量的含义

投资项目的未来现金净流量与原始投资额的差额，构成该项目的现金净流量总额。项目期间内全部现金净流量总额的总现值或总终值折算为等额年金的平均现金净流量，称为年金净流量。

▶ 2. 年金净流量的决策原则

与净现值指标一样，年金净流量指标的结果大于零，说明每年平均的现金流入能抵补现金流出，投资项目的净现值（或净终值）大于零，方案的报酬率大于所要求的报酬率，方案可行。在两个以上寿命期不同的投资方案比较时，年金净流量越大，方案越好。

▶ 3. 年金净流量的计算方法

$$年金净流量 = \frac{净现值}{年金现值系数}$$

▶ 4. 年金净流量的优缺点

年金净流量是净现值的辅助指标，在各方案寿命期相同时，实质上就是净现值指标。它适用于期限不同的投资方案决策。但同时，它也具有与净现值指标同样的缺点，不便于对原始投资额不相等的独立投资方案进行决策。

【例4-10】甲、乙两个投资方案，甲方案需一次性投资10 000元，可用8年，残值2 000元，每年取得净利润3 500元；乙方案需一次性投资10 000元，可用5年，无残值，第1年净利润3 000元，以后每年递增10%。如果资本成本率为10%，应采用哪种方案？

解：两项目使用年限不同，净现值是不可比的，应考虑它们的年金净流量。由于：

甲方案每年 NCF＝3 500＋(10 000－2 000)/8＝4 500(元)

乙方案各年 NCF：

第 1 年＝3 000＋10 000/5＝5 000(元)

第 2 年＝3 000(1＋10%)＋10 000/5＝5 300(元)

第 3 年＝3 000(1＋10%)2＋10 000/5＝5 630(元)

第 4 年＝3 000(1＋10%)3＋10 000/5＝5 993(元)

第 5 年＝3 000(1＋10%)4＋10 000/5＝6 392.30(元)

甲方案净现值＝4 500×5.335＋2 000×0.467－10 000＝14 941.50(元)

乙方案净现值＝5 000×0.909＋5 300×0.826＋5 630×0.751＋5 993×0.683
　　　　　　＋6 392.30×0.621－10 000＝11 213.77(元)

$$\text{甲方案年金净流量}=\frac{14\,941.50}{(P/A,10\%,8)}=2\,801(元)$$

$$\text{乙方案年金净流量}=\frac{11\,213.77}{(P/A,10\%,5)}=2\,958(元)$$

尽管甲方案净现值大于乙方案，但它是 8 年内取得的。而乙方案年金净流量高于甲方案，如果按 8 年计算可取得 15 780.93 元(2 958×5.335)的净现值，高于甲方案。因此，乙方案优于甲方案。

(四) 净现值率(NPVR)

▶ 1. 净现值率的含义

净现值率是指投资项目的净现值与原始投资额现值的之比。

▶ 2. 净现值率的决策原则

净现值率反映每元原始投资的现值未来可以获得的净现值有多少。所以，

净现值率≥0，方案可行；

净现值率＜0，方案不可行。

净现值率可用于投资额不同的多个方案之间的比较，净现值率最高的投资方案优先考虑。

▶ 3. 净现值率的计算方法

$$\text{净现值率}=\frac{\text{净现值}}{\text{原始投资额现值}}\times100\%$$

【例 4-11】新泰公司预购入一台设备，价值 25 000 元，可用 5 年，第 1~5 年各年现金净流量分别为 5 000 元，6 000 元，8 000 元，10 000 元，12 000 元，贴现率为 10%。

要求：计算该投资项目净现值率。

解：由例 4-9 可得该投资项目的净现值为 4 795.1 元，则

$$\text{净现值率}=\frac{4\,795.1}{25\,000}\times100\%\approx19.18\%$$

根据计算结果，净现值率为 19.18%，大于零，该投资项目可行。

▶ 4. 净现值率的优缺点

净现值率的优点是考虑了资金的时间价值，能从动态角度反映项目投资的资金投入与净产出之间的关系，缺点是无法直接反映投资项目的实际收益率水平。

（五）现值指数(PI)

▶ 1. 现值指数的含义

现值指数又称获利指数，是指投资项目的未来现金净流量现值与原始投资额现值之比。

▶ 2. 现值指数的决策原则

现值指数反映每元原始投资的现值未来可以获得报酬的现值有多少。所以，

现值指数≥1，方案可行；

现值指数<1，方案不可行。

现值指数可用于投资额不同的多个独立方案之间的比较，现值指数最高的投资方案优先考虑。

▶ 3. 现值指数的计算方法

$$现值指数 = \frac{未来现金净流量现值}{原始投资额现值} = 1 + 净现值率$$

【例4-12】现有两个独立投资方案，方案A的原始投资额为30 000元，未来现金净流量现值为31 500元，净现值为1 500元；方案B的原始投资额为3 000元，未来现金净流量现值为4 200元，净现值为1 200元。

要求：用现值指数对以上两个独立投资方案进行决策。

解：从净现值的绝对数来看，方案A大于方案B，似乎应采用方案A；但从投资额来看，方案A的原始投资额现值大大超过了方案B。所以，在这种情况下，如果仅用净现值来判断方案的优劣，就难以做出正确的比较和评价。按现值指数法计算：

$$A\text{方案现值指数} = \frac{31\ 500}{30\ 000} = 1.05$$

$$B\text{方案现值指数} = \frac{4\ 200}{3\ 000} = 1.4$$

计算结果表明，方案B的现值指数大于方案A，应当选择方案B。

▶ 4. 现值指数的优缺点

现值指数法的优点是考虑了资金的时间价值，能够真实地反映投资项目的盈亏程度，由于现值指数是用相对数来表示，所以有利于在初始投资额不同的投资方案之间进行对比。现值指数法的缺点是无法直接反映投资项目的实际收益率水平。

（六）内含报酬率(IRR)

▶ 1. 内含报酬率的含义

内含报酬率又称为内部收益率，是指投资方案在项目计算期内各年现金净流量现值之和等于零时的贴现率，即能使投资方案净现值为零时的贴现率。

▶ 2. 内含报酬率的决策原则

利用内含报酬率法进行投资决策的企业，一般先确定一个行业基准收益率。

内含报酬率≥行业基准收益率，方案可行；

内含报酬率<行业基准收益率，方案不可行。

内含报酬率反映了项目本身的实际收益率，对于多个投资项目来说，应选择内含报酬率较大的项目。

▶ 3. 内含报酬率的计算方法

根据投资方案是否每年有等额现金流入或不等额现金流入的情况，内含报酬率的计算方法有两种：一种是根据计算的年金现值系数求得内含报酬率；另一种是采用逐次测试法计算内含报酬率。

1) 各年现金净流量相等时内含报酬率的计算

每年现金净流量相等是一种年金形式，通过查年金现值系数表，可计算出未来现金净流量现值，并令其净现值为零，则有：

未来每年现金净流量×年金现值系数－原始投资额现值＝0

计算出净现值为零时的年金现值系数后，通过查年金现值系数表，找出所需的折现率，若表中不能直接找到这个数，则选择与该期年金现值系数相邻的较大和较小的两个折现率，根据这两个相邻的折现率和已知的年金现值系数，采用插值法计算出投资方案的内含报酬率。现以 $A \times (P/A, i, n) - P = 0$ 为例，说明用插值法求 i 的基本步骤：

(1) 计算出 P/A 的值，假设 $P/A = \alpha$。

(2) 查普通年金现值系数表。沿着已知 n 所在的行横向查找，若恰好能找到某一系数值等于 α，则该系数值所在的列所对应的利率即为所求的 i 值。

(3) 若无法找到恰好等于 α 的系数值，应在表中 n 行上找与 α 最接近的上下两个临界系数值，设为 β_1、β_2（$\beta_1 > \alpha > \beta_2$ 或者 $\beta_1 < \alpha < \beta_2$）。找出 β_1、β_2 所对应的临界利率，然后进一步运用插值法。

(4) 在插值法下，假定利率 i 同相关的系数在较小范围内线性相关，因而可根据临界系数 β_1、β_2 和临界利率 i_1、i_2 计算出 i，其计算公式为

$$i = i_1 + \frac{\beta_1 - \alpha}{\beta_1 - \beta_2}(i_2 - i_1)$$

【例 4-13】青草公司现有一投资方案，初始投资额为 12 万元，可用 5 年，预计每年的现金流量均为 4 万元，该方案的最低投资报酬率要求为 15%。

要求：用内含报酬率指标评价该方案是否可行？

解：令 $4 \times (P/A, i, 5) - 12 = 0$

得：年金现值系数 $(P/A, i, 5) = 3$

查表可得：$(P/A, 18\%, 5) = 3.1272$

$(P/A, 20\%, 5) = 2.9906$

由此可知，该投资方案的内含报酬率为 18%～20%，采用插值法计算如下：

$$\text{内含报酬率} = 18\% + \frac{3.1272 - 3}{3.1272 - 2.9906} \times (20\% - 18\%) \approx 19.86\%$$

因此，该方案的内含报酬率为 19.86%，高于最低投资报酬率 15%，方案可行。

2) 各年现金净流量不相等时内含报酬率的计算

当各年现金净流量不相等时，不能采用直接查年金现值系数表的方法来计算内含报酬率，而需采用逐次测试法，具体可分为以下三步：

(1) 根据已知的有关资料，先估计一个折现率来试算未来现金净流量的现值，并求出此折现率下该方案的净现值。

(2) 求得的净现值若等于零，则所估计的折现率为内含报酬率；若为正数，则表示估

计的折现率低于方案的实际投资报酬率,需要重估一个较高的折现率进行试算;若为负数,则表示估计的折现率高于方案的实际投资报酬率,需要重估一个较低的折现率进行试算。

(3) 根据上述求得的两个折现率,用插值法计算该投资方案的内含报酬率。

【例 4-14】兴业公司有一投资方案,需一次性投资 120 000 元,使用年限为 4 年,每年现金净流量分别为:30 000 元,40 000 元,50 000 元,35 000 元。该方案的最低投资报酬率要求为 10%。

要求:计算该投资方案的内含报酬率,并据以评价方案是否可行。

解:由于该方案每年的现金净流量不相等,需采用逐次测试法计算该方案的内含报酬率。测算过程如表 4-4 所示。

表 4-4 净现值的逐次测试   单位:元

年 份	每年现金净流量	第一次估计折现率为 10%		第二次估计折现率为 12%	
1	30 000	0.909	27 270	0.893	26 790
2	40 000	0.826	33 040	0.797	31 880
3	50 000	0.751	37 550	0.712	35 600
4	35 000	0.683	23 905	0.636	22 260
未来现金净流量现值合计			121 765		116 530
减:原始投资额			120 000		120 000
净现值			1 765		(3 470)

第一次估计折现率为 10%,其净现值为正数,说明该方案的内含报酬率高于 10%,第二次估计折现率为 12%,净现值为负数,说明该方案的内含报酬率低于 12%。可知,该方案的内含报酬率为 10%~12%。进一步运用插值法,如下:

$$\text{内含报酬率} = 10\% + \frac{1\ 765 - 0}{1\ 765 - (-3\ 470)} \times (12\% - 10\%) \approx 10.67\%$$

因此,该方案的内含报酬率为 10.67%,高于最低投资报酬率 10%,方案可行。

▶ 4. 内含报酬率的优缺点

采用内含报酬率指标进行投资决策的优点在于,内含报酬率反映了投资方案可能达到的实际报酬率,比较客观,这是与其他指标最显著的差异。对于独立投资方案的比较决策,如果各方案原始投资额现值不同,可以通过计算各方案的内含报酬率来进行决策。其缺点在于计算复杂,不易直接考虑投资风险大小。在互斥投资方案时,如果各方案的原始投资额现值不相等,有时无法做出正确的决策。

(七) 贴现指标之间的关系

NPV、NPVR、PI 和 IRR 指标之间存在如下数量关系:

当 NPV>0 时,ANCF>0,NPVR>0,PI>0,IRR>i(i 为投资方案的行业基准利率);

当 NPV=0 时,ANCF=0,NPVR=0,PI=0,IRR=i;

当 NPV<0 时,ANCF<0,NPVR<0,PI<0,IRR<i。

在进行单项项目投资决策时，使用不同的贴现投资评价指标得出的结论基本是一致的；然而在进行多个项目的投资决策时，其得出的结论却可能不一致，这就需要根据实际情况加以选择。

任务小结

静态评价指标包括静态投资回收期和投资利润率；动态评价指标包括动态回收期、净现值、年金净流量、净现值率、现值指数和内含报酬率等。

任务四　项目投资决策方法的应用

任务分析

本任务主要举例说明如何运用项目投资决策指标进行决策分析。正确地计算主要评价指标的目的，是在进行项目投资方案的对比与选优中发挥这些指标的作用。为正确地进行方案的对比与选优，要从不同的投资方案之间的关系出发，将投资方案区分为独立方案和互斥方案两大类。

案例导入

A公司拟购置一台设备，购入价200 000元，预计可使用5年，净残值为8 000元。假设资金成本为10%，投产后每年可增加利润50 000元。该设备用"年数总和法"计提折旧。

思考：既然新设备能给公司带来丰厚的利润，那是不是该设备肯定要购买呢？

一、独立投资方案的决策

独立投资方案是指在决策过程中，一组互不依存，不能相互取代，可以同时并存的方案。这种投资决策可以不考虑任何其他投资项目是否得到采纳和实施，它的效益和成本也不会因其他项目的采纳和否决而受到影响，即项目的取舍只取决于本身的经济效益。因此对于独立投资方案决策，只需判断其财务可行性即可。

在项目投资决策评价指标中，净现值、净现值率、现值指数、年金净流量和内含报酬率是主要指标，投资回收期和投资利润率为次要指标。

如果某一项目的评价指标同时满足以下条件，则可以断定该投资项目无论从哪个方面都具备财务可行性，应当接受此投资方案。这些条件是：$NPV \geqslant 0$，$ANCF \geqslant 0$，$NPVR \geqslant 0$，$PI \geqslant 1$，$IRR \geqslant i$（i为资本成本或投资项目的行业基准利率），$ROI \geqslant$基准投资利润率，$P < P_0$（P_0为标准投资回收期）；反之，如果某一投资项目的评价指标同时不满足上述条件，则可以断定该项目不具备财务可行性，应当放弃该项目的投资。

当投资回收期和投资利润率的评价结论与净现值等主要指标评价结论发生矛盾时，应当以主要指标的结论为准。即如果在评价过程中发现某项目的主要指标 NPV≥0，ANCF≥0，NPVR≥0，PI≥1，IRR≥i，但次要指标 ROI<基准投资利润率，$P>P_0$，则可断定该项目基本上具有财务可行性；相反，如果出现 NPV<0，ANCF<0，NPVR<0，PI<1，IRR<i，但次要指标 ROI≥基准投资利润率，$P<P_0$，则该项目基本不具备财务可行性。

【例 4-15】已知某固定资产投资项目的原始投资额为 100 万元，项目计算期为 11 年（其中生产经营期为 10 年），基准投资利润率为 9.05%，行业基准贴现率为 10%，行业标准投资回收期为 3 年。有关投资决策评价指标分别为：ROI=10%，P=5 年，NPV=16.264 8 万元，NPVR=17.04%，PI=1.170 4，IRR=12.73%。试分析该固定资产投资项目的可行性。

解：ROI=10%>9.05%，P=5 年>3 年，NPV=16.264 8 万元>0，NPVR=17.04%>0，PI=1.170 4>1，IRR=12.73%>10%。

计算表明该方案各项主要评价指标达到或超过相应标准，所以该方案具有财务可行性。投资回收期较长，超过了行业标准投资回收期，有一定风险，但不影响该方案的决策结果。

二、多个互斥项目的比较决策

互斥项目是指在决策时涉及多个相互排斥、不能同时并存的投资项目。互斥项目决策就是在每个入选项目已具备财务可行性的前提下，利用具体决策方法比较各个项目的优劣，利用评价指标从各个备选项目中选出一个最优项目的过程。互斥项目决策的方法主要有净现值法、差额投资内含报酬率法和年金净流量法。

（一）净现值法

净现值法适用于原始投资相同且项目计算期相等的多个项目比较决策，即可以选择净现值大的项目作为最优项目。

【例 4-16】某个固定资产投资项目需要原始投资 1 500 万元，有 A、B、C、D 四个互相排斥的备选方案可供选择，各方案的净现值指标分别为—20 万元、411.72 万元，520.60 万元和 456.26 万元。要求：比较选择最优方案。

解：四个方案的原始投资额相同，项目计算期也相同，可用净现值法进行比较决策。

A 方案的净现值小于零，即 A 方案不具有财务可行性，B、C、D 方案的净现值大于零，都具备财务可行性。其中 C 方案的净现值最大，因此 C 方案为最优方案。

（二）差额投资内含报酬率法

差额投资内含报酬率法是指在计算出两个原始投资额不相等的投资项目的差量现金净流量的基础上，计算出差额内含报酬率（VIRR），并据此判断这两个投资项目孰优孰劣的方法。当原始投资额不相等，但计算期相同的多方案比较决策时，可以采用差额投资内含报酬率法。在计算差量现金净流量时，一般以投资额大的方案减去投资额小的方案。基于此的决策标准是：当差额内含报酬率指标大于或等于基准收益率（或设定贴现率）时，原始投资额大的方案为优；反之，则投资少的方案为优。差额投资内含报酬率与内含报酬率的计算过程一样，只是所依据的是差量现金净流量。

【例 4-17】新达公司两个可供选择项目的现金净流量和差量现金净流量如表 4-5 所示。

假设行业基准贴现率为10%。要求：做出投资选择。

表 4-5 投资项目差量现金净流量表 单位：万元

项 目	0	1	2	3	4	5
甲项目的现金净流量	−640	200	200	200	200	200
乙项目的现金净流量	−530	170	170	170	170	170
差量现金净流量	−110	30	30	30	30	30

解：由资料得：$(P/A, \Delta IRR, 5) = \frac{110}{30} = 3.6667$

当 $\Delta IRR = 10\%$ 时，$(P/A, 10\%, 5) = 3.7908$

当 $\Delta IRR = 12\%$ 时，$(P/A, 12\%, 5) = 3.6048$

所以，$10\% < \Delta IRR < 12\%$

且 $\Delta IRR = 10\% + \frac{3.7908 - 3.6667}{3.7908 - 3.6048} \times (12\% - 10\%) = 11.33\%$

因为差额内含报酬率11.33%大于行业基准贴现率10%，所以选择甲项目。

(三) 年金净流量法

年金净流量法也叫年等额净回收额法，是通过比较所有投资方案的年金净流量指标的大小来选择最优方案的决策方法。选择的标准是年金净流量最大的方案为最优方案。该方法适用于原始投资不同，特别是项目计算期也不同的多个互斥方案的比较选择。

【例4-18】新达公司打算投资一个项目。现有三个方案可供选择：甲方案的原始投资额300万元，项目计算期为8年，净现值为160万元；乙方案的原始投资额400万元，项目计算期为9年，净现值为−2.15万元；丙方案的原始投资额200万元，项目计算期为6年，净现值为115万元。行业基准贴现率为10%。要求：按年金净流量法进行决策分析。

解：因乙方案的净现值为−2.15万元<0，故乙方案不具有财务可行性。

而甲、丙方案的净现值均>0，故甲、丙方案具有可行性。

年金净流量$_甲 = \frac{160}{(P/A, 10\%, 8)} = \frac{160}{5.3349} = 29.99$（万元）

年金净流量$_丙 = \frac{115}{(P/A, 10\%, 6)} = \frac{115}{4.3553} = 26.40$（万元）

因甲方案的年金净流量大于丙方案的，所以甲方案优于丙方案。

三、购置设备的决策分析

企业为增强市场竞争力与经济发展后劲，必须不断地开发新产品，为此，许多企业面临增加固定资产的投资、购置新的机器设备等方面的决策分析问题。

【例4-19】某公司为开发新产品，需购入一套生产设备，有关资料如下：期初购置设备需一次性支付价款40万元，期初需垫支流动资金40万元，设备的使用年限为5年，每年可增加销售收入60万元，每年需增加付现成本48万元，期满可回收残值1万元，期满可回收垫支的流动资金40万元，要求的最低投资报酬率为8%。

要求：在不考虑所得税的情况下采用净现值法对该方案进行决策分析。（不考虑所得

税情况下营业现金净流量=销售收入-付现成本)

解：根据已知条件，计算如下：

原始投资额=40+40=80(万元)

每年现金净流量=60-48=12(万元)

现金净流量的现值=12×(P/A,8%,5)+(40+1)×(P/F,8%,5)

$\quad\quad\quad\quad\quad\quad$=12×3.9927+41×0.6806

$\quad\quad\quad\quad\quad\quad$≈75.82(万元)

净现值=75.82-80=-4.18(万元)

计算结果表明，净现值小于零，故该公司购置设备的方案不可行。

【例4-20】华西公司生产的甲产品在市场上供不应求，为了满足社会需要，准备增产该产品。但现有生产力不足，需购买一台新设备，其买价为120 000元，安装费为3 000元。该设备预计可用6年，期满后的残值为1 400元，每年可加工甲产品15 000件，每件能提供的边际贡献为5元。根据市场预测，假设在今后6年内产销平衡。该公司目标投资报酬率为12%。

要求：在不考虑所得税的情况下做出该设备是否应购置的决策分析。

解：根据已知条件，计算如下：

原始投资额=120 000+3 000=123 000(元)

现金净流量的现值=15 000×5×(P/A,12%,6)+1 400×(P/F,12%,6)

$\quad\quad\quad\quad\quad\quad$=75 000×4.111 4+1 400×0.506 6

$\quad\quad\quad\quad\quad\quad$=309 064.24(元)

净现值=309 064.24-123 000=186 064.24(元)

计算结果表明，净现值大于零，故该公司购置设备的方案可行。

四、固定资产更新的决策分析

随着科学技术的飞速发展，市场上不断涌现出性能更好、效率更高的设备，为了提高企业经济效益、增强竞争能力，企业必然面临是否用新设备代替旧设备的问题。从经济效益上来研究设备该不该进行更新，可采用差量分析法计算新设备比旧设备增加的现金流量来进行决策，若为正数，则需进行更新；若为负数，则不必进行更新。

【例4-21】某公司5年前购置一台设备，价值75万元，预期使用寿命为15年，残值为零。设备进行直线折旧，目前已提折旧25万元，账面净值为50万元。利用这一设备企业每年消耗的成本为70万元(付现成本)，产生的销售收入为100万元。现在市场上推出一种新设备，价值120万元(含运输、安装、调试等所有费用)，使用寿命为10年，使用直线法进行折旧，预计10年后残值为20万元。该设备由于技术先进、效率较高，预期可使产品销售收入增加到每年110万元，同时可使生产成本降到每年50万元。如果现在将旧设备出售，预计售价为10万元。为计算方便，设该公司的资本成本为10%，所得税税率为25%。

要求：做出该企业是否以新设备替换旧设备的决策分析。

解：根据已知条件可得：

新设备投资为120万元

出售旧设备的净收入＝10(万元)
出售旧设备引起的利润增加＝10－50＝－40(万元)
出售旧设备引起的所得税增加＝－40×25％＝－10(万元)(节税)
因此，购买新设备的实际初始投资额＝120－10－10＝100(万元)
各年现金流量的计算如表4-6所示。

表4-6 现金流量计算表　　　　　　　　　　　　单位：万元

项　目	1～10 年 旧　设　备 (1)	1～10 年 新　设　备 (2)	1～10 年 两者之差 (3)＝(2)－(1)
销售收入	100	110	10
付现成本	70	50	－20
折旧	5	10	5
税前利润	100－70－5＝25	110－50－10＝50	25
所得税	6.25	12.5	6.25
税后利润	25－6.25＝18.75	50－12.5＝37.5	18.75
每年现金净流量	18.75＋5＝23.75	37.5＋10＝47.5	23.75

第10年年末新设备的残值收入为20万元，故更新设备投资的净现值为

$NPV = 23.75 \times (P/A, 10\%, 10) + 20 \times (P/F, 10\%, 10) - 100$

$\quad\quad = 23.75 \times 6.145 + 20 \times 0.368 - 100$

$\quad\quad \approx 53.30 (万元)$

计算结果表明，更新设备投资的净现值大于零，故应该更新设备。

根据美国专家的调查资料可知，在静态指标和动态指标两类指标中，20世纪50年代被调查的25家美国大型公司没有一家使用动态指标，70年代后使用动态指标的公司所占比例渐渐上升，到80年代，被调查的公司使用动态现金流量指标的已达90％。美国杜克大学教授2001年调查结果显示，美国392家公司中74.9％的公司在投资决策时使用NPV指标，75.7％的公司使用IRR指标，56.7％的公司使用NPV指标和IRR指标的同时使用PP指标。动态指标之所以被广泛使用，并在现代投资决策指标体系中占主导地位，是因为"货币时间价值"已是影响投资者进行投资决策的重要因素。当非折现指标与折现指标的评价结论发生矛盾时，多数投资者是以折现指标的评价结论为主。

任务小结

独立投资方案的决策可以不考虑任何其他投资项目是否得到采纳和实施，它的效益和成本也不会因其他项目的采纳和否决而受到影响，即项目的取舍只取决于本身的经济效益。因此，对于独立投资方案决策，只需判断其财务可行性即可。

拓展阅读： 新秀制造厂的项目投资决策

互斥项目决策就是在每个入选项目已具备财务可行性的前提下，利用具体决策方法比较各个项目的优劣，利用评价指标从各个备选项目中选出一个最优项目的过程。互斥项目决策的方法主要有净现值法、差额投资内含报酬率法和年金净流量法。

课后习题

一、单项选择题

1. 项目投资决策中，完整的项目计算期是指（　　）。
   A. 建设期　　　　　　　　　　　B. 运营期
   C. 建设期＋达产期　　　　　　　D. 建设期＋运营期

2. 净现值属于（　　）。
   A. 静态评价指标　B. 反指标　　C. 次要指标　　D. 主要指标

3. 某投资项目年营业收入为 180 万元，年付现成本为 60 万元，年折旧额为 40 万元，所得税税率为 25%，则该项目年经营净现金流量为（　　）万元。
   A. 81.8　　　　B. 100　　　　C. 82.4　　　　D. 76.4

4. 下列投资项目评价指标中，不受建设期长短、投资回收时间先后及现金流量大小影响的评价指标是（　　）。
   A. 静态投资回收期　　　　　　　B. 投资利润率
   C. 净现值率　　　　　　　　　　D. 内含报酬率

5. 某投资项目原始投资为 12 000 元，当年完工投产，有效期 3 年，每年可获得现金净流量 4 600 元，则该项目内含报酬率为（　　）。
   A. 7.33%　　　B. 7.68%　　　C. 8.32%　　　D. 6.68%

6. 如果某一投资方案的净现值为正数，则必然存在的结论是该方案（　　）。
   A. 投资回收期在一年以内　　　　B. 净现值率大于 0
   C. 总投资收益率高于 100%　　　D. 年均现金净流量大于原始投资额

7. 已知某投资项目的原始投资额为 350 万元，建设期为 2 年，投产后第 1~5 年每年 NCF 为 60 万元，第 6~10 年每年 NCF 为 55 万元。该项目包括建设期的静态投资回收期为（　　）年。
   A. 7.909　　　B. 8.909　　　C. 5.833　　　D. 6.833

8. 下列指标的计算中，没有直接利用净现金流量的是（　　）。
   A. 净现值　　　B. 净现值率　　C. 内含报酬率　　D. 投资利润率

二、多项选择题

1. 净现值指标的缺点有（　　）。
   A. 不能从动态的角度直接反映投资项目的实际收益率水平
   B. 当多个项目投资额不等时，仅用净现值无法确定投资方案的优劣
   C. 净现金流量的测量和折现率的确定比较困难
   D. 没有考虑投资的风险性

2. 影响项目内含报酬率的因素包括(　　)。
   A. 投资项目的有效年限　　　　　　B. 企业要求的最低投资报酬率
   C. 投资项目的现金流量　　　　　　D. 原始投资额
3. 在项目生产经营阶段,最主要的现金流出量项目有(　　)。
   A. 流动资金投资　　B. 建设投资　　C. 经营成本　　D. 各种税款
4. 甲投资项目的净现金流量如下：$NCF_0 = -210$ 万元,$NCF_1 = -15$ 万元,$NCF_2 = -20$ 万元,$NCF_{3\sim6} = 60$ 万元,$NCF_7 = 72$ 万元。则下列说法中正确的有(　　)。
   A. 项目的建设期为 2 年　　　　　　B. 项目的运营期为 7 年
   C. 项目的原始总投资为 245 万元　　D. 终结点的回收额为 12 万元
5. 投资项目的现金流入主要包括(　　)。
   A. 营业收入　　　　　　　　　　　B. 回收固定资产余值
   C. 固定资产折旧　　　　　　　　　D. 回收流动资金

三、判断题

1. 项目计算期最后一年的年末称为终结点,假定项目最终报废或清理均发生在终结点(但更新改造除外)从投产日到终结点之间的时间间隔称为建设期,又包括运营期和达产期两个阶段。(　　)
2. 净现值率直接反映投资项目的实际收益率。(　　)
3. 在对同一个独立投资项目进行评价时,用净现值、净现值率和内含报酬率指标会得出完全相同的决策结论,而采用静态投资回收期则有可能得出与前述结论相反的决策结论。(　　)
4. 在项目投资决策中,内含报酬率的计算本身与项目的设定折现率的高低无关。(　　)

四、计算分析题

1. 甲公司为一投资项目拟订了甲、乙两个方案,请你帮助做出合理的投资决策,相关资料如下：

（1）甲方案原始投资额在投资期起点一次性投入,项目寿命期为 6 年,净现值为 19.8 万元。

（2）乙方案原始投资额为 100 万元,在投资期起点一次性投入,项目运营期为 3 年,建设期为 1 年,建设期之后每年的净现金流量均为 50 万元。

（3）该项目的折现率为 10%。

要求：(1)计算乙方案的净现值;(2)用年金净流量法作出投资决策。

2. 假设某公司计划开发一种新产品,该产品的寿命期为 5 年,开发新产品的成本及预计收入为：需投资固定资产 240 000 元,需垫支流动资金 200 000 元,5 年后可收回固定资产残值为 30 000 元,用直线法提折旧。投产后,预计每年的销售收入可达 240 000 元,每年需支付直接材料、直接人工等变动成本 128 000 元,每年的设备维修费为 10 000 元。该公司要求的最低投资收益率为 10%,适用的所得税税率为 25%。假定财务费用(利息)为零。

要求：请用净现值法和内含报酬率法对该项新产品是否开发做出分析评价。

实践操作

项目五
证券投资管理

思维导图

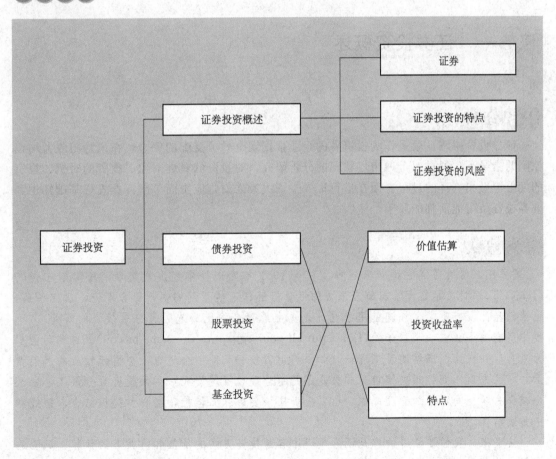

学习目标

知识目标：
1. 掌握证券投资的价值估算模型；
2. 掌握证券投资收益率的计算方法；
3. 了解证券投资的风险和特点。

能力目标：
1. 能够利用模型进行债券、股票估价及其投资决策分析；
2. 能熟知债券、股票和基金投资的优缺点；
3. 能熟知证券投资的风险。

素质目标：
1. 建立投资理念；
2. 增强风险意识。

任务一　证券投资概述

任务分析

证券投资决策，就是作为投资者的企业根据现有的可支配的资金，在风险与收益均衡原则的指导下，通过对金融市场状况的分析研究，对投资的具体对象、投资的时机、投资的期限等做出选择的过程。而在进行证券投资决策之前，应全面了解证券投资基础知识和证券投资所可能面临的风险。

案例导入

"拜托，请用通俗的语言来解释。"获得 1981 年度诺贝尔经济学奖后，詹姆斯·托宾(James Tobin)在耶鲁大学向前来采访的记者们解释了他开创的资产组合理论，讲完一遍，记者们显然没有听懂。托宾就用了或许是史上最著名的比喻来解释分散投资的好处："不要把所有鸡蛋装在一个篮子里(Don't put all your eggs into the same basket)。"这句话被广为人知，并成为经济学的著名理论。如果将财富投资到同一个地方，会引起相应的风险增加，一旦失误，必将损失惨重。那么是不是越分散投资越好呢？如果投资太分散了，则又会减少利润空间，增加管理成本。所以投资应该要讲究立体性，投资和投机结合，短线和中长线结合。

接下来，我们要学习的就是证券投资中各种投资方式的价值和收益率的估算、风险的分析，从而了解如何做出正确的证券投资决策。

一、证券

证券是多种经济权益凭证的统称。证券是一种具有一定票面金额，证明持券人或证券指定的特定主体拥有所有权或债权的凭证。证券实质上是具有财产属性的民事权利，证券的特点在于把民事权利表现在证券上，使权利与证券相结合，权利体现为证券，即权利的证券化。

在证券的发展过程中，最早表示证券权利的基本方式是纸张，在专用的纸单上借助文字或图形来表示特定化的权利。因此证券也被称为"书据"或"书证"。但随着经济的飞速发展，尤其是电子技术和信息网络的发展，现代社会出现了证券的"无纸化"，证券投资者已几乎不再拥有任何实物券形态的证券，其所持有的证券数量或者证券权利均相应地记载于投资者账户中。

按照证券所载内容进行分类，证券可分为货币证券、资本证券和货物证券。

货币证券是指本身能使持券人或第三者取得货币索取权的有价证券，是可以用来代替货币使用的有价证券。其主要用于企业之间的商品交易、劳务报酬的支付和债权债务的清算等，常见的有汇票、本票和支票等。

资本证券是指由金融投资或与金融投资有直接联系的活动而产生的证券，是把资本投入企业或把资本供给企业或国家的一种书面证明文件。资本证券的持券人对发行人有一定的收入请求权，常见包括股票、债券、基金及其衍生品种如期货、期权等。

货物证券又称商品证券，它是证明持券人对商品所有权或使用权的凭证，是对货物有提取权的证明。取得货物证券就等于取得这种商品的所有权，常见包括提货单、货运单、仓库栈单等。

本项目后续内容将主要围绕资本证券展开，即重点阐述债券、股票、基金等证券的投资管理。

二、证券投资的特点

证券投资是指投资者买卖股票、债券等有价证券以及这些有价证券的衍生品，以获取差价、利息及资本利得的投资行为和投资过程，是间接投资的重要形式。证券投资不同于项目投资，项目投资的对象是实体性经营资产，如固定资产、无形资产等。而证券投资的对象是金融资产，除此之外，证券投资还具有以下与实物投资不同的特点。

（一）价值虚拟性

证券投资不能脱离实体资产而独立存在，实体资本的现实经营成果是决定证券资产价值的主要因素。但是，证券的价值更多的会取决于契约性权利所能带来的未来现金流量，这是一种未来现金流量折现的资本化价值。换句话说，证券在任何时点上的价值，始终是以该时点为起点的未来现金流量，按照投资者的必要收益率折成的现值总和。举例来说，对债券进行投资所代表的即是未来按照合同规定收取利息和收回本金的权利，对股票进行投资所代表的即是对发行股票的企业拥有经营控制权、收益分配权、剩余财产追索权等股东权利。

（二）强流动性

流动性强正是证券的生命力所在。证券投资的强流动性表现在证券持有人可以按照自己的需要灵活地转让证券以换取现金。相对于实物资产投资而言，证券投资可以通过承兑、贴现、交易等多种方式实现变现，以灵活变通的方式满足投资者对资金的随机需求。

不过证券资产本身的变现能力虽然较强，但其实际周转速度还要受到投资者对证券资产的持有目的、利率水平及计息方式、交易市场便利程度等多种因素的制约。

（三）高风险性

相对于实物资产来说，证券资产的价格更容易受到例如宏观经济环境、经济政策、企业经营政策等多因素的影响，价格波动幅度大。投资者不可能对未来经济的所有发展变化都了然于胸，因此对所持有的证券在将来能否取得收益和能获得多少收益都是难以准确估计的。所以在实际的证券投资市场中，任何证券投资活动都存在风险，在公司风险和市场风险的双重作用下，完全回避风险的投资是不存在的。

除上述特点外，证券投资还具有可分割性、持有目的多元性、交易成本低等其他特点，在此就不再一一赘述。

三、证券投资的风险

实体项目投资的经营资产往往是为消耗而持有，为流动资产的加工提供生产条件。而证券投资的持有目的更加多样，同一投资者在不同时期也可能有不同的投资目的，既可能是为未来变现而持有，也可能是为谋求资本利得而持有，还有可能是为取得对其他企业的控制权而持有。但是证券资产市场价格波动频繁，收益与风险并存。企业要在证券投资市场中获得成功，证券投资的风险不容忽视。证券投资的风险是投资者遭受损失或无法获得预期投资收益的可能性。按照风险性质划分，证券投资风险可以分为系统性风险和非系统性风险两大类别。

（一）系统性风险

系统性风险是指由于全局性事件引起的投资收益变动的不确定性。系统风险主要是由政治、经济及社会环境等宏观因素造成的，它对所有公司、企业、证券投资者和证券种类均产生影响，因而通过多样化投资不能抵消这样的风险，所以又称为不可分散风险或不可多样化风险。具体来说，系统性风险包括利率风险、购买力风险、政策风险和再投资风险等。

▶ 1. 利率风险

利率风险是指市场利率的变化可能导致证券资产价值变化的可能性。

市场利率反映了社会平均报酬率，投资者对证券资产投资报酬率的预期总是在市场利率基础上进行的，只有当证券投资报酬率大于市场利率时，证券资产的价值才会高于其市场价格。简单来说，利率与证券价格之间呈反向变化。当市场利率上升时，投资者会觉得其他投资方式例如银行储蓄、商业票据等会收益更大，从而减少对证券的投资，证券的需求量下降，证券价格也随之下降；相反地，当市场利率下降时，证券对其他投资方式的替代效应增加，投资者纷纷进入证券市场，证券价格也就随着水涨船高。

▶ 2. 购买力风险

购买力风险是指由于通货膨胀而使货币购买力下降的可能性。

证券资产是一种货币性资产，通货膨胀情况下，证券资产投资的名义报酬率不变，而实际报酬率降低。如果通货膨胀长期延续，投资者投资于证券资产的本金和收益都将遭受贬值，投资者会更倾向于投向实体性资产以求保值，从而导致证券资产的需求量减少，引起证券资产价格下跌。

3. 政策风险

政策风险是指政府有关证券市场的政策发生重大变化或是有重要的举措、法规出台，引起证券市场的波动，从而给投资者带来的风险。

国家在不同时期可以根据宏观环境的变化而改变政策，这必然会影响企业的经济利益。例如对证券交易政策的变化，可能直接影响证券的价格；对购房政策的变化，可能影响证券市场的资金供求关系。因此，经济政策、法规的出台或调整，对证券市场会有一定影响，如果这种影响较大时，会引起市场整体的较大波动。另外，国家与企业之间由于政策的存在和调整，在经济利益上会产生矛盾，也会导致产生政策风险。

（二）非系统性风险

非系统性风险是指由特定经营环境或特定事件变化引起的投资收益的不确定性。非系统性风险主要源自每个公司自身特有的经营活动和财务活动，与某个具体的证券资产相关联。在现实生活中，各个公司的经营状况会受其自身因素（如决策失误、新产品研制的失败）的影响，这些因素跟其他企业没有什么关系，只会造成该家公司证券收益率的变动，不会影响其他公司的证券收益率，它是某个行业或公司遭受的风险。非系统性风险同整个证券资产市场无关，因而可以通过证券投资多样化的方式来消除这类风险，所以又被称为可分散的风险或可多样化风险。具体来说，非系统性风险主要包括违约风险、流动性风险、经营风险、技术风险等。

1. 违约风险

违约风险又称信用风险，是指证券资产发行者无法按时兑付证券资产利息和偿还本金而使投资者遭受损失的可能性。

债券投资和股票投资都可能遭受违约风险，但程度有所不同。证券发行人如果不能支付债券利息、优先股票股息或偿还本金，哪怕是延期支付，都会影响投资者的利益，使投资者失去再投资和获利的机会。违约风险产生主要受证券发行人的经营能力、盈利水平、事业稳定程度及规模大小等因素影响。

2. 流动性风险

流动性风险又称变现力风险，是指存在将资产变现的潜在困难而造成的投资者收益的不确定性。

在流通市场上交易的各种证券资产当中，流动性风险差异很大。有些证券资产极易脱手，投资者可以在证券市场上轻而易举地卖出，在价格上不引起任何波动；有些证券资产则较难于在短期内找到愿意合理出价的买主，除非投资者忍痛贱卖，在价格上做出很大牺牲，否则很难脱手，此时投资者就会面临降价出售的损失或者丧失新的投资机会。一般而言，在同一证券资产市场上，交易越频繁的证券资产，其变现能力越强。

3. 经营风险

经营风险是指公司的决策人员和管理人员在经营管理中出现失误，而导致公司盈利水平变化，从而产生投资者预期收益下降的风险或由于汇率的变动而导致未来收益下降和成本增加。

企业的经营情况受到多方面因素的影响，这些因素包括决策管理、技术更新、新产品的研究和开发、专业技术人才的流动等,而公司的经营情况将直接影响其收入的波动。公司的收益和现金流量紧紧依赖于其收入,易变的收入将导致收益和现金流量的不确定,从而影响投资者的收益。

任务小结

投资者通过证券投资可以满足流动性、多元化经营和获取控制权等多方面需要。证券投资方式多种多样,投资者进行证券投资时,应认真分析投资对象的收益水平和风险程度,合理选择投资机会和投资对象。通过证券组合投资,可以有效降低证券的非系统性风险,从而达到稳定收益的目的。

任务二　债券投资

任务分析

债券投资是通过购买债券获取投资收益的行为。在进行债券投资时,应正确对债券进行合理估价,并对债券投资收益率进行判断与分析。在正确进行债券投资估算的前提下,通过债券的价值与市场价格的比较,做出合理的投资决策。

案例导入

国库券是国家财政局为弥补国库收支不平衡而发行的一种政府债券。国库券曾经有过很多名字,国家1950年发行过"人民胜利折实公债";1954—1958年发行过"国家经济建设公债"。1979年和1980年,我国的财政赤字合计高达298.1亿元,是新中国成立以来历史上的最高纪录。为了弥补国库空虚,中央政府开始筹划发行国债。

1981年1月,国务院会议通过《中华人民共和国国库券条例》,确定从1981年开始,发行中华人民共和国国库券,为了体现中国特色,将其称为国库券。当年,中国共发行48亿元的国库券。在那个时代购买国库券是一种爱国的表现。国家虽然有"自愿量力,不要强行摊派"的要求,但各单位都分配有任务。1988年4月21日,上海国库券市场开放,公布1985年国库券得益率为15%。在当时还没有先进的网络情况下,全国各地国库券的差价高达十几个百分点。1991年,人民银行报价系统成立,信息逐渐公开化,各地国库券的差价逐渐缩小。国库券也开始逐渐地规范成为一种投资理财产品。

现在,国库券已经演变成一种常用的理财工具。因国库券的债务人是国家,其还款保证是国家财政收入,所以它几乎不存在信用违约风险,是金融市场风险最小的信用工具。因此,国库券又被称为"金边债券"(Gilt-edged Bond)。对投资者来讲,国库券是风险最低的投资,但其相对收益率也较低。

接下来,我们学习的重点就是如何计算分析债券的价值和其收益率。

一、债券投资

债券投资是指投资者通过认购债券，成为债务发行单位的债权人，以获得债券利息的投资活动。债券是一种金融契约，是政府、金融机构、工商企业等直接向社会借债筹措资金时，依照法定程序发行的预定在一定期限内还本付息的有价证券，它反映证券发行者与持有者之间的债权债务关系。在金融市场发达的国家和地区，债券可以上市流通。企业的债券投资有短期债券投资和长期债券投资之分。一般来说，进行短期债券投资的目的主要是配合企业对资金的需求，调节现金余额，使现金余额达到合理水平。而进行长期债券投资的目的，则主要是为了获得稳定的收益。

债券种类多样，但在内容上都包含一些基本的要素。这些要素指发行的债券上必须载明的基本内容，具体包括债券面值、债券票面利率、债券到期日、债券付息期和发行人名称等。

（一）债券面值

债券面值是指债券设定的票面金额，它是发行人借入并承诺债券到期后向债券持有人偿还的本金数额，也是发行人向债券持有人按期支付利息的计算依据。它包括票面币种和票面金额两方面内容。债券的面值与债券实际的发行价格不一定是一致的。发行价格大于面值称为溢价发行，小于面值称为折价发行，等价发行称为平价发行。

（二）债券票面利率

债券的票面利率是指发行人承诺一定时期内支付给债券持有人的利息占债券面值的比率。债券的计息和计息方式有多种，使得票面利率与实际利率可能发生差异。

（三）债券到期日

债券到期日是指债券上载明的偿还债券本金的日期。债券发行人一般要结合自身资金周转状况及资本市场的各种影响因素来确定债券的偿还时间。

二、债券的价值

债券的价值是指投资者在进行债券投资时预期可获得的现金流入的现值，也是投资者为获得必要收益率时所能接受的最高购买价格。因此，债券的内在价值也称为债券的理论价格。当债券的购买价格低于债券价值时，该债券才值得投资。一般来说，影响债券价值的主要因素有债券的面值、期限、票面利率和所采用的贴现率（市场利率）等因素。为做出正确的投资决策，投资者有必要对债券的价值进行合理估价。以下介绍几种常见的债券估价模型。

（一）债券估价基本模型

典型的债券类型，是有固定的票面利率、每期按复利计算并支付利息、到期归还本金的债券，这种债券模式下债券估价的基本模型为

$$V_b = \sum_{t=1}^{n} \frac{I_t}{(1+i)^t} + \frac{M}{(1+i)^n} = I \times (P/A, i, n) + M \times (P/F, i, n)$$

式中，V_b 为债券的价值；I 为债券各期的利息；M 为债券的面值；i 为贴现率，一般指的是市场利率或投资者所期望的最低投资报酬率；n 为付息总期数。在债券估价基本模型中，利息 I、面值 M、付息总期数 n 均为债券发行时已确定的定值，而折现率 i 是不确定

的，是影响债券价值最为重要的因素。

【例5-1】某债券面值为1 000元，期限为10年，票面利率为10%，某公司拟对该债券进行投资，假定当前的市场利率为10%，要求计算债券的价值。

解：根据债券估价基本模型：

$V_b = 1\,000 \times 10\% \times (P/A, 10\%, 10) + 1\,000 \times (P/F, 10\%, 10)$

$\quad = 100 \times 6.144\,6 + 1\,000 \times 0.385\,5$

$\quad = 1\,000 (元)$

【例5-2】假定债券相关要素与上例一致，市场利率为8%，则此时债券价值为多少？

解：根据债券估价基本模型：

$V_b = 1\,000 \times 10\% \times (P/A, 8\%, 10) + 1\,000 \times (P/F, 8\%, 10)$

$\quad = 100 \times 6.710\,1 + 1\,000 \times 0.463\,2$

$\quad = 1\,134.21 (元)$

【例5-3】假定债券相关要素与上例一致，市场利率为12%，则此时债券价值为多少？

解：根据债券估价基本模型：

$V_b = 1\,000 \times 10\% \times (P/A, 12\%, 10) + 1\,000 \times (P/F, 12\%, 10)$

$\quad = 100 \times 5.650\,2 + 1\,000 \times 0.322\,0$

$\quad = 887.02 (元)$

由上例可以分析得出，当债券票面利率等于市场利率时，债券价值等于债券面值，则其交易价格将等于其面值；当债券票面利率高于市场利率时，债券价值大于债券面值，则其交易价格将高于其面值；当债券票面利率低于市场利率时，债券价值小于债券面值，则其交易价格将低于其面值。也就是说，在债券利率一定的情况下，市场利率的下降会导致债券交易价格的上涨，而市场利率的上升会导致债券交易价格的下跌。

(二) 一次还本付息且不计复利的债券估价模型

一次还本付息且不计复利的债券是指在债务期间不支付利息，只在债券到期后按规定的利率一次性向持有者支付利息并还本的债券。我国发行的很多债券属于这种类型，该种债券的估价模型为

$$V_b = \frac{M + M \times r \times n}{(1+i)^m} = (M + M \times r \times n) \times (P/F, i, m)$$

式中，V_b为债券的价值；r为票面利率，M为债券的面值；i为市场利率或投资者所期望的最低投资报酬率；n为发行日至到期日的期数；m为购入日至到期日的剩余期数。

【例5-4】某债券2015年1月1日发行，期限5年，面值1 000元，年利率8%，一年计算一次利息，按单利计算，一次性还本付息。某投资者希望以5%的收益率于2018年1月1日购买此债券。请问该债券市场价格为多少时该投资者可以进行投资。

解：根据一次还本付息的债券估价模型：

$V_b = (1\,000 + 1\,000 \times 8\% \times 5) \times (P/F, 5\%, 2)$

$\quad = 1\,400 \times 0.907\,0$

$\quad = 1\,269.8 (元)$

如果市场价格等于或低于1 269.8元，该投资者此时可以进行投资。

(三) 零息债券估价模型

零息债券不支付利息，以折价方式发行，到期后按面值偿还。投资者进行投资时，买

入价与到期日赎回的面值之间的价差就是资本增值。零息债券估价模型为

$$V_b = \frac{M}{(1+i)^m} = M \times (P/F, i, m)$$

式中，V_b 为债券的价值；M 为债券的面值；i 为市场利率或投资者所期望的最低投资报酬率；m 为距离到期的时间。

【例 5-5】某债券面值为 2 000 元，期限为 5 年，以折现方式发行，期内不计利息，到期按面值偿还，假设当时市场利率为 8%，其价格为多少时，投资者才能进行投资？

解：根据零息债券估价模型：
$V_b = 2\ 000 \times (P/F, 8\%, 5)$
$= 2\ 000 \times 0.681\ 0$
$= 1\ 362(元)$

则该债券价格低于 1 362 元时，投资者可以进行投资。

三、债券投资的收益率

债券投资收益一般指企业在进行债券投资过程中所获得的全部投资报酬，这其中包括名义利息收益、利息再投资收益和中途转让债券的价差收益。为了精确衡量债券收益，可以使用债券内部收益率这个指标。

债券的内部收益率是指按当前市场价格购买债券并持有至到期日或转让日所产生的预期报酬率，也就是债券投资项目的内含报酬率，也可称为债券投资的实际收益率。在进行债券投资时，未来的现金流入主要包括两个部分，一部分是利息；另一部分是到期收回的本金或者转让价差。债券价值估价基本模型中，用债券的购买价格 P 代替内在价值 V_b，就能求出债券的内部收益率，也即是按复利计息，能够使债券未来现金流入现值等于债券购入价格的贴现率。

【例 5-6】假定投资者以 1 100 元的价格，购进一份面值为 1 000 元、票面利率为 9%、每年付息一次、到期归还本金的 8 年期债券。投资者将持有此债券至到期日，试计算该债券的内部收益率。

解：我们使用债券价值估价基本模型来求出债券的内部收益率，将债券的购买价格 1 100 来替代模型中的 V_b，并设该债券的内部收益率为 i，则有

$1\ 100 = 1\ 000 \times 9\% \times (P/A, i, 8) + 1\ 000 \times (P/F, i, 8)$

为求解上述方程式，需要用到试误法和插值法。

步骤一：试误法。

首先预估 $i=9\%$，试算：
$1\ 000 \times 9\% \times (P/A, 9\%, 8) + 1\ 000 \times (P/F, 9\%, 8)$
$= 90 \times 5.534\ 8 + 1\ 000 \times 0.501\ 9$
$= 1\ 000(元)$

试算结果 P 值 1 000 元 < 1 100 元，可判断 i 值低于 9%，于是进一步调低 i 值进行试算。

预估 $i=7\%$，试算
$1\ 000 \times 9\% \times (P/A, 7\%, 8) + 1\ 000 \times (P/F, 7\%, 8)$

$= 90 \times 5.9713 + 1000 \times 0.5820$
$= 1119.42(元)$

试算结果 P 值 1 119.42 元 > 1 100 元，可判断 i 值高于 7%，可以锁定 i 值处于 7% < i < 9% 的区间。

步骤二：插值法。

$$\frac{i-7\%}{9\%-7\%} = \frac{1100-1119.42}{1000-1119.42}$$

解出 $i = 7.33\%$

试误法比较复杂，通常为方便计算，也可以用简便算法对债券投资收益率近似估算，其公式为

$$i = \frac{I+(M-P)/N}{(M+P)/2} \times 100\%$$

式中，i 为债券的到期收益率；I 为每年的利息；M 为债券到期归还的本金；P 为购买价格；N 为年数。

将例 5-6 中数据代入：

$$i = \frac{90+(1000-1100)/8}{(1000+1100)/2} \times 100\% = 7.38\%$$

债券真正的内在价值是按市场利率贴现所决定的内在价值，当按市场利率贴现所计算的内在价值大于按内在收益率贴现所计算的内在价值时，债券的内部收益率才会大于市场利率，这正是投资者所期望的。

四、债券投资的特点

从投资权利来讲，在各种投资方式中，债券投资者的权利最小，无权参与被投资企业经营管理，只有按约定取得利息，到期收回本金的权利。虽然债券投资者没有经营管理权，但债券投资具有其他证券投资手段所不具备的特点。

（一）收益稳定

债券投资收益通常是事前约定的，债券一般有固定的利息率和利息日，投资者可在规定的时间收到固定的利息。不论长期债券投资，还是短期债券投资，都有到期日，正常情况下，债券到期都应当收回本金。因此债券的收益率虽然不及股票，但具有较强的稳定性。

（二）风险小

一方面，债券有固定的到期日，且债券的价格波动通常小于股票；另一方面，若发行公司面临破产或清算，债券的求偿权在股票之前，因此债券的安全性高。特别是对于国库券来说，其本金和利息的给付由政府作担保，几乎没有什么风险，是具有较高安全性的一种投资方式。

（三）流动性强

上市债券具有较好的流动性。当企业出现多余现金时，可以通过交易市场购买债券，减少现金持有量，降低机会成本；而当现金不足时，则可以通过出售债券，补充现金的不足。随着金融市场的进一步开放，债券的流动性将会不断加强。

任务小结

债券投资是投资者通过购买政府、金融机构或公司发行的债券以获取收益的行为。与股票投资相比,债券投资具有收益稳定、风险小的特点。债券投资收益主要包括债券的利息收入与转让价差收益。债券投资决策的关键是投资者能够对债券正确估价,比较债券价值与市场价格,计算衡量其投资收益,最后做出投资决策。当债券价值大于或等于其市场价格时,可以投资;相反,则不可以投资。

任务三 股票投资

任务分析

股票投资是证券投资的重要类型。企业进行股票投资的根本目的是获取盈利,提高企业价值,降低企业风险。投资者在进行股票投资时,应对拟投资股票进行正确估价,并通过比较股票价值与市场价格做出投资决策,最后计算衡量其投资收益。

案例导入

1984年11月14日,经人民银行上海分行批准,由上海飞乐电声总厂、飞乐电声总厂三分厂、上海电子元件工业公司、工商银行上海市分行信托公司静安分部发起设立上海飞乐音响股份有限公司,向社会公众及职工发行股票。总股本1万股,每股面值50元,共筹集50万元股金,其中35%由法人认购,65%向社会公众公开发行。这是"文革"结束以来中国金融机构第一次发行的股票。

上海飞乐音响股份有限公司由此成为上海市第一家股份制企业,而且飞乐音响公司这次发行的股票,没有期限限制,不能退股,可以流通转让,也可以说是我国改革开放新时期第一张真正意义上的股票。人们亲切地昵称其为"小飞乐"。

这一举动惊动了世界证券市场,从而也在相当程度上印证了外界对中国必将以更大步伐走向市场经济,全面推广企业股份制改革,开放证券市场的预测。1986年11月14日,邓小平在北京人民大会堂会见美国纽约证券交易所董事长约翰·凡尔霖率领的美国证券代表团,期间将一张面额为人民币50元的上海飞乐音响公司股票作为礼物赠送给凡尔霖。这张"小飞乐"股票成为第一张被外国人拥有的股票,凡尔霖先生成为中国上市公司第一位外国股东。这一举动在当时及至后来成为极具象征意义的历史美谈。

接下来,我们就将展开对股票投资的学习。

一、股票投资

投资者进行股票投资的目的主要有两种:控股和获利。控股,指通过购买某一企业的大量股票达到控制该企业的目的。获利,指作为一般的证券投资,获取股利收入及股票买卖价差。一般来说,在以控股为目的时,投资者更多考虑的不是股票投资收益高低的眼前利益,而是把眼光放得更长远,更注重于占有多少股权才能达到控制的目的。同时,投资股票所享受到的分红派息是投资者经常性收入的主要来源,获取经常性收入也是投资者购买股票的重要原因之一。

股票是虚拟资本的一种形式,它本身没有价值。但股票又是一种有价证券,它代表其持有者(股东)对股份公司的所有权。股东对股份公司的所有权,是一种综合权利,其不但可以参加股东大会、影响公司经营决策,还可以享有参与分配股息或红利差价等权利。因为这种权利,股票变得有价值。

二、股票价值的估算

如前文所述,股票是一种权利凭证,它之所以有价值,是因为它能给持有者带来未来的收益,这种未来的收益包括各期获得的股利、转让股票获得的价差收益、股份公司的清算收益等。因此,对于股票价值的估算就在于估算股票未来收益的现值,也即是对其内在价值的估算。

股票的内在价值是指股票未来现金流入的现值,它是股票的真实价值,也叫理论价值。决定股票市场长期波动趋势的正是其内在价值,不过短期股票价格波动的决定性因素则是由于投资者预期导致的。但不管如何,股市中股票的价格总是围绕股票的内在价值上下波动的。投资者进行股票投资时应该计算股票本身价值,并将之与股票市价进行分析比较。简单来说,如果股票价值高于股票价格,可以考虑买进;如果股票价值与股票价格持平,可以考虑继续持有;如果股票价值低于股票价格,可以考虑卖出。

(一)股票估价基本模型

股票是在持续经营期间没有到期日并永不还本的证券,若股东不中途转让股票,投资于股票所得到的未来现金流量应是各期的股利之和。因此,假定某股票未来各期股利为 D_t(t 为期数),R_s 为估价所采用的贴现率即投资者所期望的最低收益率,则股票价值的估价模型为

$$V_s = \frac{D_1}{(1+R_s)^1} + \frac{D_2}{(1+R_s)^2} + \cdots + \frac{D_n}{(1+R_s)^n} + \cdots = \sum_{t=1}^{\infty} \frac{D_t}{(1+R_s)^t}$$

股票中的优先股是一种特殊的股票,优先股股东一般来说对公司的经营没有参与权,但对公司资产、利润分配享有优先权,是能够得到稳定分红的股份。优先股股东每期在固定的时点上收到相等的股利,优先股没有到期日,因此其未来的现金流量实际是一种永续年金,其价值计算为

$$V_s = \frac{D}{R_s}$$

若股票的投资者准备长期持有股票,那么在考虑股票的内在价值时,就需要密切关注股利与贴现率这些影响股票价值的重要因素。假定贴现率不变,按照股利的变化规律,可以在股票估价基本模型的基础上演变出几种常见的股票估价模式。

(二)固定增长模式

如果股票股利每期按照一个固定的增长比率增长,将得到固定增长模型。假设公司本

期的股利为 D_0，未来各期的股利按上期股利的 g 速度呈几何级数增长，以股票估价基本模型为基础，股票价值则为

$$V_s = \sum_{t=1}^{\infty} \frac{D_0(1+g)^t}{(1+R_s)^t}$$

式中，g 是一个固定的常数，当 $R_s > g$ 时，上式可以化简为

$$V_s = \frac{D_0(1+g)}{R_s - g} = \frac{D_1}{R_s - g}$$

【例 5-7】假定某投资者准备购买某公司的股票，并准备长期持有。该公司今年每股股利 3 元，预计未来股利会以每年 5% 的速度递增，投资者的期望投资收益率为 15%，则该股票价格为多少时，投资者才能进行投资？

解：根据固定增长模式下股票估值公式：

$$V_s = \frac{D_0(1+g)}{R_s - g} = \frac{D_1}{R_s - g} = \frac{3 \times (1+5\%)}{15\% - 5\%} = 31.5(元/股)$$

即股票的购买价格若低于 31.5 元/股，该公司的股票则可以购入。

(三) 零增长模式

如果股票股利在未来各期都以相同金额发放，并且投资者准备永久持有，将得到零增长模型。这种零增长股票实际与优先股类似，即相当于固定增长模式公式中的 g 值为 0，其股票价值为

$$V_s = \frac{D}{R_s}$$

【例 5-8】某投资者拟购买某公司的股票，并准备长期持有。预计该公司每年发放每股股利 0.8 元，投资者的期望投资收益率为 10%，则该股票价格为多少时，投资者才能进行投资？

解：根据零增长模式下股票估值公式：

$$V_s = \frac{D}{R_s} = \frac{0.8}{10\%} = 8(元/股)$$

即股票的购买价格若低于 8 元/股，可以进行该公司的股票投资。

(四) 阶段性增长模式

许多公司的股利增长会呈现一种阶段性的波动，某一个阶段有一个超常的增长率，而后股利固定不变或者转为正常增长。对于阶段性增长的股票，需要根据不同阶段的情况分段计算，才能正确确定股票的价值。

【例 5-9】某投资者准备购买某公司的股票，并打算长期持有，投资者的期望投资收益率为 12%。该公司今年发放的股利为每股 1 元，预计未来 3 年股利将以 15% 的速度高速增长，而后稳定在 10% 的正常增速上。应如何计算该股票的价值？

解：该公司股票的增长呈现阶段性增长模式，应按不同情况分段计算：

第一步：划分非固定增长期与固定增长期。第一阶段，未来 3 年以 15% 的速度高速增长股利；第二阶段，以 10% 的速度正常增长股利。

第二步：计算非固定增长期（n 期）内各年股利的现值合计，如表 5-1 所示。

表 5-1　非固定增长期内各年股利的现值合计

年　份	股　利	现值系数	股利现值
1	1×(1+15%)=1.15	0.893	1.027 0
2	1.15×(1+15%)=1.322 5	0.797	1.054 0
3	1.322 5×(1+15%)=1.520 9	0.712	1.082 9
		合计	3.163 9(元)

第三步：利用股利固定增长模型，依据固定增长期第 1 期股利（D_{n+1}）和固定增长率 g，计算在固定增长期期初的股票价值 V_n。

$$V_3 = \frac{D_4}{R_s - g} = \frac{1.520\ 9 \times (1+10\%)}{12\% - 10\%} = 83.649\ 5(元)$$

第四步：计算该股票的价值。

$$V_0 = 83.649\ 5 \times (P/F, 12\%, 3) + 3.163\ 9 = 62.71(元)$$

三、股票收益率

股票投资的收益主要由股利收益、转让价差收益和股利再投资收益构成。但一般来说，只要按货币时间价值的原理来计算股票投资收益，则无须单独考虑再投资收益。

影响股票投资收益的因素很复杂，投资者需要正确的估算股票的收益率，以便来选择最有利的投资方式，进行正确的投资决策。股票的内部收益率，是使股票未来现金流量贴现值等于目前的购买价格时的贴现率，也就是股票投资项目的内含报酬率。股票的内部收益率高于投资者所要求的最低报酬率时，投资者才愿意购买该股票。

在固定增长股票估价模型中，用股票的购买价格 P_0 代替内在价值 V_s，则有固定增长模式下股票的内部收益率为

$$R = \frac{D_1}{P_0} + g$$

从公式中不难看出，股票投资内部收益率由两部分构成：D_1/P_0 与 g。其中，D_1/P_0 是预期股利收益率；g 为股利增长率。

如果投资者持有股票时间超过 1 年，需要按每年复利 1 次考虑资金的时间价值，持有期年收益率就是股票未来现金流的现值等于股票购买价的折现率，则有公式如下：

$$P_0 = \sum_{t=1}^{n} \frac{D_t}{(1+R)^t} + \frac{P_t}{(1+R)^n}$$

式中，R 为所求的股票内部收益率；P_0 为股票的购买价；P_t 为股票的出售价；D_t 为各年份的股利；n 为持有期限。

如果投资者不打算长期持有，而是想赚取转让价差收益，则此时股票内部收益率 R 是使股票投资净现值为零时的贴现率，计算公式为

$$NPV = \sum_{t=1}^{n} \frac{D_t}{(1+R)^t} + \frac{P_t}{(1+R)^n} - P_0 = 0$$

【例 5-10】某投资者在 2015 年 6 月 1 日购入某公司股票 100 万股，每股售价 5.6 元。该公司于 2016 年、2017 年的 5 月 31 日分别派分现金股利 0.35 元/股和 0.5 元/股。该投

资者于 2017 年 6 月以每股 7 元的价格售出该股票,试计算该股票的内部收益率是多少?

解:根据公式可得等式:

$$NPV = \frac{0.35}{1+R} + \frac{0.5}{(1+R)^2} + \frac{7}{(1+R)^2} - 5.6 = 0$$

为求出 R 值,使用逐次测试法计算:

估计 R 值为 18% 试算:

$$NPV = \frac{0.35}{1+18\%} + \frac{0.5}{(1+18\%)^2} + \frac{7}{(1+18\%)^2} - 5.6 = 0.083 > 0$$

提高 R 值,估计 R 值为 20% 再次试算:

$$NPV = \frac{0.35}{1+20\%} + \frac{0.5}{(1+20\%)^2} + \frac{7}{(1+20\%)^2} - 5.6 = -0.1 < 0$$

综上说明,该股票的投资收益率为 18%~20%,继续采用插值法计算其内部收益率。

$$\frac{X - 18\%}{20\% - 18\%} = \frac{5.6 - 5.683}{5.5 - 5.683}$$

解出 $X = 18.91\%$

即所求内部收益率 $R = 18.91\%$。

四、股票投资的特点

股票具有高风险、高回报、易变现的特点。与其他证券投资相比,股票投资是权益性投资,股票是代表所有权的凭证,持有人作为发行公司的股东,有权参与或监督公司的生产经营活动。

(一)投资收益高

股票投资收益由股利收益和资本利得收益构成,股利收益的高低取决于发行公司的收益水平和股利政策,而资本利得收益则受到多种因素影响。整体而言,股票投资者投资股票承担了较大的投资风险,因此应该得到较高的投资回报。从长期趋势来看,股票的投资收益高于债券的投资收益。

(二)投资风险高

股票价格受发行公司经营状况影响,又受到股市投资等多种因素的影响,波动性较大。作为发行量最大的普通股,其股利的有无、多寡,均无法律上的保证,而是视企业经营状况和财务状况而定。并且发行公司破产或清算时,普通股对企业资产和盈利的求偿权居于债权人、优先股股东之后,股东的投资可能无法得到补偿。因此,股票投资的风险远远大于固定收益证券。

(三)流动性强

投资者可以视其资产情况在证券交易场所的交易时间内随时买入或者卖出股票,股票可以在不同的投资者之间进行流动。股票持有人虽然不能从发行公司退股,但股票转让为其提供了变现的渠道,这有利于增强资产的流动性,又有利于提高其收益水平。伴随着股票流动的过程,投资者的资本实现了"现金—股票—现金"的转换,此即股票流动性强、易变现的特性。

任务小结

股票投资是指通过购买其他股份公司发行的股票以获取盈利或控制权的行为。股票投资相较其他投资手段，具有高风险、高回报的特点。股票投资收益主要包括股票股息、红利和资本利得。股票投资决策的关键在于投资者是否能对股票正确估价并对其投资收益率进行计算衡量。当进行股票投资可以获得大于或等于市场利率或投资者要求的必要投资收益率时，可以投资，或者说当股票价值大于其市场价格时，可以投资；相反，不可以投资。

任务四　基金投资

任务分析

基金投资是一种集合投资方式，它将零散的资金巧妙地集合起来，交给专业投资机构投资于各种金融工具。基金投资具有资金的规模优势和专家理财优势，通过充分的投资组合，降低风险的同时提高收益水平。在进行基金投资时，其主要任务是了解基金资本的投向，关注基金资产估值、基金单位资产净值的变化及投资收益的情况，以便做出正确的投资决策。

案例导入

微信和支付宝在移动支付领域的战争中各占优势，微信的优势是社交，支付宝则在金融理财领域更加完善。而支付宝中自从上线了余额宝后，用户可以选择将支付宝余额中的钱转入余额宝，除了"随存随取"外，还有一笔不错的收益，用户每天都可以查看到这笔收益，这对有闲钱的用户来说是一件好事，支付宝也赢得了不错的口碑。余额宝从横空出世到如日中天，其实不过短短四五年，但背后的货币基金发展却已有15年。以余额宝为代表的各类公募货币基金（公募货币基金是指受政府主管部门监管的，向不特定投资者公开发行受益凭证的证券投资基金，这种基金由基金管理人运作，专门投向风险小的货币市场工具，具有高安全性、高流动性、稳定收益性，具有"准储蓄"的特征），以其一分钱起购的低门槛和移动互联网端操作、一定额度内赎回实时到账的便捷性，迅速引爆市场，成为人们自发的、首选的入门级理财方式，无论年龄、学历，此类货币基金往往是很多人人生第一次理财尝试的开始。从细分角度来看，余额宝类货币基金的投资者是最稳定的一批负债端，绝大部分是极度分散的个人投资者，申购与赎回的行为趋同性极低，基金经理不用担心或无需疲于应对大额赎回，因而投资品种、投资期限选择起来也相应从容，收益率也就更有所保证。

接下来，让我们一起来了解基金，了解基金收益率吧。

一、基金投资

基金投资是一种利益共享、风险共担的集合投资方式,即通过发行基金单位,集中投资者的资金,由基金托管人托管,由基金管理人管理运用资金,从事股票、债券等金融工具投资,并将投资收益按基金投资者的投资比例进行分配的一种间接投资方式。

基金与债券和股票一样,都是证券的一种。但基金因其自身特性,还是与债券、股票有所区别。首先,基金与债券、股票所反映的经济关系不同。基金反映的是基金投资者和基金管理人之间的一种委托代理关系,而债券反映的是债权债务关系,股票则反映的是所有权关系。其次,基金与债券、股票所筹资金的投向不同。基金筹集的资金主要投向有价证券等金融工具,而债券和股票筹集的资金主要是投向实业。最后,基金投资与债券、股票投资的风险水平不同。基金主要投资于有价证券,投资选择灵活多样,其收益有可能高于债券,投资风险又有可能低于股票。

基金的种类繁多,根据不同标准,可以把基金划分为不同的种类。最常见的分类是根据基金受益单位能否随时认购或赎回及转让方式的不同,将基金分为开放型基金和封闭型基金。

开放型基金是指基金发行总额不固定,基金单位总数随时增减,投资者可以按基金的报价在国家规定的营业场所申购或者赎回基金单位的一种基金。开放式基金可视经营策略和发展需要追加发行,基金规模不固定。

封闭型基金是指事先确定发行总额,在封闭期内基金单位总数不变,基金上市后投资者可以通过证券市场转让、买卖基金单位的一种基金。封闭型基金在发起人设立基金时,就限定了基金单位的发行总额,筹集到这个金额后,基金即宣告成立,并进行封闭,在一定时期内不再接受新的投资。

二、基金价值的估算

基金投资的魅力就在于充分的投资组合,但正因为投资基金不断变换投资组合对象,变幻莫测的证券价格波动,使得投资基金的未来收益预测变得不太现实。未来不可预测,投资者能够把握的只有"现在",即基金资产的现有市场价值。因此,基金资产的估值就是按照公允价格计算基金资产的过程。

为了比较准确地对基金进行计价和报价,使基金价格能反映基金的真实价值,必须对某个时点上每份基金单位实际代表的价值进行估算,并将估值结果以资产净值公布。各国对于估值日的规定不尽相同,但通常要求基金管理人必须在每一个营业日或每周一次或至少每月一次计算并公布基金的资产净值。我国的开放式基金于每个交易日估值,并于次日公告基金份额净值。封闭式基金每周披露一次基金份额净值,但每个交易日也进行估值。

(一) 基金资产净值

基金资产净值是衡量一个基金经营好坏的主要指标,也是基金单位交易价格的计算依据。其计算公式为

$$基金资产净值 = 基金资产总额 - 基金负债总额$$

式中,基金资产总额是基金拥有的所有资产,包括股票、债券、银行存款和其他有价证券等。要注意的是,基金总资产的价值并不是指资产总额的账面价值,而是指资产总额的市

场价值。基金负债总额是指基金运作及融资时所形成的负债。具体来说，包括以基金名义对外的融资借款、应付资金利息、应付投资者的分红、应付给基金经理公司的首次认购费、经理费用等各项应付费用。相对而言，基金的负债金额是固定的，所以基金资产净值主要取决于基金总资产的价值。

开放型基金的基金单位的申购或赎回价格就是直接按资产净值来计算的。封闭型基金在证券交易所上市时，基金单位资产净值也是确定其上市交易价格确定的重要依据。不过，封闭型基金价格除了取决于资产净值外，还会受到市场供求状况、经济形势、政治环境等多种因素的影响，所以封闭型基金价格常与资产净值发生偏离。

（二）基金单位资产净值

基金单位资产净值也称基金单位价格或单位净资产值，它与资产净值趋于一致，即资产净值增长，基金单位价格也随之提高。基金单位资产净值是评价基金业绩最基本和最直观的指标。其计算的基本原理如下：

$$基金单位资产净值 = \frac{基金资产净值}{基金单位总数}$$

式中，基金单位总数是指当时发行在外的基金单位的总量。

基金单位资产净值具体计算又有已知价计算法和未知价计算法。

已知价计算法就是基金管理人根据上一个交易日的收盘价来计算基金的金融资产总值，加上现金资产，然后除以已售出的基金单位总数，得出每个基金单位资产净值。采用已知价计算法时，投资者当天就可以知道单位基金的买卖价格，可以及时办理交割手续。

未知价计算法又称期货价，是指基金管理人根据当日的收盘价来计算基金单位资产净值。采用未知价计算法时，投资者当天并不知道其买卖的基金价格是多少，要在第二天才知道单位基金的价格。

从理论上来说，基金的价值决定了基金的价格，基金的交易价格是以基金单位资产净值为基础的，基金单位资产净值高，基金的交易价格也高。

三、基金收益率

基金收益率是反映基金增值情况的指标，它通过基金净资产的价值变化来衡量。基金净资产的价值是以市价计量的，基金资产的市场价值增加，意味着基金的投资收益增加，基金投资者的权益也随之增加。

基金收益率的计算公式如下：

基金收益率＝（年末基金单位的持有份数×基金单位资产净值年末数－
年初基金单位的持有份数×基金单位资产净值年初数）÷
（年初基金的持有份数×基金单位资产净值年初数）

年初的基金单位资产净值相当于购买基金的本金投资，基金收益率相当于投资报酬率。如果年末和年初基金单位的持有份数相同，基金回报率就简化为基金单位净值在本年内的变化幅度。

四、基金投资的特点

基金投资以资产组合方式进行证券投资，基金份额持有人按其所持份额享受收益和承担风险。基金投资具有资金的规模优势和专家理财优势,能进行充分的投资组合,从而能降低风险,提高收益水平。

(一)集合投资

基金是以集资的方式集合资金用于投资,基金对投资的最低限额要求不高,投资者可以根据自己的经济能力决定购买数量,有些基金甚至不限制投资额的大小,完全按照份额计算收益的分配。因此,基金投资可以最广泛地吸纳社会闲散资金,将众多投资者分散的小额资金汇集成一个较大数额的投资资金,从而获得规模效益的好处。

(二)分散风险

基金投资通过多样化的投资组合来降低风险,提高收益。正因为基金集合投资的特性,使得基金拥有实力雄厚的资本优势,从而有可能实现资产的多元化。基金投资凭借其资金实力,在法律规定的投资范围内进行科学的组合,分散投资于多种证券,利用不同投资对象之间的互补性,达到分散投资风险的目的。

(三)专业理财

基金实行专家管理制度,投资者之所以选择基金投资,将财产委托给基金公司进行管理和运用,就是出于对该机构专业性的信任。基金公司的管理人员拥有专业的投资分析和投资组合理论知识,具有丰富的证券投资和项目投资的经验,加上基金公司先进的信息搜集和分析技术手段,使得基金公司能够对金融市场上繁多的金融产品价格变动趋势做出比较正确的预测,最大限度地避免投资决策的失误,提高投资成功率。

任务小结

基金也是一种证券,是通过发售基金份额募集资金形成独立的基金财产,由基金管理人管理、基金托管人托管,以资产组合方式进行证券投资,基金份额持有人按其所持份额享受收益和承担风险的投资工具。由于基金投资具有资金的规模优势和专家理财优势,能进行充分的投资组合,故其收益有可能高于债券,投资风险又可能低于股票。

拓展阅读:
巴菲特的真实投资故事

课后习题

一、单项选择题

1. 股票、债券、基金及其衍生品种属于以下哪种证券( )。
  A. 货币证券   B. 资本证券   C. 货物证券   D. 商品证券
2. 在证券投资中,因通货膨胀带来的风险是( )。
  A. 利率风险   B. 购买力风险   C. 政策风险   D. 违约风险
3. 下列说法中,正确的是( )。
  A. 国库券没有利率风险
  B. 国库券和公司债券均有违约风险
  C. 公司债券只有违约风险
  D. 国库券没有违约风险,但有利率风险

4. 相对于股票投资而言,以下属于债券投资特点的是( )。
   A. 无法事先预知投资收益水平   B. 投资风险较大
   C. 投资收益率比较高   D. 投资收益率的稳定性较强
5. 某股票的未来股利不变,当股票市价低于股票价值时,则股票的投资收益率比投资人要求的最低报酬率( )。
   A. 低   B. 高
   C. 相等   D. 可能高也可能低
6. ( )是发行规模不固定的基金类型。
   A. 公司型基金   B. 契约性基金   C. 开放型基金   D. 封闭型基金
7. 当债券面值为500元,期限为5年,以折现方式发行,期内不计利息,到期按面值偿还,当时市场利率为8%,其价格( )元时,企业才能购买。
   A. 高于340   B. 低于340   C. 高于510   D. 低于500
8. 某人以50元的价格购入某种股票,该股票目前的股利为每股1元,股利增长率为2%,1年后以60元的价格出售,则该股票的投资收益率为( )。
   A. 2%   B. 20%   C. 21%   D. 22.04%

二、多项选择题

1. 证券投资的特点包括( )。
   A. 价值虚拟性   B. 变现能力强
   C. 高风险性   D. 持有目的多元性
2. ( )引起的风险属于可分散风险。
   A. 银行调整利率水平   B. 公司劳资关系紧张
   C. 公司诉讼失败   D. 经市场呈现疲软现象
3. 股票投资的主要优点是( )。
   A. 投资收益高   B. 收益稳定
   C. 专家理财   D. 拥有企业的经营控股权
4. 证券投资的收益包括( )。
   A. 资本利得   B. 股利   C. 出售售价   D. 债券利息
5. 下列说法中,错误的是( )。
   A. 通货膨胀情况下,证券资产投资的名义报酬率不变,而实际报酬率上涨
   B. 只有当证券投资报酬率小于市场利率时,证券资产的价值才会高于其市场价格
   C. 债券的质量越高,违约风险越小
   D. 购买预期报酬率上升的资产可以抵补通货膨胀带来的损失

三、判断题

1. 在证券投资中,可以通过选择足够多数量的证券组合来分散的风险是非系统风险。( )
2. 当票面利率大于市场利率时,债券会溢价发行。( )
3. 一种3年期的债券和一种8年期的债券,票面利率均为10%。若这两种债券在其他方面没有区别,在市场利息率急剧上涨时,后一种债券价格下跌的更快。( )
4. 通货膨胀情况下,债券比股票能更好地避免购买力风险。( )

5. 基金收益率是通过基金净资产的价值变化来衡量的。（ ）
6. 具有流通性好、低风险与收益较低特性的是指基金中的债券基金。（ ）
7. 一个行业竞争程度越高，投资该行业的证券风险就越大。（ ）
8. 证券投资的流动性与风险性成正比。（ ）

四、计算分析题

1. 某公司发行公司债券，面值为1 000元，票面利率为10％，每年年末付息一次，期限为5年。已知市场利率为12％，若发行价格为1 010元，试分析投资者是否愿意购买。

2. 某公司拟折价发行面值为1 000元的公司债券，市场利率为8％，期限为6年，到期归还本金，试分析该债券发行价格为多少时，投资者才愿意购买。

3. 某公司拟投资一支股票，该公司要求的投资收益率为15％。这支股票最近支付的股利为每股2元，预计该公司未来3年股利将高速增长，年增长率达到8％。此后将转为稳定增长，年增长率为3％。请计算该支股票的价值。

实践操作

项目六 营运资金管理

思维导图

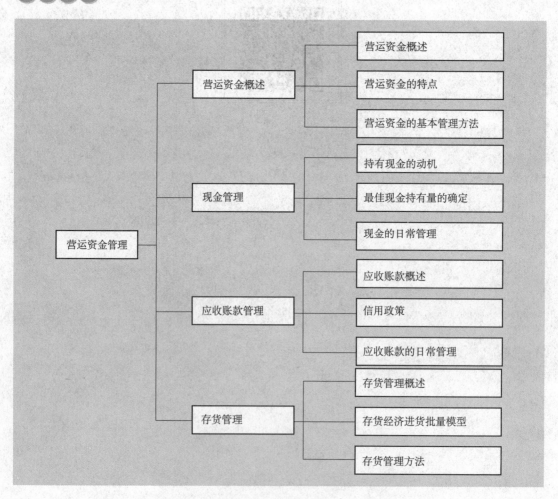

项目六 营运资金管理

学习目标

知识目标：
1. 熟悉营运资金的含义、特点及基本管理方法；
2. 了解企业持有现金的目的和动机；
3. 掌握现金最佳持有量的计算方法；
4. 掌握信用政策的影响因素及应收账款相关成本的计算方法；
5. 掌握存货经济批量的计算和管理方法。

能力目标：
1. 能够确定企业持有现金的成本，并进行现金最佳持有量的决策；
2. 能够确定企业应收账款的成本，并进行信用政策的决策；
3. 能够确定企业存货的持有成本，并进行存货经济进货批量的决策。

素质目标：
1. 树立营运资金管理意识；
2. 提高营运资金管理效率。

任务一 营运资金概述

任务分析

企业为了提高经营管理效率，就要解决企业营运资金的管理问题。企业营运资金的管理，一要了解营运资金包含的内容，二要熟悉营运资金的特征，三要掌握相关的基本管理办法。

案例导入

2016年6月20日，回天新材（300041）披露定增预案，拟以10.16元/股向公司第一期员工持股计划非公开发行不超过2 500万股，募集资金总额不超过2.54亿元，锁定期三年。募集资金扣除发行费用后，将全部用于补充公司流动资金。简要说明企业在什么样的情况下需要补充公司流动资金和流动资金的重要性。

资料来源：http://stock.hexun.com/2016-06-21/184531633.html。

一、营运资金概述

营运资金是指一个企业为了维持日常经营所需的资金，通常指流动资产减去流动负债后的差额。用公式表示为

$$营运资金 = 流动资产总额 - 流动负债总额$$

营运资金之所以用流动资产总额与流动负债总额的差额去衡量，是因为流动资产是企

业一个营业周期内(通常是一年内)可以变现或者自由使用的资产,而流动负债是企业一个营业周期内(通常是一年内)需要偿付的短期负债,两者的差额即剩余的流动资产才是企业短期内可以自由使用的资产即营运资金。营运资金的水平高低好比汽车发动机内机油多与少,起到了润滑企业日常生产经营活动的作用。同时,营运资金也是衡量企业短期偿债能力的重要参考因素。

二、营运资金的特点

根据营运资金的计算公式,我们可以知道营运资金的特点由流动资产和流动负债两方面的特点来决定。

(一)流动资产的特点

▶ 1. 投资周期短,变现快

企业投资或持有流动资产的目的主要是满足企业短期经营活动的需要,主要体现在原材料的采购、产品的销售或者短期内耗使用。因此,相对于固定资产而言,流动资产的投资周期短,变现速度也相对较快。

▶ 2. 盈利能力弱,投资风险小

企业的流动资产主要包括货币资金、应收账款、存货等。这类资产持有周期短,短期内的盈利增值空间有限。因此,相对于固定资产,盈利能力弱。同时,相对于固定资产而言,流动资产投资周期短,易于变现。当企业出现流动性风险时,可以快速变现流动资产获取资金,因此投资风险小。

▶ 3. 具有波动性

企业既然持有流动性资产是为了企业日常经营所需要,那么流动资产总额就会随着企业的经营环境变化而变化,特别是季节性企业流动资产总额的波动性会更大。同时,随着流动性资产总额的变化,流动性负债总额也随之波动。

(二)流动负债的特点

▶ 1. 筹集速度快

相比非流动负债而言,流动负债筹集的金额相对较小,并且一般而言一年内就进行偿还。因此,流动负债的筹集较为容易,获取资金的速度也相对快。企业遇到流动性风险时,通常会采用流动负债的方法快速融资。

▶ 2. 筹集资金成本低

相较于非流动负债而言,流动负债的借款金额小和借款期限短,债权人需要承担的风险也相对较小,因此短期借款利率会比长期借款利率要低,换而言之,流动负债的资金成本相对低于非流动负债的资金成本。

▶ 3. 短期偿债压力大

流动负债的偿还期限一般都是一年以内,因而导致短期偿债压力大。如果企业短期有大量的流动负债需要偿还,可能就会出现资金链断裂,引起破产的风险。

三、营运资金的基本管理方法

(一)根据企业经营活动情况,合理安排营运资金

企业营运资金的需求量与经营活动紧密相结合。一般情况下,当企业在产销旺季时,

流动资产和流动负债会相应增加，提高生产力，加大供货来满足市场的需求；当企业在产销淡季时，流动资产和流动负债会相应减少，降低生产力，减少供货，避免存货积压，减少存货对资金的占用。

（二）加快营运资金的周转速度，提高营运资金的使用效率

营运资金周转指的是企业的营运资金从现金的形态投入经营活动中最终又转化为现金形态的过程，而这一过程的时间长短体现了营运资金的周转速度。一般来说，营运资金的周转会经历"现金—存货—应收账款—现金"这一过程。因此加快营运资金的周转关键在于缩短存货和应收账款的周转时间，加快周转率，快速回笼资金，利用较小的资金占用带动更大的经营活动，为企业创造更高的经济效益提供条件。

（三）合理配置营运资金，确保短期偿债能力

不能简单地认为提高营运资金的使用效率就是减少营运资金的投入。营运资金不足，就会无法保证企业经营活动正常的进行，企业资金缺乏流动性，企业短期偿还债务的能力就会变弱。因此，我们要合理保证流动资产和流动负债的比例，确保足够的营运资金支持企业正常经营活动。

任务小结

营运资金是指一个企业为了维持日常经营所需的资金，通常指流动资产减去流动负债后的差额。用公式表示为

$$营运资金 = 流动资产额 - 流动负债总额$$

营运资金的特点主要通过流动资产的特点和流动负债的特点来体现。流动资产的特点包括：投资周期短，变现快；盈利能力弱，投资风险小；具有波动性。流动负债的特点包括：筹集速度快；筹集资金成本低；短期偿债压力大。

营运资金的基本管理方法：①根据企业经营活动情况，合理安排营运资金；②加快营运资金的周转速度，提高营运资金的使用效率；③合理配置营运资金，确保短期偿债能力。

任务二　现金管理

任务分析

现金是企业流动性最强的资产，是企业日常经营活动开支的保障，是企业偿还债务能力的体现。但是，现金是非盈利性资产，它能给企业带来的回报率极低，持有过多的现金会给企业带来管理成本，同时也会浪费较好的投资机会。因此，要明白持有现金的动机和成本，合理确定最佳现金持有量。

案例导入

根据美国苹果公司公布第三财季季报，截至第三财季末，苹果公司的现金储备已经达

到 2615 亿美金,较去年同期增长 13%。也就是说,苹果的现金储备已经足以直接买下沃尔玛(NYSE:WMT)或美国电话电报公司(AT&T,NYSE:T)。营销团队首席数字官瓦拉·阿夫沙尔(Vala Afshar)在推特上甚至表示,苹果现在如将 Uber(优步)公司、Airbnb(爱彼迎)网站、特斯拉汽车以及推特一同打包买下,还可以剩下 290 亿美元。大家思考一下苹果公司的高现金储备的原因是什么?高现金储备会带来哪些利与弊?

资料来源:http://finance.sina.com.cn/chanjing/gsnews/2017-08-02/doc-ifyinvyk3445966.shtml.

一、持有现金的动机

(一)交易性需求

交易性需求指的是企业为了满足日常经营活动对现金的需求而持有的现金,例如采购原材料、半产品、产成品,支付职工薪酬,缴纳税费等。同时,企业经营过程中会有收入和支出,收入引起的现金流入数量和时间不一定都能与支出引起的现金流出数量和时间相互匹配,因此需要持有一部分现金以满足企业日常交易需求。

(二)预防性需求

预防性需求指的是企业为了满足意外事件出现,导致对现金需求而持有的现金。由于市场环境瞬息万变,企业通常很难准确预测今后现金的流入和流出。因而,企业会持有一部分的预防性资金以备不时之需。企业预防性资金的持有量主要考虑三方面因素:①企业风险承受能力;②企业临时筹资的能力;③企业对资金预测的准确性。

(三)投机性需求

投机性需求指的是企业为了抓住市场上出现的某些投机性机会而持有的现金。市场上的投机机会是无法预测的。例如,股票市场、大宗商品市场或者房地产市场等投机机会所带来的回报往往十分丰厚,因此企业要持有一定量的现金等待投机机会的出现。

二、最佳现金持有量的确定

(一)现金的成本

▶ 1. 机会成本

机会成本指的是企业因持有一部分现金余额而丧失再投资带来的收益。再投资收益通常指的是企业利用现金进行证券投资而获得的收益。企业因持有一部分现金余额,放弃了相关证券投资机会所带来的收益。放弃的再投资收益即机会成本与企业的现金余额息息相关,企业持有的现金余额越多,放弃的再投资收益越多,引起的机会成本越高,因此企业的机会成本与现金持有量成正比例变动,是企业决策现金持有量时需要考虑的因素之一。

▶ 2. 管理成本

管理成本指的是企业因持有一部分现金余额而发生的相关管理费用,例如现金管理人员的工资以及必要的安全防护措施费用等。一般来说,现金持有量在一定的范围内波动对管理成本的影响并不大。因此,管理成本具有固定成本的属性,不是企业决策现金持有量时考虑的因素。

▶ 3. 短缺成本

短缺成本指的是企业由于持有现金量不足以应对正常的经营活动或者错失相关投资机

会而导致的损失,例如停工待料、临时采购额外支付的货款、无法按期交货导致的违约损失等。企业的现金短缺成本与现金持有量成反比例变动,现金持有量越高,企业出现现金短缺而引起的损失就越少,是企业决策现金持有量时考虑的因素之一。

4. 转换成本

转换成本指的是企业使用现金购买有价证券以及转让有价证券换取现金时支付的交易费用,即现金与有价证券之间转换的成本,例如委托买卖有价证券的佣金、手续费、过户费、印花税等。转换成本包括变动的转换成本和固定的转换成本。变动的转换成本是以委托成交金额来确定的成本。在转换有价证券总额既定的情况下,变动的转换成本与现金持有量不相关,不是企业决策现金持有量时考虑的因素。固定的转换成本是以有价证券转换的次数确定的成本,现金持有量越多,需要转换的次数越少,固定的转换成本也越少。因此,固定的转换成本与现金持有量成反比例关系,是企业决策现金持有量时考虑的因素之一。

(二)成本分析模式

成本分析模式是通过考虑相关现金成本,以总成本最小的方案确定现金持有量的一种方法。在成本分析模式下,现金持有量不考虑转换成本,只考虑机会成本、管理成本和短缺成本。因此,机会成本、管理成本和短缺成本之和最小时的现金持有量为最佳。

管理成本具有固定成本的属性,在一定范围内不会随着现金的持有量变化而变化。机会成本与现金持有量成正比例变动,机会成本随着现金持有量的增多而增多。短缺成本与现金持有量成反比例变动,短缺成本随着现金持有量的增多而减少。根据上述关系,可以用图 6-1 表示。

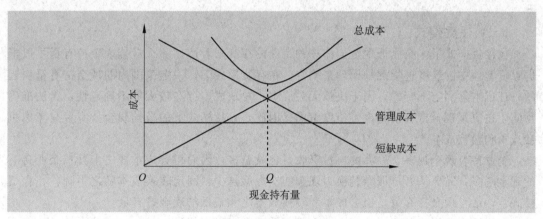

图 6-1 成本分析模式

在成本分析模式下,确定最佳现金持有量的基本步骤如下:
(1)根据不同现金持有量的方案确定相关现金成本的数值。
(2)根据不同现金持有量的方案编制最佳现金持有量测算表。
(3)在测算表中,选出现金总成本最低的方案作为最佳现金持有量。

【例 6-1】甲公司是一家电视制造生产公司,下一年度的现金持有量备选方案如表 6-1 所示,请根据该表确定甲公司的最佳现金持有量。

表 6-1 现金持有量备选方案

方案	A	B	C	D
现金持有量/万元	100	200	300	400
机会成本率/%	10	10	10	10
管理成本/万元	10	10	10	10
短缺成本/万元	50	30	25	20

解：

根据表 6-1 的资料，可计算出 A、B、C、D 四种方案的现金总成本，如表 6-2 所示。

表 6-2 最佳现金持有量测算表

方案	A	B	C	D
现金持有量/万元	100	200	300	400
机会成本率/%	10	10	10	10
机会成本/万元	10	20	30	40
管理成本/万元	10	10	10	10
短缺成本/万元	50	30	25	20
总成本/万元	70	60	65	70

通过表 6-2 可知，B 方案的总成本最低，因此甲公司下一年度最佳现金持有量为 200 万元。

(三) 存货模式

在存货模式下，企业把现金当作一种特殊的存货来看待，那么最佳现金持有量可以根据存货管理中的经济进货批量原理来确定。在存货模式下，一定范围内的现金持有量引起的管理成本是固定不变的，属于决策无关成本；短缺成本存在较大的不确定性，无法准确预测，在决策现金持有量时也不予以考虑。因此，存货模式下的最佳现金持有量只考虑机会成本和转换成本。

企业持有现金越多，放弃的再投资收益也就越多，因而机会成本随之上升；企业持有的现金越多，需要从有价证券转换为现金的次数就越少，固定转换成本随之下降。在存货模式下，最佳现金持有量是机会成本和转换成本之和最低的现金持有量。

在运用存货模式决策最佳现金持有量时需要满足下列假设：

(1) 企业预算期内现金需要量可以预测。

(2) 企业需要现金时可以及时通过有价证券变现取得。

(3) 有价证券的回报利率和固定转换费用可以预测。

存货模式下，现金持有总成本＝机会成本＋转换成本，即

$$T_c = \frac{Q}{2} \times K + \frac{T}{Q} \times F$$

式中，T_c 为现金持有总成本；T 为某一时期现金总需用量；Q 为现金最佳持有量；K 为有价证券的回报率；F 为有价证券每次转换的成本。

存货模式下,机会成本、转换成本和现金持有总成本的关系如图 6-2 所示。

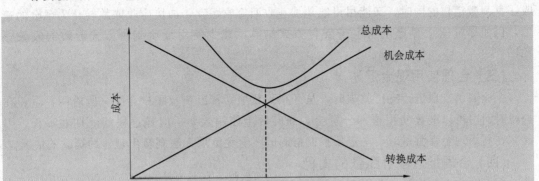

图 6-2 存货模式

从图 6-2 可以看出,现金持有总成本在机会成本和转换成本的直线相交时即机会成本等于转换成本时达到最低。根据公式 $T_c = \frac{Q}{2} \times K + \frac{T}{Q} \times F$,当 $\frac{Q}{2} \times K$(机会成本)$= \frac{T}{Q} \times F$(转换成本)时,T_c(总成本)达到最低,可以推导出最佳现金持有量 $Q = \sqrt{2TF/K}$。根据 $Q = \sqrt{2TF/K}$,可以推导出最佳现金持有量下总成本 $T_c = \sqrt{2TFK}$,机会成本 = 转换成本 = $\sqrt{TFK/2}$,最佳转换次数 = T/Q。

【例 6-2】甲公司预计下一年度现金总需求为 400 000 元,有价证券转换为现金每次的费用为 200 元,有价证券的回报率为 10%。要求:计算甲公司最佳现金持有量、现金持有总成本、机会成本、转换成本和转换次数。

解:

最佳现金持有量 $Q = \sqrt{2 \times 400\,000 \times 200/10\%} = 40\,000$(元)

现金持有总成本 $T_c = \sqrt{2 \times 400\,000 \times 200 \times 10\%} = 4\,000$(元)

机会成本 = 转换成本 = $\sqrt{400\,000 \times 200 \times 10\%/2} = 2\,000$(元)

转换次数 = 400 000/40 000 = 10(次)

三、现金的日常管理

在现金管理问题中,企业除了可以按照上述介绍的几种方法确定最佳现金持有量之外,还应建立现金的日常管理制度,平衡现金日常收支,提高现金使用效率。为了达到这一目标,可以从以下几方面着手。

(一) 现金流量同步

在企业日常经营活动中,现金流入和现金流出发生的时间往往不能完全一致。如果企业能够尽量协调好现金流入和流出的时间达到一致,使持有的交易性现金余额减少,就可以提高企业资金的利用效率。

(二) 加快应收账款周转速度

企业在进行销售产品时难免会出现赊销的情况,引起应收账款对企业资金的占用。但是，应收账款可以刺激销售，增加销售收入，因而它又是必要的。企业应力争做到利用应收账款刺激销售的同时，又能尽可能地加速收回应收账款，加快应收账款转化为现金的速度，例如尽可能让客户使用电子支付方式结算，减少使用纸质支付方式导致的收款浮动期。

（三）合理使用现金浮游量

企业使用支票进行支付款项时，从开票到款项划转出企业账户会有一段时间，企业在这段时间内可以继续使用这部分资金，提高资金使用效率。但是这段间隔期并不长。因此，在利用现金浮游量时，一定要控制好时间，避免款项无法划转出现违约罚款的情况。

（四）合理推迟应付账款的支付

在不影响企业信誉的前提下，企业可以尽可能地推迟应付款的支付时间，充分利用供应商提供的信用期。有时供应商为了提前收回货款会提供提前还款享受现金折扣的条件，这时企业就要权衡现金折扣与现金需求之间的利弊来作出决策，而不是简单地拖延到信用期最后一天付款。

任务小结

持有现金的动机包括：①交易性需求；②预防性需求；③投机性需求。

持有现金的成本包括：①机会成本；②管理成本；③短缺成本；④转换成本。

确定最佳现金持有量的方法有：①成本分析模式；②存货模式；③现金周转期模式。

现金的日常管理方法有：①现金流量同步；②加快应收账款周转速度；③合理使用现金浮游量；④合理推迟应付账款的支付。

任务三　应收账款管理

任务分析

企业在进行经营活动时给客户提供商业信用已经是一种普遍现象。应收账款的出现，便是企业先给客户销售产品或者提供劳务服务后收取现金引起的。应收账款可以刺激销售收入、减少库存，但是过多的应收账款会导致资金占用、管理成本和坏账成本上升。企业财务管理人员要针对客户制定信用标准，在利用应收账款刺激销售的同时，进行高效的应收账款管理，避免持有应收账款成本过高。

案例导入

中国网财经2018年1月4日报道，北京交大思诺科技股份有限公司（以下简称"交大思诺"）在证监会网站披露招股说明书。根据招股说明书，2014—2016年及2017年1—6月，交大思诺分别实现营业收入1.62亿元、1.70亿元、2.42亿元及1.08亿元，同期净利润分别为6 295.78万元、5 051.29万元、7 792.08万元及3 240.12万元。交大思诺对前五大客户的销售收入占营业收入的比例分别为88.43%、85.42%、79.45%和92.26%，客户集中度较高。此外，各报告期末，应收账款账面价值分别为8121.97万元、7 364.16万元、8 653.53万元和8 845.37万元，占当期营业收入的比例分别为50.14%、43.29%、35.78%和81.94%。思考一下，在客户集中度较高的背景下，应收账款占营业收入比例较高反映了什么问题及风险？

资料来源：https://www.sohu.com/a/214543398_610793.

一、应收账款概述

（一）应收账款的作用

一般来说，应收账款指的是企业对外销售产成品、半产品、原材料以及提供劳务服务，应该向购货方或者接受劳务服务方收取的款项。企业在日常经营过程中，资产负债表上或多或少都会有一些应收账款。那应收账款的存在主要是因为两方面的作用：①刺激销售；②减少库存。

目前的市场经济环境，产品同质化和商业信息公开化，导致了企业之间的竞争越来越激烈。激烈的竞争迫使企业使用各种方法刺激销售。在销售的产品或服务价格一样、品质类似的情况下，实行赊销的方法可以有效地促进销售收入的增长。如果企业允许赊销的话，客户可以提前享受商品或服务，在信用期内付款即可，同时也给客户筹备资金的时间。因此，同等条件下，客户会优先选择可以赊销的供应商。相对于供应商企业而言，虽然赊销会引起应收账款增加，但是也会刺激销售收入的增长。在刺激销售收入的同时，企业存货积压的问题也可以得到缓解，避免了存货过多对企业资金占用和存货减值的问题。

（二）应收账款的成本

企业在利用应收账款刺激销售和减少库存的同时也会带来相应的成本。

▶ 1. 机会成本

机会成本指的是企业因为应收账款的资金占用，而丧失这部分资金投资产生的收益，例如利用这部分应收账款占用的资金去投资债券可以获得利息收入。应收账款的机会成本的计算公式如下：

$$应收账款的机会成本 = 应收账款占用资金 \times 投资报酬率$$

其中：

$$应收账款占用资金 = 应收账款平均余额 \times 变动成本率$$

$$应收账款平均余额 = 年赊销额 \div 360 \times 平均收现期 = 日赊销额 \times 平均收现期$$

▶ 2. 管理成本

管理成本指的是企业在进行应收账款的管理时所支付的日常开支，主要包括客户的信用状况调查费用，收集相关信息费用，账簿的记录费用，收账费用等。

▶ 3. 坏账成本

坏账成本指的是企业在进行赊销时，债务人可能因为某种原因无法偿还欠款，导致应收账款无法收回而发生的损失。一般来说，应收账款的数额越大，延迟付款的时间越长，发生坏账成本的可能性就越高。

因此，企业在利用应收账款刺激销售和减少库存的同时也要权衡增加的应收账款所导致的机会成本、管理成本和坏账成本,在发挥应收账款作用的同时尽可能降低应收账款成本,最大限度地提高应收账款的效益。

二、信用政策

信用政策指的是企业对应收账款进行规划与控制而制定的相关基本原则和管理规范。企业只有通过制定合理的信用政策,加强应收账款的管理,才能提高应收账款的投资收益。信用政策主要包括信用标准、信用期限、现金折扣政策三方面的内容。

(一)信用标准

信用标准指的是企业向客户提供商业信用的基本要求。信用标准的高低影响企业应收账款的多与少。较高的信用标准可以有效控制应收账款的余额,降低应收账款的成本,但不利于刺激销售和减少库存;与此相反,宽松的信用标准可以有效地刺激销售,减少库存,但是应收账款余额也随之增加,带来应收账款的成本增加。因此,企业应当权衡利弊,制定合理的信用政策,针对不同客户群体采用不同的信用政策,使企业获得较大的经济效益。

企业在制定信用标准政策时,可以从以下三方面去考虑。

▶ 1. 企业在同行业中的竞争力

在制定信用标准时,企业要考虑自己在行业中的竞争力。如果企业在行业中具有较强的竞争力,可以提高信用标准,减少应收账款,降低应收账款的成本。如果企业在行业中的竞争力不强,为了吸引客户,刺激销售,可以降低信用标准,通过扩大赊销来刺激销售,加大市场占有率,提升自己的竞争力,但也会随之增加应收账款成本。

▶ 2. 企业承担应收账款违约风险的能力

由于应收账款会占用企业的资金,为了确保企业自身资金的流动性,企业应根据自己承担应收账款违约风险的能力去制定信用政策。当企业具备较强的违约风险承受能力时,企业可以降低信用标准,吸引更多客户,提高市场占有率;当企业承担违约风险能力较弱时,企业可以提高信用标准,降低坏账率,保证资金的流动性。

▶ 3. 客户的信誉程度

企业在进行销售时面对不同的客户群体不一样,他们的信誉程度也会不一样。因此,针对不同信誉程度的客户要制定采取不同的信用标准来对待。面对信誉高的客户群体,企业可以降低信用标准;面对信誉低的客户群体,企业可以提高信用标准。客户的信用程度通常取决于以下五个方面:客户的品德(character)、能力(capacity)、资本(capital)、抵押(collateral)、条件(conditions),简称为"5C"信用评估法。品德指的是客户的声誉即偿还欠款的意愿和主动性。企业要了解客户以往偿还欠款的情况来判断客户是否有意愿尽最大努力来偿还欠款。能力指的是客户偿还欠款的能力,主要考虑财务状况和经营规模来判断。资本指的是客户的财务实力和财务资源,即客户短期调动资金偿还欠款的能力。抵押指的是客户的抵押资产情况,如果客户的资产抵押比例较高说明偿还欠款的能力较弱。条件指的是客户所处的市场经济环境好坏和应对不同市场环境的能力。

(二)信用期限

信用期限指的是企业允许客户从购货到支付货款的时间期限。一般来说,延长信用期可以吸引客户,刺激销售,但应收账款也会随之增加,应收账款成本增多。因此,企业要权衡利弊,制定合理的信用期限,避免盲目地延长信用期刺激销售,导致应收账款占用资金过多时间过长,应收账款成本过高。为了鼓励客户能够尽早还款,企业一般还会提出提前还款的优惠政策,例如现金折扣。

【例6-3】甲企业采用赊销方式销售商品,现有两种信用政策方案,如表6-3所示。请根据表6-3中的数据判断哪种信用方案更优。

表6-3　A、B两种信用政策方案

项目	A方案	B方案
信用期限	$n/30$	$n/60$
变动成本率/%	60	60
资本成本率/%	10	10
坏账率/%	2	3
管理成本/万	50	80
预计2018年赊销总额/万	4 000	6 000

解:根据表6-3中的数据,可计算得到表6-4。

表6-4　A、B两种信用政策评价表　　　　　　　　　　单位:万元

项目	A方案	B方案
预计2018年赊销总额	4 000	6 000
变动成本	$4\,000 \times 60\% = 2\,400$	$6\,000 \times 60\% = 3\,600$
信用成本前收益	1600	2 400
机会成本	$4\,000/360 \times 30 \times 60\% \times 10\% = 20$	$6\,000/360 \times 60 \times 60\% \times 10\% = 60$
坏账损失	$4\,000 \times 2\% = 80$	$6\,000 \times 2\% = 120$
管理成本	50	80
信用成本后收益	$1\,600 - 20 - 80 - 50 = 1\,450$	$2\,400 - 60 - 120 - 80 = 2\,140$

根据表6-4的数据可知,B方案的信用成本后收益大于A方案,因此应当选择B方案的信用政策。

(三) 现金折扣政策

企业为了加快应收账款的回收和加速资金周转,而向客户提供现金折扣来鼓励客户提前还款。所谓的现金折扣指的是客户在规定时间内提前偿付货款可以按照销售价格的一定比例享受折扣。例如,"2/10,$n/30$"表示10天内付款可享受2%的现金折扣,10天后付款不享受现金折扣,信用期为30天即最后付款期限为30天。现金折扣是对企业销售收入的扣减,企业在决定是否进行现金折扣和现金折扣的幅度大小时,要考虑提供现金折扣后的收益是否大于现金折扣的成本。

【例6-4】甲公司为了加速应收账款的回收,在例6-3 B方案的基础上提供现金折扣:"2/20,$n/60$"。预计60%的客户会在20天内付款,剩余的客户在信用期内付款,坏账损失率降为1.5%,管理成本降为70万。根据上述资料,判断是否应该在例6-3中B方案的

基础上提供现金折扣。

解：根据上述资料，可计算得到表6-5。

表6-5 信用政策评价表　　　　　　　　　　　　单位：万元

项　　目	B 方 案	2/20，n/60
预计2018年赊销总额	6 000	6 000
变动成本	6 000×60％＝3 600	6 000×60％＝3 600
信用成本前收益	2 400	2 400
机会成本	6 000/360×60×60％×10％＝60	6 000/360×(20×60％＋60×40％)×60％×10％＝36
坏账损失	6 000×2％＝120	6 000×1.5％＝90
管理成本	80	50
现金折扣成本	0	6 000×60％×2％＝72
信用成本后收益	2 400－60－120－80＝2140	2 400－36－90－50－72＝2 152

根据表6-5中的计算结果可知，提供现金折扣后的收益高于不提供现金折扣的B方案，因此提供现金折扣可以提高收益并且能加速回收应收账款。

三、应收账款的日常管理

信用政策制定之后，企业要对应收账款进行日常管理，主要体现在应收账款的追踪分析、应收账款的账龄分析和收账政策。

（一）应收账款的追踪分析

企业根据信用政策针对不同的客户群体进行信用品质和财务状况分析和评价，并提供商业信用。随着赊销发生后，企业应当继续对客户进行跟踪分析，一旦客户的信用状况或者财务状况发生本质变化，应当及时采取措施收回应收账款，避免或减少坏账损失，并对客户的信用状况及时更新。当然，企业不可能对每一笔应收账款都进行追踪分析，这样会增加应收账款的管理成本。企业主要针对应收账款数额较大的或者销售占比较大的客户进行跟踪分析。

（二）应收账款账龄分析

应收账款账龄指的是企业的应收账款发生到当前的时间。企业的应收账款账龄有的在信用期内，而有的已经超出信用期还未还款。一般来说，应收账款的账龄越长，客户偿还的可能性越小，收回的难度也就越大。因此，应收账款的账龄分析主要针对的是逾期未还的应收账款。

【例6-5】2017年12月31日，财务管理人员将甲公司的应收账款进行分类整理如表6-6所示，假设该公司的信用期为30天，简要针对该公司的账龄进行分析。

表 6-6　甲公司应收账款账龄分析表

账龄/天	应收账款/万元	占应收账款总额百分比/%
0～30	140	70
31～60	30	15
61～90	20	10
91 以上	10	5
合计	200	100

解：甲公司的信用期为30天，根据表6-6所示，逾期未偿还的应收账款有30%。企业财务管理人员应当针对逾期的30%应收账款作为工作的重点。由于逾期的时间越长，收回的可能性越低，财务管理人员应当建立客户信用档案，详细分析记录逾期未付款企业的情况，作为以后是否继续给该企业提供商业信用的依据。

(三) 收账政策

收账政策是指企业针对客户违反信用条件，拖欠或者拒绝支付账款所采取的收账策略和措施。按照法律规定，企业有权通过法律途径要求客户履约付款。但是，如果企业针对每一位逾期的客户都采用法律途径来解决问题，这样不仅会伤害到无意欠款的客户，还会增加应收账款的管理费用和耗费大量精力在诉讼上。因此，企业应当针对拖欠应收账款的数额多少和时间长短来进行分类处理。例如，逾期较短数额较小的，可以通过信件或者电话催询；逾期较长数额较大的，在信件或者电话催款没有效果后，可以向有关部门提出仲裁或者诉讼等。

任务小结

应收账款的作用主要是：①刺激销售；②减少库存。

应收账款的成本主要是：①机会成本；②管理成本；③坏账成本。

企业在制定信用政策时主要考虑三方面因素：①信用标准；②信用期限；③现金折扣政策。

应收账款的日常管理主要包括：①应收账款的追踪分析；②应收账款的账龄分析；③收账政策。

任务四　存货管理

任务分析

存货指的是企业在生产经营过程中为销售或者耗用而储备的物资，主要包括原材料、燃料、低值易耗品、在产品、半成品、产成品等。存货是企业生产或销售的保证，同时提前批量采购存货通常可以降低采购成本。但是，过多的存货会占用企业资金，还会增加相关成本，例如仓储费、维护费、保险费等。因此，高效的存货管理可以降低企业存货的资金占用，提高存货的周转速度，提高企业的经济效益。

案例导入

甲企业是一家主营槟榔加工企业。下一年度开始前，作为财务管理部门负责人的你要解决存货管理的哪些问题呢？例如：

(1) 一年的槟榔采购量是多少；
(2) 一年分几次采购才合理；
(3) 槟榔的存储成本是多少；
(4) 存货要储备多少才不会导致缺货停产等问题。

一、存货管理概述

(一) 存货管理的目的

存货指的是企业在生产经营过程中为销售或者耗用而储备的物资，主要包括原材料、燃料、低值易耗品、在产品、半成品、产成品等。企业持有充足的存货可以满足生产需求、节省采购成本，并且能够迅速提高产量满足大额订单需求。然而，持有存货必然会占用企业一定量的资金，给企业增加存货的存储成本、管理成本，进而影响企业整体的盈利能力。存货管理的目的就是正确权衡存货作用与成本，合理有效地管理存货，充分发挥存货作用的同时降低成本，增加收益。

(二) 存货的作用

▶ 1. 保证生产活动正常进行

生产过程中所需的原材料是企业正常生产活动的物质保证。一般来说，由于存货的供应市场的价格波动和存货采购到入库需要一定的运输时间，企业为了控制采购成本和避免停工待料，会储备一定量的存货，以保障正常的生产活动所需。

▶ 2. 增强产销的灵活性和机动性

企业通过储备一定量的存货可以灵活地应对市场对产品的需求。当市场对产品的需求猛增时，企业利用储备的存货加大产量，提高销售额，增加利润；相反，如果企业没有储备一定的原材料，当市场需求猛增时，就无法及时满足市场需求，错失良机。同时，存货在运输或者生产的过程中发生意外事件导致存货损失，此时如果企业储备一定量的存货作为保险储备就能及时应对意外事件的发生，避免停工待料，减少损失。当然，持有过多的存货也占用企业资金和增加存货的成本。

▶ 3. 有效控制存货采购成本

一般来说，供应商会根据采购数量的多少给予一定的折扣。因而企业根据生产计划的安排，进行存货的采购统筹，通过批量集中采购来享受价格折扣，降低采购成本，同时也减少了订货的次数，降低了订货成本，有效控制存货采购成本。

(三) 存货的成本

▶ 1. 存货的取得成本

存货的取得成本主要是由进价成本和进货费用两部分构成。进价成本又称采购成本，是指存货本身的价值或支出的成本，等于存货的数量乘以单价得到。进货费用又称订货成本，是指企业采购存货的过程中所发生的费用，例如差旅费、运输费、检验费等。进货费用可以分为两部分：一部分不随着订货次数变化而变化，属于固定开支，如采购部门的基本开支；另一部分随着订货的次数呈正相关变动，订货的次数越多，开支越高，如采购人员的差旅费、存货的运输费等。

▶ 2. 存货的储存成本

存货的储存成本指的是企业的存货储存过程中所支付的各项开支，如仓储费、存货占用资金所支付的利息费用、搬运费、保险费、租赁费、挑选费等。存货的储存成本也可以分为两部分：一部分储存成本是固定不变的，不随储存平均数量的波动而波动，如仓储管理员的固定工资、仓库的折旧费等；另一部分储存成本是变动的，储存平均数量越多，变动性储存成本也就越高，呈正相关变动，如存货占用资金所支付的利息、挑选费、保险费等。

▶ 3. 存货的缺货成本

存货的缺货成本指的是企业因存货不足而造成的损失，例如材料供应不足造成停工待料引起的损失、无法按时交货造成的违约损失、临时采购引起的超额支出、存货不足造成错失销售机会的损失等。存货储存的数量越多出现缺货的可能性就越小，缺货成本就越低。

二、存货经济进货批量模型

（一）经济进货批量的含义

经济进货批量指的是企业在一定时期内使存货的相关总成本之和最低的进货数量。根据上述对存货成本的分析可知，不同的成本项目对进货批量呈现不同的变动关系。如果一次订购的数量大，储存的存货就多，这就促使变动储存成本上升，但是在一定时间内采购数量一定的情况下，由于一次订购的数量大，订货的次数就会减少，这就促使变动的进货费用和缺货成本降低；如果一次订购的数量少，储存的存货就少，这就促使变动储存成本下降，但是在一定时间内采购数量一定的情况下，由于一次订购的数量少，订货的次数就会增多，这就促使变动的进货费用和缺货成本上升。因此，经济进货批量解决的就是如何协调各个成本之间的关系，使其存货总成本保持最低水平的问题。

（二）经济进货批量基本模型

经济进货批量基本模型的运用基于以下假设条件。

(1) 企业在一定时期的进货总量可以较为准确的预测。
(2) 存货的消耗或者销售比较均衡。
(3) 存货的价格稳定，不考虑数量折扣或者商业折扣。
(4) 企业可以决定进货日期，并且不需要采购时间。
(5) 不允许出现缺货情形。
(6) 存货市场供应充足。
(7) 企业仓储条件及所需现金不受限制。

在满足上述假设条件的情况下，当变动的进货费用和变动的储存成本之和最低时的进货量为经济进货批量，则

存货相关总成本＝相关进货费用＋相关储存成本

$$=\frac{存货全年计划进货总量}{每次进货批量}×每次进货成本+\frac{每次进货批量}{2}×单位存货年储存成本$$

存货相关总成本与相关进货费用、相关储存成本的关系如图 6-3 所示。

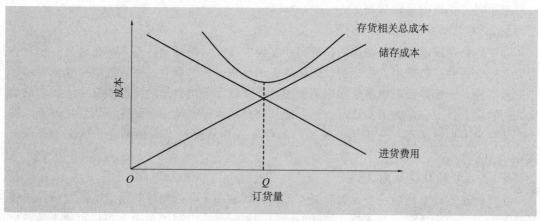

图 6-3　存货成本关系图

由图 6-3 可以看出，当进货费用和储存成本相等时，存货相关总成本最低，此时的进货批量就是经济进货批量，计算公式如下：

$$经济进货批量(Q)=\sqrt{2AB/C}$$

$$经济进货批量的存货相关总成本(TC)=\sqrt{2ABC}$$

$$经济进货批量平均占用资金(W)=PQ/2=P\sqrt{AB/2C}$$

$$最佳进货次数(N)=A/Q=\sqrt{AC/2B}$$

式中，A 为某种存货全年采购总量；Q 为经济进货批量；B 为每次进货费用；C 为单位存货年储存成本；P 为进货单价。

【例 6-6】 甲公司 2018 年预计全年采购 A 材料 36 吨，A 材料的单位采购成本为 100 000 元，单位年储存成本为 2 000 元/吨，每次进货费用为 4 000 元，要求计算经济进货批量、经济进货批量的存货相关总成本、经济进货批量平均占用资金、最佳进货次数。

解：

经济进货批量$(Q)=\sqrt{2×36×4\,000/2\,000}=12$（吨）

经济进货批量的存货相关总成本$(TC)=\sqrt{2×36×4\,000×2\,000}=24\,000$（元）

经济进货批量平均占用资金$(W)=100\,000×12/2=600\,000$（元）

最佳进货次数$(N)=36/12=3$（次）

（三）考虑数量折扣的情况下确定经济进货批量

在上述的经济进货批量基本模型中，假设了不考虑数量折扣和存货单价固定。但是，实际工作中，供应商为了刺激销售和减少库存一般都会提供数量折扣，购买的数量越多，折扣优惠就越大。此时，由于采购的数量会直接影响存货的进价成本，除了要考虑进货费用和储存成本之外，还需要考虑进价成本。那么，在考虑数量折扣的情况下存货相关总成本的计算公式为

$$存货相关总成本 = 进价成本 + 相关进货费用 + 相关储存成本$$

其中,
$$存货进价成本 = 进货数量 \times 进货单价$$

考虑数量折扣的情况下确定经济进货批量的步骤如下。

(1) 按照基本模式确定没有数量折扣下的经济进货批量。

(2) 计算按照经济进货批量进货时的存货相关总成本。

(3) 计算享受数量折扣的进货批量进货时的存货相关总成本。

(4) 比较不同进货批量的存货相关总成本,选择最低存货相关总成本所对应的进货批量,即为考虑数量折扣情况下的最佳经济进货批量。

【例 6-7】假设在例 6-6 中,如果一次采购 A 材料 18 吨以上,则可以享受 2% 的价格折扣,在考虑数量折扣的情况下最佳经济进货批量是多少?

解:

(1) 按照基本经济进货批量采购时计算存货相关总成本,即每次采购 12 吨 A 材料。

$$存货相关总成本 = 年需要量 \times 单价 + 基本经济批量的存货变动相关总成本$$
$$= 36 \times 100\,000 + 24\,000$$
$$= 3\,624\,000(元)$$

(2) 按照享受 2% 价格折扣的进货批量采购时计算存货相关总成本,即每次采购 18 吨 A 材料。

$$存货相关总成本 = 年需要量 \times 单价 + 年储存成本 + 年进货费用$$
$$= 36 \times 100\,000 \times (1 - 2\%) + 2\,000 \times 18 \div 2 + 36 \div 18 \times 4\,000$$
$$= 3\,554\,000(元)$$

通过以上计算可知,一次采购 18 吨的存货相关总成本达到最低,因此最佳经济进货批量为 18 吨。

(四) 再订货点和保险储备

▶ **1. 再订货点**

由于存货采购到入库一般需要一定的运输时间,企业很难做到当存货储备量下降到零时能再马上补足存货。为了保证生产活动的正常运行,企业必须在上一次采购的存货耗用到一定量时提前订货。因此,再订货点指的是发出订货指令时企业存货还剩余的数量。这一数量取决于存货每天耗用量和订货提前期的长短。而订货提前期指的是企业发出订单到货物验收入库所需要的时间。用公式表示为

$$再订货点 = 存货每天正常耗用量 \times 订货提前期$$

【例 6-8】甲企业 A 材料每天正常耗用量为 50 千克,订货提前期为 10 天,要求计算 A 材料的再订货点是多少?

解:A 材料的再订货点 $= 50 \times 10 = 500$(千克)

当 A 材料耗用到剩余 500 千克时,企业就应开始订货,待到新的 A 材料入库时,原有的 A 材料正好用完。

▶ **2. 保险储备**

企业在生产经营时,很难每次都能准确地预测存货每天耗用量或订货提前期,因为生产经营过程中可能会出现加大产量增加材料耗用或者延迟交货的情况。此时企业就要多储

备一些存货来避免意外事件的发生。保险储备指的是企业为了防止存货耗用增加或延期交货等而进行的储备。用公式表示为

    保险储备量＝(预计每天最大耗用量－每天正常耗用量)×订货提前期

当考虑保险储备时，再订货点的计算公式为

    再订货点＝存货每天正常耗用量×订货提前期＋保险储备量

【例 6-9】 甲企业 A 材料每天正常耗用量为 50 千克，预计每天最大耗用量为 60 千克，订货提前期为 10 天，要求计算 A 材料的再订货点是多少？

解：

保险储备量＝(60－50)×10＝100(千克)

再订货点＝50×10＋100＝600(千克)

甲企业当 A 材料存货下降到 600 千克时应发出订货指令。

三、存货管理方法

企业的存货品种类型繁多，其价值也不尽相同，有高有低。有些存货虽然品种数量很少，但是价值高，如果管理不善会给企业带来巨大的损失；有些存货虽然品种数量很繁杂，但是价值低，即使在管理的过程出现一些小问题也不会给企业带来较大的损失。由于企业的人力和财力有限，企业不可能对每一件存货的管理都是事无巨细，这样会大大提高管理成本。因此企业要对不同的存货区别对待，权衡存货损失和管理成本之间的关系，降低存货管理成本。

ABC 分类法指的是企业按照一定的标准，将企业的存货划分为 A、B、C 三类进行分品种重点管理、分类别一般控制和按总额灵活掌握的存货管理方法。该方法的分类标准包括金额标准和品种数量标准。金额标准是最基本，品种数量标准仅作为参考。ABC 分类法的分类标准、特征、管理方法如表 6-7 所示。

表 6-7 存货 ABC 分类管理表

类 别	特 征	分 类 标 准		管 理 方 法
		金额比重/%	品种数量比重/%	
A 类	金额巨大，品种数量较少	70	10	分品种重点管理
B 类	金额一般，品种数量相对较多	20	20	分类别一般控制
C 类	金额很小，品种数量繁多	10	70	按总额灵活掌握

通过存货 ABC 分类法将甲企业的存货进行分类后，管理者可以分清主次，并采取相应的管理措施对待不同类型的存货，对存货形成有效的管理和控制。

任务小结

存货指的是企业在生产经营过程中为销售或者耗用而储备的物资，主要包括原材料、燃料、低值易耗品、在产品、半成品、产成品等。

存货的作用主要包括：①保证生产活动正常进行；②增强产销的灵活性和机动性；③有效控制存货采购成本。

存货的成本主要包括：①存货的取得成本；②存货的储存成本；③存货的缺货成本。

在没有考虑数量折扣的情况下，经济进货批量基础模型可以用来确定最佳进货批量。如果考虑数量折扣的情况下，在确定经济订货批量时，除了要考虑进货费用和储存成本外，还要考虑存货的进价成本。

拓展阅读：
美特斯邦威的库存危机

再订货点指的是发出订货指令时企业存货还剩余的数量。在不考虑保险储备的情况下，计算公式为

再订货点＝存货每天正常耗用量×订货提前期

保险储备指的是企业为了防止存货耗用增加或延期交货等而进行的储备。保险储备的计算公式为

保险储备量＝（预计每天最大耗用量－每天正常耗用量）×订货提前期

在考虑保险储备情况下，再订货点的计算公式为

再订货点＝存货每天正常耗用量×订货提前期＋保险储备量

课后习题

一、单项选择题

1. 营运资金的计算方法是（　　）。
   A. 流动资产减去流动负债后的余额
   B. 增加的流动资产减去增加的流动负债后的余额
   C. 减少的流动资产减去减少的流动负债后的余额
   D. 增加的流动负债减去增加的流动资产后的余额
2. 下列各项成本中与现金的持有量成正比例关系的是（　　）。
   A. 管理成本   B. 机会成本
   C. 固定性转换成本   D. 短缺成本
3. 现金的转换成本与现金持有量的关系是（　　）。
   A. 两者成正比关系   B. 两者成反比关系
   C. 两者无明显的比例关系   D. 两者无任何关系
4. 现金作为一种流动资产，它的特点是（　　）。
   A. 流动性强，盈利性强   B. 流动性弱，盈利性弱
   C. 流动性强，盈利性弱   D. 流动性弱，盈利性强
5. 经济订货量是指（　　）。
   A. 订货成本最低的采购批量   B. 储存成本最低的采购批量
   C. 缺货成本最低的采购批量   D. 存货总成本最低的采购批量
6. 甲公司的信用条件是"3/10，2/20，n/30"，A客户从该公司购入原件为100万元的原材料，并于第19天付款，该客户实际应支付的货款为（　　）万元。
   A. 97   B. 98   C. 99   D. 100
7. 在对存货采用 ABC 分类管理时，ABC 三类存货的金额比重约为（　　）。
   A. 0.7∶0.27∶0.1   B. 0.1∶0.2∶0.7

C. 0.5：0.3：0.2　　　　　　　　　　D. 0.2：0.3：0.5

8. 甲企业全年耗用 A 材料 4 800 吨，每次的订货成本为 3 200 元，每吨材料年储备成本 12 元，则每年最佳订货次数为（　　）次。

A. 12　　　　　B. 6　　　　　C. 3　　　　　D. 4

二、多项选择题

1. 一般来说，信用期限延长会引起（　　）。
   A. 增加坏账　　　　　　　　　　B. 减少坏账
   C. 收账费用增加　　　　　　　　D. 收账费用减少

2. 以下有关企业信用政策的表述中，正确的有（　　）。
   A. 信用标准太严可能会导致销售额下降　　B. 信用标准太松会导致扩大坏账损失
   C. 信用标准越严，发生坏账的可能性越小　　D. 信用标准越松，企业利润越高

3. 存货的短缺成本包括（　　）。
   A. 替代材料紧急采购的额外开支　　B. 材料供应中断造成的停工损失
   C. 延误发货造成的信用损失　　　　D. 丧失销售机会的损失

4. 企业持有现金的动机在于（　　）。
   A. 交易性需要　　B. 预防性需要　　C. 管理性需要　　D. 投机性需要

5. 应收账款的作用包括（　　）。
   A. 促进销售　　B. 减少存货　　C. 增加现金　　D. 减少借款

三、判断题

1. 由于赊销有利于刺激销售，企业应尽可能地放宽信用条件来增加赊销带动销售。（　　）

2. 营运资金的管理是指流动资产的管理。（　　）

3. 存货的缺货成本不包括紧急采购时的紧急额外购入成本。（　　）

4. 若企业拥有充足的现金，则应享受现金折扣。（　　）

5. 由于现金的盈利性较差，企业应将闲置的现金进行投资，无需考虑风险因素。（　　）

6. 因为现金的管理成本是相对固定的，所以在确定现金最佳持有量时，可以不考虑它的影响。（　　）

7. 现金折扣是企业为了鼓励购买者多买而在价格上给予购买者的折扣优惠。（　　）

8. 企业现金持有量过多会降低企业的收益水平。（　　）

四、计算分析题

1. 甲公司预计下一年度全年现金需要量为 1 600 000 元，现金与有价证券的转换成本为每次 1 000 元，有价证券年利率为 8%。

要求：
（1）计算最佳现金持有量。
（2）计算最佳现金持有量下的全部现金管理总成本。
（3）计算最佳现金持有量下的转换次数。

2. 某企业每年需耗用 A 材料 60 000 件，单位材料年存储成本 30 元，平均每次进货费用为 90 元。假定不存在数量折扣，不会出现陆续到货和缺货的现象。

要求：
(1) 计算 A 材料的经济订货批量；
(2) 计算 A 材料年度最佳订货批数；
(3) 计算 A 材料的相关订货成本；
(4) 计算 A 材料的相关存储成本。

实践操作

项目七 利润分配管理

思维导图

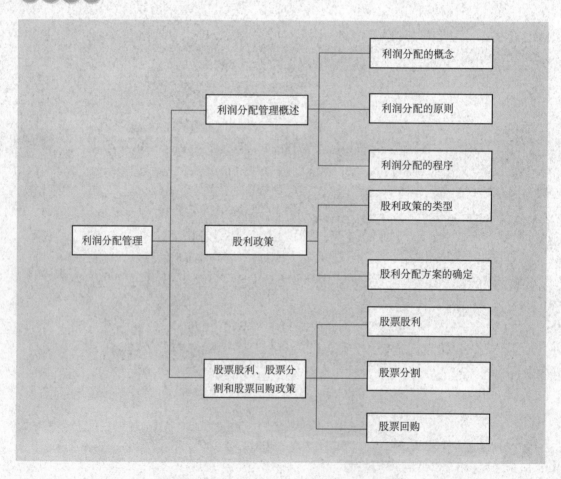

项目七 利润分配管理

学习目标

知识目标：
1. 了解利润分配及其意义；
2. 掌握利润分配的原则及影响因素；
3. 掌握利润分配的程序；
4. 掌握各种股利分配政策及其优缺点；
5. 掌握股利支付的形式及程序；
6. 了解股票股利和股票分割的区别。

能力目标：
能够运用利润分配知识，结合公司情况选择股利分配政策，制订利润分配方案。

素质目标：
1. 树立依法合理分配收益意识；
2. 提高学生爱岗敬业、勇于创新、科学理财的职业精神。

任务一　利润分配管理概述

任务分析

作为一个企业，生存、发展和获利是永恒的主题，投资者之所以投资于某个企业，目的也都是获得利润。当企业获取利润后，面临的问题就是如何来进行分配。企业的财务关系从政府，投资者到企业内部员工，利益主体诸多，如何协调好各方的利益关系，不仅涉及企业目前的财务管理目标的实现，还涉及企业未来的发展。如何进行利润的分配，采用何种股利分配政策，确定留存和分红的比例，从而协调好企业利益主体之间的关系及近期与远期利益的关系，就是利润分配管理要解决的问题。

案例导入

新开普电子股份有限公司（以下简称"公司"）于2018年3月15日召开第四届董事会第十次会议，会议审议通过了《关于审议新开普电子股份有限公司2017年度利润分配预案的议案》，尚需提交2017年度股东大会审议。经立信会计师事务所（特殊普通合伙）审计：公司2017年度实现归属于上市公司股东的净利润为119 671 217.16元，母公司实现的净利润为95 093 703.83元。根据《公司章程》的有关规定，母公司应当提取利润的10%，即9 509 370.38元作为法定公积金。截至2017年12月31日，母公司可供分配的利润为281 757 022.93元，资本公积余额为702 083 069.98元。考虑公司业务持续发展，且经营现金流同步增长，在符合利润分配原则、保证公司正常经营和长远发展的前提下，为了更好地兼顾股东的即期利益和长远利益，使公司的价值能够更加公允、客观地体现，从长远角度回报投资者，使全体股东分享公司成长的经营成果，2017年度公司利润分配预案如下：以截至2017年12月31日公司总股本324 475 501股为基数，向全体股东每10股派发现金0.6元人民币（含税），合计派发现金股利为人民币19 468 530.06元（含税）。同时，以资本公积金向全体股东每10股转增5股，共计转增162 237 751股，转增后公司总股本增加至486 713 252股。

一、利润分配的概念

（一）利润的概念

会计中的利润是指企业在一定会计期间的经营成果。利润包括收入减去费用后的净额、直接计入当期利润的利得和损失等。利润按其构成的不同层次可划分为营业利润、利润总额和净利润。利润是衡量企业优劣的一种重要标志，往往是评价企业管理层业绩的一项重要指标，也是投资者等财务报告使用者进行决策时的重要参考指标。利润计算公式为

营业利润＝收入减去费用的净额＋直接计入当期利润的利得和损失

＝营业收入－营业成本－税金及附加－销售费用－管理费用－财务费用

－资产减值损失＋公允价值变动收益（－公允价值变动损失）＋投资收益

（－投资损失）

利润总额＝营业利润＋营业外收入－营业外支出

净利润＝利润总额－所得税费用

（二）利润分配管理的概念

利润是企业生存发展的核心指标，不论是投资人、债权人还是企业经营者都非常关心企业的盈利能力，而利润管理是企业目标管理的重要组成部分，其行为结果会直接或间接地影响各方经济主体的利益。利润管理是在法律允许的范围内进行的，体现了法律制度对企业相关利益主体不同利益的认可和尊重。适度的利润管理对企业的不断发展起着举足轻重的作用，但过度的利润管理就会给企业带来一些不利的影响，不利于企业的经营决策。

利润分配管理是对企业将一定时期内所创造的经营成果在企业内外部各利益主体之间进行有效分配的过程。企业的利润分配有广义和狭义两种。广义的利润分配是指对企业的收入和净利润进行分配的过程；狭义的利润分配则是指对企业净利润的分配。

二、利润分配的原则

利润分配作为一项重要的财务活动，必须遵循一定的原则。

（一）依法分配原则

企业进行利润分配必须遵循国家的财经法律法规，依法按程序、按比例进行利润分配。为了规范企业的收益分配行为，维护各利益相关者的合法权益，国家颁布了相关法规。这些法规规定了企业收益分配的基本要求、一般程序和重要比例，企业应当认真执行，不得违反。

（二）积累与分配并重原则

企业在进行利润分配时应正确处理积累与分配关系，优先考虑累积，进而增强企业未来发展的能力。企业通过经营活动赚利润，既要保证企业简单再生产的持续进行，又要不

断积累企业扩大再生产的财力。恰当处理分配与积累之间的关系,留存一部分净利润以供未来分配之需,能够增强企业抵抗风险的能力,同时,也可以提高企业经营的稳定性与安全性。

(三) 利益兼顾、合理分配原则

企业进行利润分配应兼顾投资者、经营者、生产者(职工)利益,保全投资者资本,保证经营者积极性,保障劳动者权益。投资者作为企业资本的所有者,依法享有利润的分配权,经营者和职工作为企业利润的创造者,除获得工资及奖金等劳动报酬外,还要以适当的方式参与利润的分配,可以在净利润中提取公益金,用于全体职工福利设施支出,在一定程度上有助于提高经营者管理企业的能力和员工的工作积极性,也就是涉及有效的激励机制。

(四) 投资与收益对等原则

企业应根据投资主体的投资份额进行利润的分配,即体现"谁投资谁受益"、收益大小与投资比例相对等的原则,这是正确处理投资者利益关系的关键。企业在向投资者分配利润时,应本着平等一致的原则,按照投资者投资额的比例进行分配,不允许任何一方随意多分多占,以从根本上实现收益分配中的公开、公平和公正,保护投资者的利益。

(五) 无利不分原则

原则上认为,只有当企业有税后盈余时,方可分配利润。因此,当企业亏损时,企业不得分配股利或进行投资分红。

三、利润分配的程序

根据我国《公司法》的规定,公司进行利润分配涉及的项目包括盈余公积金和股利两部分,税后净利润分配的顺序如下。

(一) 弥补企业以前年度亏损

公司的法定盈余公积金不足以弥补以前年度亏损的,在提取公积金之前,应当先用当年的利润弥补亏损。企业发生年度亏损的,用下一年度的税前利润弥补;可以连续5年用税前利润弥补,连续5年不足弥补的,用税后利润弥补。

(二) 提取法定盈余公积金

本年存在盈利,法定盈余公积金按抵减年初累计亏损后的本年净利润提取。提取盈余公积的基础,不是累计盈利,也不一定是本年的税后利润,只有在没有年初累计亏损的情况下,才能按照本年税后利润计算应提取数。以上规定的目的是防止公司用资本发放股利和提取盈余公积金。法定盈余公积金一般按照税后净利润的10%提取,累计提取的公积金总额已达注册资本的50%时,可以不再提取。

(三) 提取任意公积金

企业提取法定盈余公积金后,企业章程对提取任意公积金有规定的,按规定提取任意公积金;企业章程没有规定的,可以根据股东会决议的比例提取任意公积金。企业可以用法定盈余公积金和任意盈余公积金用于弥补亏损、扩大公司生产经营或者转增资本。若是用于转增资本,企业转增资本后的法定盈余公积金的余额不得低于公司注册资本的25%。

(四) 向投资者分配利润或者股利

企业税后利润弥补亏损、提取盈余公积金的余额,再加上期初未分配利润,就是可供投资者分配的利润。企业按照所有者的出资比例或按股东的持股比例分配。企业向投资者分配多少利润，取决于企业的利润分配政策。注意，企业应按照同股同权、同股同利的原则，向普通股股东支付股利。根据我国《公司法》规定，股东会或者董事会违反相关规定，在公司弥补亏损和提取法定盈余公积金之前向股东分配利润的，股东必须将违反规定分配的利润退还给公司。

任务小结

利润分配管理是对企业将一定时期内所创造的经营成果在企业内外部各利益主体之间进行有效分配的过程。企业的利润分配有广义的利润分配和狭义的利润分配两种。广义的利润分配是指对企业的收入和净利润进行分配的过程；狭义的利润分配则是指对企业净利润的分配。

利润分配的原则包括：①依法分配原则；②积累与分配并重原则；③利益兼顾、合理分配原则；④投资与收益对等原则；⑤无利不分原则。

利润分配的顺序为：①弥补企业以前年度亏损；②提取法定盈余公积金；③提取任意公积金；④向投资者分配利润或者股利。

任务二　股利政策

任务分析

股利政策是现代公司理财活动的核心内容之一。一方面，它是公司筹资、投资活动的逻辑延续，是其理财行为的必然结果；另一方面，恰当的股利分配政策，不仅可以树立起良好的公司形象，而且能激发广大投资者对公司持续投资的热情，从而使公司获得长期、稳定的发展条件和机会。因此，公司采用何种股利政策，及选择何种股利支付方式至关重要。

案例导入

高分红股票应成香饽饽

证监会持续对上市公司高送转行为保持高压监管态势，尤其对其中长期没有现金分红的"铁公鸡"严格监管。受此影响，有的公司紧急调整高送转预案，不少投资者把目光投向高分红的股票。

率先发布2017年度高送转预案且出现涨停炒作的凯普生物与梅泰诺，本周一均跌停。华立股份和荣晟环保则迅速变更高送转预案，分别由每10股转增10股、每10股送7股转增14股派现3元，调整为每10股转增4股、每10股送4股派现6元。另外，浪莎股份借壳上市11年未分红一次，被媒体指为"铁公鸡"，12月4—7日连续下跌，其中，有3个交易日跌停。

高送转及"铁公鸡"被从严监管,市场生态环境不断净化,高分红股票受到更多关注。近年来,监管层从保护投资者合法权益、培育市场长期投资理念出发,多措并举引导上市公司完善现金分红机制,强化回报意识。证监会主席刘士余明确指出,从国际经验看,连续稳定的现金分红往往是上市公司财务和经营状况稳定的信号;反过来讲,公司长期无正当理由不分红,也可能是财务数据造假、内部人控制的信号。随着长期资金在A股市场上"唱主角"的特征日趋突出,高分红股票若能够业绩持续增长,中长期投资的前景较为乐观。

资料来源:http://stock.hexun.com/2017-12-07/191908585.html。

一、股利政策的类型

股利政策是指在法律允许的范围内,公司关于是否发放股利、发放多少、何时发放、以何种形式发放股利的方针和策略。企业的净利润可以支付给股东,也可以留存在企业内部,因此股利政策的关键问题是确定分红和留存的比例。通常可供选择的股利政策包括剩余股利政策、固定股利或稳定增长股利政策、固定股利支付率政策及低正常股利加额外股利政策。这四种股利政策并没有哪个是最优的,对于企业来说只有最适合。

(一)剩余股利政策

剩余股利政策是指公司在有良好的投资机会时,应根据目标资本结构(即最优资本结构),测算出企业未来投资所需的权益资本额,先从盈余中得到满足,然后将剩余的盈余作为股利来分配,即净利润首先满足公司的权益资金需求,如果还有剩余,就派发股利;如果没有,则不派发股利。

采用剩余股利政策时,公司要遵循如下四个步骤:

(1)设定目标资本结构,在此资本结构下,公司的加权平均资本将达到最低水平。

(2)确定公司的最佳资本预算,并根据公司的目标资本结构预计资金需求中所需增加的权益资本数额。

(3)最大限度地使用留存收益来满足资金需求中所需增加的权益资本数额。

(4)留存收益在满足公司权益资本增加需求后,若还有剩余再用来发放股利。

剩余股利政策的优点就是充分利用留存利润筹资成本最低的资本来源,保持理想的资本结构,使综合资本成本最低,实现企业价值的长期最大化。

剩余股利政策的缺点表现在:完全遵照执行剩余股利政策,将使股利发放额每年随投资机会和盈利水平的波动而波动。即使在盈利水平不变的情况下,股利将与投资机会的多寡呈反方向变动;投资机会越多,股利越小;反之,投资机会越少,股利发放越多。而在投资机会维持不变的情况下,则股利发放额将因公司每年盈利的波动而同方向波动。

剩余股利政策一般适用于公司初创阶段。

【例 7-1】天宇股份公司 2016 年的税后净利润为 8 000 万元,由于公司尚处于初创期,产品市场前景看好,产业优势明显。确定的目标资本结构为:负债资本为 70%,股东权益资本为 30%。如果 2017 年该公司有较好的投资项目,需要投资 6 000 万元,该公司采用剩余股利政策,则该公司应当如何融资和分配股利?

解:首先,确定按目标资本结构需要筹集的股东权益资本为

6 000×30%=1 800(万元)

其次,确定应分配的股利总额为

8 000－1 800＝6 200(万元)

因此,天宇股份公司还应当筹集负债资金:

6 000－1 800＝4 200(万元)

(二) 固定或稳定增长的股利政策

固定或稳定增长的股利政策是指公司将每年派发的股利额固定在某一特定水平,或是在此基础上维持某一固定比率逐年稳定增长。公司只有在确信未来利润不会发生逆转时,才增加每股股利额的股利政策。以确定的现金股利分配额作为利润分配的首要目标优先予以考虑,一般不随资金需求的波动而波动。

这一股利政策有以下两点好处:

(1) 稳定的股利额给资本市场和公司股东一个稳定的信息。

(2) 许多作为长期投资者的股东(包括个人投资者和机构投资者)希望公司股利能够成为其稳定的收入来源,以便安排他们自己的消费和其他各项支出,稳定股利额政策有利于公司吸引和稳定这部分投资者的投资。

(3) 有利于稳定公司股票价格和维持公司在投资者心中的形象。

该股利政策的缺点,在于股利的支付与盈余相脱节,当盈余较低时仍要支付固定的股利,这可能导致资金短缺,财务状况恶化;同时,不能像剩余股利政策那样保持较低的资金成本。它可能会给公司造成较大的财务压力,甚至侵蚀公司留存利润和公司资本。公司很难长期采用该政策。

固定股利或稳定增长股利政策一般适用于经营比较稳定的企业。

【例 7-2】某公司执行固定或稳定增长的股利政策,2016 年该公司税后净利 3 000 万元,现金股利分配额为 600 万元,固定股利增长率为 5%,则 2017 年该公司分配股利额为多少?

解:2017 年该公司分配现金股利额为

2017 年现金股利额＝600×(1＋5%)＝630(万元)

(三) 固定股利支付率政策

固定股利支付率政策是指公司将每年净利润的某一固定百分比作为股利分派给股东。这一百分比通常称为股利支付率,股利支付率一经确定,一般不得随意变更。在这一股利政策下,只要公司的税后利润一经计算确定,所派发的股利也就相应确定了。

固定股利支付率越高,公司留存的净利润越少。这一政策要求公司每年按固定的比例从税后利润中支付现金股利。从公司支付能力看,这应该属于一种真正稳定的股利政策。该政策的优点包括:

(1) 股利与企业盈余紧密结合,以体现多盈多分、少盈少分、不盈不分的原则。

(2) 保持股利与利润间的一定比例关系,体现了风险投资与风险收益的对称。

在实际工作中,固定股利支付率政策的不足表现在以下几方面。

(1) 公司财务压力较大。公司实现利润越多,派发股利也就应当越多。而公司实现利润多只能说明公司盈利状况好,并不能表明公司的财务状况就一定好。在此政策下,用现金分派股利是刚性的,这必然给公司带来相当的财务压力。

(2) 缺乏财务弹性。股利支付率是公司股利政策的主要内容,股利分配模式的选择、股利政策的制定是公司的财务手段和方法。在公司发展的不同阶段,公司应当根据自身的财务状况制定不同的股利政策,这样更有利于实现公司的财务目标。但在固定股利支付率政策下,公司丧失了利用股利政策的财务方法,缺乏财务弹性。

(3) 确定合理的固定股利支付率难度很大。一个公司如果股利支付率确定低了,则不能满足投资者对现实股利的要求;反之,公司股利支付率确定高了,就会使大量资金因支付股利而流出,公司又会因资金缺乏而制约其发展。可见,确定公司较优的股利支付率是具有相当难度的工作。

固定股利支付率政策只适用于稳定发展的公司和公司财务状况较稳定的阶段。

【例 7-3】 某公司长期以来用固定股利支付率政策进行股利分配,确定的股利支付率为 20%。2017 年税后净利润为 1 000 万元,如果仍然继续执行固定股利支付率政策,试计算公司本年度将要支付的股利。

解:该公司 2017 年支付股利额为

2017 年支付股利额 = 1 000 × 20% = 200(万元)

(四) 低正常股利加额外股利政策

低正常股利加额外股利政策是公司事先设定一个较低的经常性股利额,一般情况下,公司每期都按此金额支付正常股利,只有企业盈利较多时,再根据实际情况发放额外股利。但是这部分额外的股利并不固定,尤其不意味着公司永久提高股利率。这一政策使公司在财务管理上具有较大灵活性,既保证股利分配的相对稳定,又实现股利与盈余之间的较好配合。应该是为利润水平波动较大的公司,提供了较为理想的股利分配政策。

低正常股利加额外股利政策的优点是股利政策具有较大的灵活性。低正常股利加额外股利政策,即可以维持股利的一定稳定性,又有利于企业的资本结构达到目标资本结构,使灵活性与稳定性较好地结合,因而为许多企业所采用。

低正常股利加额外股利政策的缺点如下:

(1) 股利派发缺乏稳定性,额外股利随盈利的变化,时有时无,给人漂浮不定的印象。

(2) 如果公司较长时期一直发放额外股利,股东就会误认为这是"正常股利",一旦取消,极易造成公司"财务状况"逆转的负面影响,股价下跌在所难免。

低正常股利加额外股利政策主要适用于经营状况和利润不稳定的企业和盈利水平随着经济周期而波动较大的公司或行业。

二、股利分配方案的确定

股利分配方案的确定,主要考虑以下四方面内容:①选择股利政策类型,确定是否发放股利;②确定股利支付率的高低;③确定股利支付形式,即确定合适的股利分配形式;④确定股利发放的日期。

(一) 选择股利政策类型,确定是否发放股利

公司首先要选择股利政策的类型,要考虑公司发展的不同阶段以及不同的影响因素,如何进行选择如表 7-1 所示。

表 7-1 公司股利分配政策的选择

公司发展阶段	特　点	适应的股利政策
初创阶段	公司经营风险高，融资能力差	剩余股利政策
高速发展阶段	产品销量急剧上升，需要进行大规模的投资	低正常股利加额外股利政策
稳定增长阶段	销售收入稳定增长，公司的市场竞争力增强，行业地位已经巩固，公司扩张的投资需求减少，广告开支比例下降，净现金流入量稳步增长，每股净利呈上升态势	稳定增长型股利政策
成熟阶段	产品市场趋于饱和，销售收入难以增长，但盈利水平稳定，公司通常已积累了相当的盈余和资金	固定股利政策
衰退阶段	产品销售收入锐减，利润严重下降，股利支付能力日趋衰退	剩余股利政策

（二）确定股利支付率

股利支付率是当年发放股利与当年利润之比，或每股股利除以每股收益。一般来说，公司发放股利越多，股利的支付率越高，因而对股东和潜在的投资者的吸引力越大，也就越有利于建立良好的公司信誉。一方面，由于投资者对公司的信任，会使公司股票供不应求，从而使公司股票市价上升。公司股票的市价越高，对公司吸引投资、再融资越有利。另一方面，过高的股利支付率政策，不仅会使公司的留存收益减少，而且如果公司要维持高股利分配政策而对外大量举债，会增加资金成本，最终必定会影响公司的未来收益和股东权益。

股利支付率是股利政策的核心。确定股利支付率，首先要弄清公司为满足未来发展所需的资本支出需求和营运资本需求，确认有多少现金可用于发放股利，然后考察公司所能获得的投资项目的效益如何。如果现金充裕，投资项目的效益又很好，则应少发或不发股利；如果现金充裕但投资项目效益较差，则应多发股利。

（三）股利支付的方式

股利支付形式可以分为不同的种类，主要有以下四种。

▶ 1. 现金股利

现金股利也称派现，是以现金支付的股利，它是股利支付的最常见的方式。公司选择发放现金股利，除了要有足够的留存收益外，还要有足够的现金，而现金充足与否往往会成为公司发放现金股利的主要制约因素。大多数投资者认为，现金股利是"实实在在"的东西，是在公司持续经营的基础上于本期收到的，因此许多公司经理便投其所好，分配现金股利。公司支付现金股利会导致公司未分配利润减少，股东权益相应减少，在股本不变的前提下，会直接降低每股净资产，提高净资产收益率。

▶ 2. 财产股利

财产股利是以现金以外的其他资产支付的股利，主要是以公司所拥有的其他公司的有价证券，如债券、股票等，作为股利支付给股东。

▶ 3. 负债股利

负债股利是以负债方式支付的股利，通常以公司的应付票据支付给股东，有时也以发放公司债券的方式支付股利。财产股利和负债股利实际上是现金股利的替代，但这两种股利支付形式在我国公司实务中很少使用。

▶ 4. 股票股利

股票股利是公司以增发股票的方式所支付的股利，我国实务中通常也称其为"红股"。股票股利对公司来说，并没有现金流出企业，也不会导致公司的财产减少，而只是将公司的留存收益转化为股本和资本公积。但股票权利会增加流通在外的股票数量，同时降低股票的每股价值。它不改变公司股东权益总额，但会改变股东权益的构成。发放股票股利，不会对公司股东权益总额产生影响，但会引起资金在各股东权益项目间的再分配。而股票股利派发前后，每一位股东的持股比例也不会发生变化。发放股票股利虽不直接增加股东的财富，也不增加公司的价值，但对股东和公司都有特殊意义。

实务知识

含权股、含息股、填权和贴权

上市公司在董事会、股东大会决定分红、配股后，尚未正式进行分红、配股工作，股票未完成除权、除息前称为含权股、含息股。股票在除权后交易，交易市价高于除权价，取得送红或配股者得到市场差价而获利，为填权。交易市价低于除权价，取得送红配股者没有得到市场差价，造成浮亏，则为贴权。

（四）确定何时发放股利

公司股利的发放必须遵守相关的要求，按照日程安排来进行。一般情况下，先由董事会提出分配预案，然后提交股东大会决议通过才能进行分配。股东大会决议通过分配预案后，要向股东宣布发放股利的方案，并确定股权登记日、除息日和股利发放日。

（1）股利宣告日，即股东大会决议通过并由董事会将股利支付情况予以公告的日期。公告中将宣布每股应支付的股利、股权登记日、除息日以及股利支付日。

（2）股权登记日，即有权领取本期股利的股东资格登记截止日期。凡是在此指定日期收盘之前取得公司股票，成为公司在册股东的投资者都可以作为股东享受公司分派的股利。在这一天之后取得股票的股东则无权领取本次分派的股利。

（3）除息日，即领取股利的权利与股票分离的日期。在除息日之前购买的股票才能领取本次股利，而在除息日当天或是以后购买的股票，则不能领取本次股利。由于失去了"付息"的权利，除息日的股票价格会下跌。股权登记日的下一个交易日即可确定为除息日。

（4）股利发放日，即公司按照公布的分红方案向股权登记日在册的股东实际支付股利的日期。计算机交易系统可以通过中央结算登记系统将股利直接打入股东资金账户。

【例7-4】某上市公司于2017年3月2号召开董事会，提出2016年股利分配预案，2017年3月10日公布2016年度的最后分红方案，其公告如下："2017年3月9日在北京召开的股东大会，通过了董事会关于每股分派0.15元的2016年股利分配方案。股权登记日为3月25日,除息日为3月26日,股东可在4月10—26日通过深圳交易所按交易方式领取股息。特此公告。"试将股利支付程序用时间轴标出。

解:该公司的股利支付程序如图7-1所示。

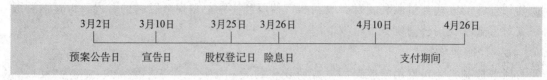

图7-1 股利分配的四个时间

任务小结

股利政策是指在法律允许的范围内,公司关于是否发放股利、发放多少、何时发放、以什么样的形式发放股利的方针和策略。通常可供选择的股利政策包括剩余股利政策、固定股利或稳定增长股利政策、固定股利支付率政策及低正常股利加额外股利政策。

股利分配方案的确定,主要考虑以下四方面内容:①选择股利政策类型,确定是否发放股利;②确定股利支付率的高低;③确定股利支付形式,即确定合适的股利分配形式;④确定股利发放的日期等。

任务三 股票股利、股票分割及股票回购政策

任务分析

公司在进行利润分配时,可能还存在着股票股利、股票分割和股票回购等政策,弄清股票股利与股票分割的区别,以及现金股利替代的一种方式即股票回购是十分重要的。

一、股票股利

(一)股票股利的含义及特点

股票股利指的是公司以股票的形式向投资者发放股利。当年可供分配的利润、提存的盈余公积金,以及转作资本的资本公积可以用于发放股票股利。

股票股利不会增加企业的现金流出量,而且股票股利可以节约公司现金;降低每股市价,从而促进股票的交易和流通;并且往后公司要发行新股票时,则可以降低发行价格,从而有利于吸引投资者;同时股票股利传递公司未来发展前景的良好信息,可以增强投资者的信心;股票股利在降低每股市价的时候会吸引更多的投资者成为公司的股东,从而使公司股权更为分散,这样就能防止其他公司恶意控制。

(二)股票股利的意义

▶ 1. 股票股利对股东的意义

(1)股票股利的发放会导致每股市价降低,但是事实上,公司有时发放股票股利后其

股价的下降并不成比例。一般在发放少量的股票股利后,股价大体不会立即发生变化,这往往使得股东得到的股票价值相对上升的好处。

(2) 成长中的公司往往偏好采用股票股利的方式,因此,投资者往往认为发放股票股利预示着公司将有较好的发展,利润也将得到大幅度增长,从而忽略或抵消增发股票带来的消极影响。这样的投资心理会稳定住股价甚至反而会导致股价略微上涨。

(3) 股票股利虽然发放的是股票,但是在股东需要现金时,还可以将分得的股票股利进行出售,有些国家的相关税法规定,出售股票所需缴纳的资本利得税率比收到现金股利所需缴纳的所得税税率低,这使得股东可以获得纳税方面的好处。

▶ 2. 股票股利对公司的意义

(1) 发放股票股利可使股东继续分享公司的利润而无须分配公司的现金,使得公司可以留存大量现金,在进行再投资时具有资金优势,从而有利于公司长期发展。

(2) 在盈余和现金股利不变的情况下,发放股票股利可以降低每股价格,为公司吸引更多的投资者,从而增加和提升公司的资本实力。

(3) 发放股票股利往往会向社会传递公司将会继续发展的信息,从而提高投资者对公司的信心,在一定程度上稳定股票价格。但在某些情况下,股票股利毕竟发放的不是现金,因此发放股票股利也会被投资者认为是公司资金周转不灵,从而降低投资者对公司的信心,加速股价的下跌。

(4) 发放股票股利的费用比发放现金股利的费用大,会增加公司的负担。

【例 7-5】某上市公司在 2017 年发放股票股利前,其资产负债表上的股东权益账户情况如表 7-2 所示。

表 7-2 股东权益情况表　　　　　　　　　　　单位:万元

项　　目	资　　产
普通股(面值 1 元,流通在外 2 000 万股)	2 000
资本公积	3 000
盈余公积	2 000
未分配利润	3 000
股东权益合计	10 000

假设该公司宣布发放 10% 的股票股利,现有股东每持有 10 股,即可获赠 1 股普通股。分析计算股票股利对公司股东权益的影响。假设该股票当时市价为 5 元。

解:首先,若该股票当时市价为 5 元,那么随着股票股利的发放,需从"未分配利润"项目划转出的资金为

2 000×10%×5=1 000(万元)

其次,由于股票面值(1 元)不变,发放 200 万股,"普通股"项目只应增加 200 万元,其余的 800 万元(1 000-200)应作为股票溢价转至"资本公积"项目,而公司的股东权益总额并未发生改变,仍是 10 000 万元,股票股利发放后资产负债表上的股东权益部分如表 7-3 所示。

表 7-3　股东权益情况表　　　　　　　　　　　　单位：万元

项　目	资　产
普通股（面值1元，流通在外2 200万股）	2 200
资本公积	3 800
盈余公积	2 000
未分配利润	2 000
股东权益合计	10 000

假设一位股东派发股票股利之前持有公司的普通股10万股，那么，他所拥有的股权比例为

$10 \div 2\,000 \times 100\% = 0.5\%$

派发股利之后，他所拥有的股票数量和股份比例为：

$10 \times (1 + 10\%) = 11$（万股）

$11 \div 2\,200 \times 100\% = 0.5\%$

二、股票分割

（一）股票分割的含义及特点

股票分割又称拆股，是公司管理当局将某一特定数额的新股按一定比例交换一定数量的流通在外普通股的行为。例如，四股换一股的股票分割是指四股新股换取一股旧股。发放25%以上的股票股利即属于股票分割。

股票分割对公司的资本结构和股东权益并不会产生任何影响，而且资本结构和股东权益保持不变，一般只会使发行在外的股票总数增加，同时每股面值降低，并由此引起每股市价下跌，而资产负债表中股东权益各账户的余额和股东权益的总额都会保持不变。

（二）股票分割的作用

(1) 采用股票分割可使公司股票每股市价降低，从而促进公司股票流通和交易。

(2) 股票的分割有助于公司并购政策的实施，增加对被并购方的吸引力。例如，假设有甲、乙两个公司，甲公司股票每市价为60元，乙公司股票每市价为6元，甲公司准备通过股票交换的方式对乙公司实施并购，如果以甲公司1股股票换取乙公司10股股票，可能会使乙公司的股东在心理上难以承受。相反，如果甲公司先进行股票分割，将原来1股分拆为5股，然后再以1∶2的比例换取乙公司股票，则乙公司的股东在心理上可能会容易接受些。通过股票分割的办法改变被并购公司股东的心理差异，更有利于公司并购方案的实施。

(3) 股票分割也可能会增加股东的现金股利，从而得到股东的好感。

(4) 股票分割可向股票市场和广大投资者传递公司经营业绩好、获得利润能力高、未来增长潜力大的信息，从而能提高投资者对公司的信心。

【例7-6】天宇公司2017年年末资产负债表上的股东权益账户情况如表7-4所示。

表 7-4　股东权益情况表　　　　　　　　　　　单位：万元

项　目	资　产
普通股(面值 10 元,流通在外 1 000 万股)	10 000
资本公积	10 000
盈余公积	5 000
未分配利润	8 000
股东权益合计	33 000

要求：

(1) 假设股票市价为 20 元,该公司宣布发放 10%的股票股利,即现有股东每持有 10 股即可获赠 1 股普通股。发放股票股利后,股东权益有何变化？每股净资产是多少？

(2) 假设该公司按照 1：2 的比例进行股票分割。股票分割后,股东权益有何变化？每股净资产是多少？

解：(1) 发放股票股利后股东权益情况如表 7-5 所示。

表 7-5　股东权益情况表　　　　　　　　　　　单位：万元

项　目	资　产
普通股(面值 10 元,流通在外 1 100 万股)	11 000
资本公积	11 000
盈余公积	6 000
未分配利润	6 000
股东权益合计	33 000

每股净资产为

33 000÷(1 000+100)=30(元/股)

(2) 股票分割后股东权益情况如表 7-6 所示。

表 7-6　股东权益情况表　　　　　　　　　　　单位：万元

项　目	资　产
普通股(面值 5 元,流通在外 2 000 万股)	11 000
资本公积	11 000
盈余公积	6 000
未分配利润	6 000
股东权益合计	33 000

每股净资产为

33 000÷(1 000×2)=16.5(元/股)

（三）股票股利与股票分割的区别

从例 7-6 可以总结出股票股利和股票分割的相同点和不同点，见表 7-7。

表 7-7　股票股利与股票分割的异同

内　　容	股　票　股　利	股　票　分　割
不同点	(1)面值不变 (2)股东权益结构改变 (3)属于股利支付方式	(1)面值变小 (2)股东权益结构不变 (3)不属于股利支付方式
相同点	(1)普通股股数增加（股票分割增加更多） (2)每股收益和每股市价下降（股票分割下降更多） (3)股东持股比例不变 (4)资产总额、负债总额、股东权益总额不变	

三、股票回购

（一）股票回购的含义及特点

股票回购是指股份公司出资将其发行流通在外的股票以一定的价格购回并予以注销或作为库存股的一种资本运作方式。公司不得随意收购本公司的股份，只有满足相关法律规定的情形才允许股票回购。起初，股票回购产生于公司为规避政府对现金股利的管制，后来出于有效规避现金股利的税收的目的，股票回购的方式进一步受到公司的青睐。股票回购可减少流通在外的股票数量，相应提高每股收益，降低市盈率，从而推动股价上升或将股价维持在一个合理水平上。与现金股利相比，股票回购对投资者来说可以得到节税的好处，也可增加投资的灵活性。对需要现金的股东而言，可选择出卖股票，而对于不需要现金的股东来说，可继续持有股票。从公司管理层来说，派发现金股利会对公司产生未来的派现压力，而回购股票属于非常股利政策，不会对公司产生未来的派现压力。因此，股票回购不仅有利于实现其长期的股利政策目标，也可以防止派发剩余现金造成的短期效应。

股票回购的方式主要包括三种：①公开市场回购，指公司在公开交易市场上以当前市价回购股票；②要约回购，指公司在特定期间向股东发出的以高于当前市价回购股票；③协议回购，指公司以协议价格直接向一个或几个主要股东回购股票。

（二）股票回购的动机

在证券市场上，股票回购的动机有许多种，主要有以下几种。

▶ 1. 替代现金股利

现金股利政策会对公司产生未来的派现压力，而股票回购不会。当公司有富余资金时，通过回购股东所持股票将现金分配给股东，这样股东就可以根据自己的需要选择继续持有股票或出售获得现金。

▶ 2. 改变公司资本结构

无论是现金回购还是举债回购股份，都会提高公司的财务杠杆水平，改变公司的资本结构。公司认为权益资本在资本结构中所占比例较大时，为了调整资本结构而进行股票回购，可以在一定程度上降低整体资金成本。

▶ 3. 公司信息的传递

由于信息不对称和预期差异，证券市场上的公司股票价格可能被低估，而过低的股价将会对公司产生负面影响。一般情况下，投资者会认为股票回购意味着公司认为其股票价值被低估而采取的应对措施。

▶ 4. 基于控制权的考虑

控股股东为了保证其控制权，往往采取直接或间接的方式回购股票，从而巩固既有的控制权。另外，股票回购使流通在外的股份数变少，股价上升，从而可以有效地防止敌意收购。

(三) 股票回购的影响

股票回购对上市公司的影响主要表现在以下几方面。

(1) 股票回购需要大量资金支付回购的成本，易造成资金紧缺，资产流动性变差，影响公司发展后劲。上市公司进行股票回购首先必须要有资金实力为前提，如果公司负债率较高，再举债进行回购，将使公司资产流动性劣化，巨大的偿债压力，则将进一步影响公司正常的生产经营和发展后劲。

(2) 回购股票可能使公司的发起人股东更注重创业利润的兑现，而忽视公司长远的发展，损害公司的根本利益。

(3) 股票回购容易导致内幕操纵股价。股份公司拥有本公司最准确、最及时的信息，如果允许上市公司回购本公司股票，易导致其利用内幕消息进行炒作，使大批普通投资者蒙受损失，甚至有可能出现借回购之名，行炒作本公司股票的违规之实。

任务小结

股票股利指的是公司将应分给投资者的股利以股票的形式发放。能够用于发放股票股利的除当年可供分配的利润外，还有提存的公积金和转作资本的资本公积。

股票分割又称拆股，是公司管理当局将某一特定数额的新股，按一定比例交换一定数量的流通在外普通股的行为。

拓展阅读：
扎紧制度篱笆
规范上市公司
利润分配

股票回购是指股份公司出资将其发行流通在外的股票以一定价格购回予以注销或作为库存股的一种资本运作方式。

课后习题

一、单项选择题

1. 企业的利润分配有狭义和广义之分。下列各项中，属于狭义利润分配的是（　　）。
   A. 企业收入的分配　　　　　　　　B. 企业净利润的分配
   C. 企业产品成本的分配　　　　　　D. 企业职工薪酬的分配

2. 利润分配的基本原则中，（　　）是正确处理投资者利益关系的关键。

A. 依法分配原则　　　　　　　　　　B. 兼顾各方面利益原则
C. 分配与积累并重原则　　　　　　　D. 投资与收益对等原则

3. 在确定企业的利润分配政策时，应当考虑相关因素的影响，其中"资本保全约束"属于(　　)。

A. 股东因素　　　　　　　　　　　　B. 公司因素
C. 法律因素　　　　　　　　　　　　D. 债务契约因素

4. 在除息日之前，股利权利从属于股票；从(　　)开始，新购入股票的投资者不能分享本次已宣告发放的股利。

A. 股权登记日　　B. 除息日　　　C. 股利发放日　　D. 付息日

5. 以下股利分配政策中，最有利于股价稳定的是(　　)。

A. 剩余股利政策　　　　　　　　　　B. 固定或稳定增长的股利政策
C. 固定股利支付率政策　　　　　　　D. 低正常股利加额外股利政策

6. 如果上市公司以其应付票据作为股利支付给股东，则这种支付股利的方式称为(　　)。

A. 现金股利　　B. 股票股利　　C. 财产股利　　D. 负债股利

7. 以下关于企业公司利润分配的说法中，正确的是(　　)。

A. 公司持有的本公司股份也可以分配利润
B. 企业在提取公积金前向股东分配利润
C. 公司的初创阶段和衰退阶段都适合采用剩余股利政策
D. 只要有盈余就要提取法定盈余公积金

8. 适用于盈利水平随着经济周期而波动较大的公司或行业的股利分配政策是(　　)。

A. 剩余股利政策　　　　　　　　　　B. 固定股利政策
C. 固定股利支付率政策　　　　　　　D. 低正常股利加额外股利政策

二、多项选择题

1. 企业的利润分配应当遵循的原则包括(　　)。

A. 依法分配原则　　　　　　　　　　B. 投资机会优先
C. 兼顾各方面利益　　　　　　　　　D. 分配与积累并重

2. 法定盈余公积可用于(　　)。

A. 弥补亏损　　　　　　　　　　　　B. 扩大公司生产经营
C. 转增资本　　　　　　　　　　　　D. 职工集体福利

3. 公司选择发放现金股利必须具备的两个条件是(　　)。

A. 要有足够的现金　　　　　　　　　B. 要有足够的净利润
C. 要有足够的利润总额　　　　　　　D. 要有足够的留存收益

4. 下列关于固定股利支付率政策的说法中，正确的有(　　)。

A. 使股利和公司盈余紧密结合
B. 有利于传递公司上升发展的信息
C. 公司面临的财务压力较大
D. 制定合适的固定股利支付率难度较大

5. 有利于公司树立良好的形象，增强投资者信心，稳定公司股价的股利政策有

（ ）。

　　A. 剩余股利政策　　　　　　　　　　B. 固定或稳定增长的股利政策
　　C. 固定股利支付率政策　　　　　　　D. 低正常股利加额外股利政策

三、判断题

1. 根据《公司法》的规定，法定盈余公积的提取比例为当年税后利润的10%。（　　）
2. 企业发放股票股利将使企业的利润下降。（　　）
3. 采用固定或稳定增长股利政策公司财务压力较小，有利于股票价格的稳定与上涨。（　　）
4. 剩余股利政策能保持理想的资本结构，使企业价值长期最大化。（　　）
5. 股权登记日在除息日之前。（　　）
6. 协议回购是指公司以协议价格直接向一个或几个主要股东回购股票。协议价格一般高于当前的股票市场价格。（　　）
7. 在其他条件不变的情况下，股票分割会使发行在外的股票总数增加，进而降低公司资产负债率。（　　）
8. 根据"无利不分"的原则，当企业出现年度亏损时，一般不得分配利润。（　　）

四、计算分析题

1. 某公司2015年度的税后利润为1 200万元。该年分配股利600万元，2017年拟投资1 000万元引进一条生产线以扩大生产能力。该公司目标资本结构为自有资金占80%，借入资金占20%，2016年度的税后利润为1 300万元。

要求：

（1）如果该公司执行的是固定股利政策，并保持资本结构不变，则2017年度该公司为引进生产线需要从外部筹集多少自有资金？

（2）如果该公司执行的是固定股利支付率政策，并保持资本结构不变，则2017年度该公司为引进生产线需要从外部筹集多少自有资金？

（3）如果该公司执行的是剩余股利政策，本年不需要计提盈余公积金，则2016年度公司可以发放多少现金股利？

2. 某公司年终进行利润分配前的股东权益情况如表7-8所示。

表7-8　某公司年终利润分配前的股东权益　　　　　　　　　　单位：万元

项　　目	资　　产
股本（面值2元，已发行100万股）	200
资本公积	400
未分配利润	200
股东权益合计	800

回答下列互不关联的两个问题：

（1）如果公司宣布发放10%的股票股利，并按发放股票股利后的股数发放现金股利，每股0.1元，发放的股票股利按照面值计价，计算发放股利后的股东权益各项目的数额；

（2）如果按照1∶2的比例进行股票分割，计算进行股票分割后股东权益各项目的数额。

实践操作

项目八 财务预算

思维导图

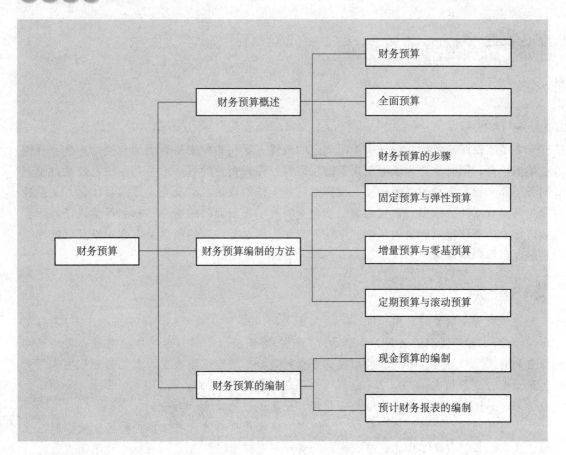

学习目标

知识目标：
1. 了解财务预算的含义和作用；
2. 掌握财务预算的六种编制方法；
3. 熟悉财务预算的编制过程。

能力目标：
1. 会收集、整理编制财务预算所需的各种信息；
2. 学会编制财务预算。
3. 能组织协调和处理财务预算中各部门的关系。

素质目标：
1. 培养全局观念，养成全方位分析问题的习惯；
2. 意识到事前规划的重要性，并掌握一些规划技巧。

任务一　财务预算概述

任务分析

为了实现既定目标，保证决策所确定的最优方案在实际中得到贯彻与执行，企业就需要编制预算，同时企业为了避免决策的盲目性，提高企业的管理水平，往往需要通过编制财务预算来规划自身的经营活动。预算是计划工作的成果，它既是决策的具体化，又是控制生产经营活动的依据。预算的编制使企业明确了各个部门的奋斗目标和经营责任，为企业进行业绩考评提供有效的依据。本任务主要介绍财务预算的概念及内容，以及财务预算在全面预算中的地位。

案例导入

深圳航空有限责任公司1992年11月成立，1993年9月开航，是一家由广东广控（集团）公司、中国国际航空公司、全程物流（深圳）有限公司、深圳鼎协实业有限公司、深圳众甫地有限责任公司5家企业共同投资经营的股份制航空运输企业，主要经营航空客、货运输业务。目前拥有24架B737系列飞机，总资产36.2亿元，员工1 900多人，下辖2个分公司、5个子公司、30多个驻外营业部，经营国内航线80多条。

如何让航线成本核算成为航空公司制定有效营销策略的重要依据？如何有效控制企业经营成本？如何实现低成本战略，在市场竞争中脱颖而出？为此，深航找到了国内最大的ERP软件制造商用友公司。根据深航的战略目标及经营管理的具体情况，用友采用NC全面预算系统的费用计划及财务计划，并结合应收、应付、报账中心、总账等系统对运营成本与费用进行全面计划与控制。用友NC预算管理解决方案为深航走出中国特色的低成本航空发展道路奠定了坚实的基础。

从 2001 年开始，深航开始实行全面预算管理，坚持以降低成本作为预算管理的总体指导思想，将一切经济业务纳入预算管理，做到事前有预测，事中有控制，事后有反馈考核。由于采用用友 NC 系统预算管理模块，对预算实行实时监控，把预算控制落实到各个部门的各项工作之中，对生产经营链条中每一环节进行财务成本控制，确定一个标准来核定预算指标，确保一切业务活动受控于预算。通过全方位的预算控制，将成本控制落实到公司生产经营的各个方面，最大限度地降低公司成本水平，从而大大提高了公司的经济效益。

一、财务预算

（一）财务预算的概念

财务预算是一系列专门反映企业未来一定预算期内预计财务状况和经营成果，以及现金收支等价值指标的各种预算的总称。它具体包括现金预算、预计利润表、预计资产负债表和预计现金流量表。财务预算是在预测和决策的基础上，围绕企业战略目标，对一定时期内企业资金的取得和投放、各项收入和支出、企业经营成果及其分配等资金运动所做出的具体安排。

财务预算管理是企业财务管理工作的具体化。它涵盖了成本管理、销售管理、资金管理等诸多方面的内容，是企业经济链条中的首要环节，也是在市场经济条件下，财务工作由被动的核算型向主动的管理型转变的一项突破。预算是现代企业下一步发展战略与经营目标的细化发展的要求，预算管理是企业发展的重要保证机制，是企业经营过程中最主要和有效的内部控制机制，是财务集中控制的重要一环。因此，要理顺预算管理体制，划清预算工作界面，强化管理预算基础工作，科学测算预算定额，使预算实现对各业务计划和规划的归纳与综合，确保预算贯彻企业整体经营战略。

（二）财务预算的作用

财务预算是企业预算管理的关键。实行财务预算管理是企业资本经营机制运行的必然需要，企业要进行资本经营，必然要引入财务预算管理机制。财务预算与企业现金收支、经营成果和财务状况有关，并反映各项经营业务和投资的整体计划。财务预算在企业经营管理及最终实现目标利润上起到重大作用，主要表现在以下方面。

▶ 1. 明确计划期的工作目标和任务

预算作为一种计划，规定了企业一定时期的总目标及各级各部门的具体目标，以使各个部门了解本单位的经济活动与整个企业经营目标之间的关系，明确各自的职责及其努力方向，从各自的角度去完成企业总的战略目标。

▶ 2. 协调各个职能部门的工作

财务预算把企业各方面的工作纳入了统一计划中，促使企业内部各部门的预算相互协调，环环紧扣，达到平衡。在保证企业总体目标最优的前提下，组织各自的生产经营活动。例如，在以销定产的经营方针下，生产预算应当以销售预算为依据，材料采购预算必须与生产预算相衔接等。

▶ 3. 控制企业的日常经济活动

编制预算是企业经营管理的起点，也是控制日常经济活动的依据。在预算的执行过程中,各部门应通过计量、对比,及时揭露实际脱离预算的差异并分析其原因,以便采取必要措施,消除薄弱环节,保证预算目标的顺利完成。

> 4. 考核、评价实际工作业绩

企业预算确定的各项指标,也是考核各部门工作成绩的基本尺度。在评价各部门工作业绩时,要根据预算的完成情况,分析偏离预算的程度和原因,划清责任,奖罚分明,促使各部门为完成预算规定的目标努力工作。

> 5. 合理配置企业资源

企业的资源都是有限的,通过合理的配置及有效的运用,才能实现效益最大化。通过编制财务预算,可以将企业的资源合理配置到效益获利高的产品、项目乃至部门,从而使企业资源得到合理配置。

二、全面预算

(一)全面预算的概念

全面预算管理是一种全面的企业管理系统,是根据企业战略目标所编制的年度收支计划,以货币及资产等形式反映企业未来某一特定期间(一般不超过一年或一个经营周期)的全部生产和经营活动的财务计划,以企业需要实现的目标利润为目的,以销售预测为起点,进而对生产、成本及现金收支等进行预测,并编制预计利润表、预计现金流量表和预计资产负债表,反映企业在未来期间的财务状况和经营成果。

全面预算管理就是在这一整套预计的财务报表和其他附表的指导下,对未来的经营活动和相应财务结果进行全面预测,并通过对执行过程的监控,将实际完成情况与预算目标不断对照和分析,从而及时指导经营活动的改善和调整。

(二)全面预算的体系

全面预算内容体系中的各个预算之间,存在着内在的逻辑联系。以公司战略目标为导向,全面预算的编制体系先从销售预算开始,其次是根据以销定产的原则编制生产预算,同时编制所需的销售管理费用预算。在编制生产预算时,除了考虑销售预算外,还要考虑现有存货和期末存货。生产预算编制完成后,还要根据它编制直接材料、直接人工、制造费用预算。最后,现金预算是有关预算的汇总,预计资产负债表、预计利润表是全部预算的综合。

全面预算主要包括业务预算、专门决策预算和财务预算三部分。

> 1. 业务预算

业务预算是基础,主要包括与企业日常业务直接相关的销售预算、生产预算、直接材料预算、直接人工预算、制造费用预算、产品成本预算、销售管理费用预算等。其中销售预算是业务预算的编制起点。

> 2. 专门决策预算

专门决策预算是指企业为那些在预算期内不经常发生的、一次性业务活动所编制的预算,主要包括:根据长期投资决策结论编制的与购置、更新、改造、扩建固定资产决策有关的资本支出预算;与资源开发、产品改造和新产品试制有关的生产经营决策预算等。

> 3. 财务预算

财务预算主要反映企业预算期现金收支、经营成果和财务状况的各项预算,包括现金预算、预计利润表和预计资产负债表。财务预算是以业务预算和专门决策预算为基础而编制的，是整个预算体系的主体。

业务预算、专门决策预算、财务预算既彼此独立自成体系，又相互联系共同作用，整个预算内容形成一个整体，相互支撑、相互依赖，构成一个完整而紧密的系统。全面预算管理内容体系如图 8-1 所示。

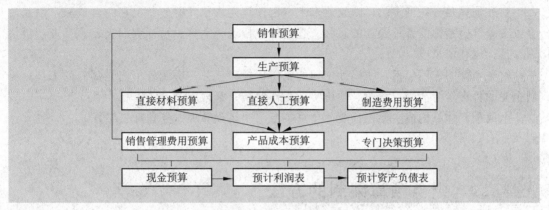

图 8-1　全面预算体系

由此可见，财务预算是企业全面预算的一个重要组成部分，也是最后环节。它可以从价值方面总括地反映企业专门决策预算与业务预算的结果，与其他预算紧密联系在一起，构成一个数字相互衔接、完整的预算体系，因此财务预算在企业的全面预算体系中占有重要的地位。

三、财务预算的步骤

财务预算编制过程须依据一定的原则进行。

▶ 1. 以销定产的原则

财务预算编制一般是建立在经济预测，主要是销售预测基础上。销售预算是整个预算编制的起点。销售预算确立了，就可以按以销定产的原则确定生产预算和相关的成本费用预算，并汇总编制综合预算。

▶ 2. 灵活性原则

为保证预算控制有效，财务预算编制适度的灵活性是需要的，财务预算编制期一般与会计期间保持一致，通常为一年。为方便控制，对有些预算(如销售预算、成本费用预算)要求按季分列，为保持预算的连续性，可以采取按季滚动编制办法。

企业预算以实现企业利润为最终目标，往往将目标利润作为编制预算的前提条件。财务预算编制的过程可以归纳为以下几个步骤。

(1) 根据销售预测编制销售预算。

(2) 根据销售预算确定的预计销售量、产成品的期初结存量和预计期末结存量编制生产预算。

(3) 根据生产预算确定的预计生产力，先编制直接材料消耗及采购预算、直接人工预算和制造费用预算，然后汇总编制产品生产成本预算。

(4) 根据销售预算编制销售及管理费用预算。

(5) 根据销售预算和生产预算估计所需的固定资产投资编制资本支出预算。

(6) 根据执行以上各项业务预算所产生和必需的现金流量编制现金预算。

(7) 综合以上各项预算，进行试算平衡，编制预计财务报表。

任务小结

财务预算是一系列专门反映企业未来一定预算期内预计财务状况和经营成果，以及现金收支等价值指标的各种预算的总称。它具体包括现金预算、预计利润表、预计资产负债表和预计现金流量表。

财务预算的作用包括：明确计划期的工作目标和任务；协调各个职能部门的工作；控制企业的日常经济活动；考核、评价实际工作业绩；合理配置企业资源。

全面预算体系构成主要包括业务预算、专门决策预算和财务预算三部分。

任务二 财务预算编制的方法

任务分析

财务预算编制的具体方法有六种，分别是固定预算、弹性预算、零基预算、增量预算、定期预算和滚动预算。在本任务中，应当掌握不同编制方法的特点和适用范围，懂得根据公司规模、生命周期和市场环境来选择合适的预算编制方法。

案例导入

一家生产药品的公司，在国内医药行业排在前十位。两年前，经过公司董事会研究，准备推出一种新药，预测市场潜力很大，只要有足够的生产能力和营销支持，新药推出将会提升公司30%的年收入。由于是新药，利润率会比较好，新品推出可以将公司利润提升40%。

可是上市半年，财务部给出的各种数据和实际的预期完全不一样。老板把各部门的人召集到一起开会。华北区的销售经理认为，本来对新产品没有信心，认为公司定的目标太高，但是经过一个月推广发现，市场突然好起来了，但是厂里又生产不出药品来了，批发商追着要货，可是一直供不上。如果再供不上，客户和市场都将保不住。

生产中心的经理认为，这两个月销售形势好转，库存没有货，但是设备的生产能力是死的，原来畅销的产品不能停产，只好每个都按照50%来生产，上个月已经提出设备购置计划，可是财务部说没钱，要再等两个月，而且这个设备还要调试半个月，所以新产品线最快也得年底才能上马。

财务中心经理认为，公司资金是年初都计划好的，现在市场部新药要追加推广费用，生产部要购置新的设备，研发中心也说研发经费不足，但是，为什么年初都不列入计划？目前资金无法满足。

上面案例中出现的问题是谁的责任呢？这是管理者要考虑的问题。由于各部门在制定部门预算的时候，没有把部门预算和公司战略挂钩，致使预算和整个战略成了不相干的两张皮，同时没有选择适合的编制预算方法也是一个重要问题，这些都是公司失败的最主要原因。

从预算编制的不同角度，可以将预算编制的方法分为若干类型，本任务利用对比的方法分别介绍各类预算编制的具体方法。

一、固定预算和弹性预算

预算按其是否可按业务量调整，也就是按照其与预算期内业务量变动关系及预算发挥效用中灵活程度不同分为固定预算和弹性预算两类。

（一）固定预算

固定预算又称静态预算，是以预算期内正常的、可能实现的某一业务量（如生产量、销售量）水平为固定基础，不考虑可能发生的变动因素而编制预算的方法。在全面预算中，销售预算、生产预算和成本预算等都是以某一业务量水平为基础编制的。它是最传统的，也是最基本的预算编制方法。

固定预算的优点是简便易行，同时也有如下主要缺点。

（1）过于机械呆板。因为编制预算的业务量基础是事先假定的某一个业务量，不论预算期内业务量水平可能发生哪些变动，都只按事先确定的某一个业务量水平作为编制预算的基础。

（2）可比性差。这是固定预算方法的致命弱点。当实际的业务量与编制预算所根据的预计业务量发生较大差异时，有关预算指标的实际数与预算数就会因业务量基础不同而失去可比性。因此，按照固定预算方法编制的预算不利于正确地控制、考核和评价企业预算的执行情况。鉴于固定预算的特点，它适用于业务水平比较稳定的企业或非营利组织编制预算。

【例 8-1】天宇公司在预算期内预计生产甲产品 2 500 件。单位产品成本构成如下：直接材料 300 元，直接人工 150 元，变动性制造费用 150 元（其中：间接材料 50 元，间接人工 70 元，动力费 30 元），固定性制造费用 400 000 元（其中：办公费 150 000 元，折旧费 200 000 元，租赁费 50 000 元）。

天宇公司当年实际生产并销售甲产品 3 000 件。若采用固定预算，则该公司的经营业绩如表 8-1 所示。

表 8-1　固定预算　　　　　　　　　　　　　单位：元

项　目	固定预算	实　际	差　异
生产量/件	2 500	3 000	+500（F）
变动成本	1 500 000	1 820 000	+320 000（U）
直接材料	300×2 500＝750 000	930 000	+180 000（U）
直接人工	150×2 500＝375 000	450 000	+75 000（U）
变动性制造费用	375 000	440 000	+65 000（U）

续表

项　目	固定预算	实　际	差　异
其中：间接材料	50×2 500＝125 000	150 000	＋25 000(U)
间接人工	70×2 500＝175 000	225 000	＋50 000(U)
动力费	30×2 500＝75 000	65 000	－10 000(F)
固定性制造费用	400 000	390 000	－10 000
其中：办公费	150 000	130 000	－20 000(F)
折旧费	200 000	200 000	0
租赁费	50 000	60 000	＋10 000(U)
生产成本总计	1 900 000	2 210 000	＋310 000(U)

注：F表示有利差异；U表示不利差异。

从表8-1中可以看出，由于预算和实际产量基础不一致，两者所形成的差异不能恰当地说明企业成本控制的情况如何。也就是说，表中所列成本不利差异31万元，即实际成本比预算增加了31万元，究竟是由于产量增加而引起成本的增加，还是由于成本控制不利而发生的超支？很难通过固定预算与实际结果的对比正确地反映出来。为了弥补这一缺陷，发挥预算的真正作用，可按各种可能完成的业务量来编制预算。这种按各种可能完成的业务量来编制预算的方法称为弹性预算。

（二）弹性预算

弹性预算又称变动预算或滑动预算，是为克服固定预算方法的缺点而设计的。弹性预算是在成本习性分析的基础上，根据本量利之间的依存关系，同时在按照预算期业务量可能发生的变动基础上，根据预计各种不同业务量水平而编制预算的方法，以便分别反映在各该业务量的情况下所应支出的费用水平。编制弹性预算所依据的业务量可以是产量、销售量、直接人工工时、机器工时、材料消耗量或直接人工工资等。业务量范围是指弹性预算所适用的业务量区间。业务量范围的选择应根据企业的具体情况而定。一般来说，可定在正常生产能力的60%～120%，或以历史上最高业务量或最低业务量为其上下限。

弹性预算与按特定业务量水平编制的固定预算相比有如下两个优势。

（1）预算范围较宽。弹性预算是按预算期内某一相关范围内的可预见的多种业务量水平确定不同的预算额，从而扩大了预算的适用范围，便于预算指标的调整。

（2）可比性较强。弹性预算是成本在按其性态分类的基础上列示的，便于在预算期终了时，将实际指标与实际业务量相应的预算额进行对比，使预算执行情况的评价与考核建立在更加客观和可比的基础上，更好地发挥预算的控制作用。

由于未来业务量的变动会影响成本、费用、利润等各个方面，因此，弹性预算方法从理论上讲适用于编制全面预算中所有与业务量有关的各种预算。但从实用角度看，主要用于编制弹性成本费用预算和弹性利润预算等。

运用弹性预算法编制预算的基本步骤如下。

（1）选择业务量的计量单位。编制弹性预算，要选用一个最能代表生产经营活动水平的业务量计量单位。例如，以手工操作为主的车间，应选用人工工时；制造单一产品或零件的部门，可以选用实物数量；修理部门可以选用直接修理工时等。

（2）确定适用的业务量范围。弹性预算的业务量范围，应视企业或部门的业务量变化情况而定，务必使实际业务量不至于超出相关的业务量范围。一般来说，可定在正常生产能力的60%～120%，或以历史上最高业务量和最低业务量为其上下限。

（3）逐项研究并确定各项成本和业务量之间的数量关系。

（4）计算各项预算成本，并用一定的方式来表达。

企业在编制弹性成本预算前，必须将全部费用按成本性态划分为变动成本和固定成本。在编制预算时，固定成本则按总额控制，只要将变动成本按不同的业务量水平作相应的调整，其计算公式为

$$\text{弹性成本预算} = \text{固定成本预算} + \sum(\text{单位变动成本预算} \times \text{预计业务量})$$

在此基础上，按事先选择的业务量计量单位和确定的有效变动范围，根据该业务量与有关成本费用项目之间的关系即可编制弹性成本预算。弹性成本预算的具体编制方法包括公式法和列表法两种。

▶ 1. 公式法

公式法是运用总成本性态模型，测算预算期的成本费用数额，并编制成本费用预算的方法。根据成本性态，成本与业务之间的数量关系可用公式表示为

$$y = a + bx$$

式中，y 是成本总额；a 表示不随业务量变动而变动的那部分固定成本；b 是单位变动成本；x 是业务量，某项成本总额 y 是该项固定成本总额和变动成本总额之和。

公式法的优点是在一定范围内预算可以随业务量的变动而变动，可比性和适应性强，编制预算的工作量相对较小；缺点是按公式进行成本分解比较麻烦，对每个费用子项目甚至细目逐一进行成本分解，工作量很大。

【例8-2】某企业制造费用中的修理费用与修理工时密切相关。经测算，预算期修理费用中的固定修理费用为5 000元，单位工时的变动修理费用为3元。若预计预算期的修理工时为5 000小时，修理费用为多少？

解：运用公式法，测算预算期的修理费用的公式为

$$y = 5\ 000 + 3x$$

当 $x = 5\ 000$ 时，$y = 5\ 000 + 3 \times 5\ 000 = 20\ 000$，即预计修理工时为5 000小时，修理费用为20 000元。

▶ 2. 列表法

列表法是在预计的业务量范围内将业务量分为若干水平，然后按不同的业务量水平编制预算。此法可以在一定程度上弥补公式法的不足。

应用列表法编制预算，首先要在确定的业务量范围内，划分出若干不同水平，然后分别计算各项预算值，汇总列入一个预算表格。

列表法的优点是不必经过计算即可找到与业务量相近的预算成本。缺点是在评价和考核实际成本时，往往需要使用插值法计算"实际业务量的预算成本"，比较麻烦。

【例8-3】根据例8-1的资料，运用列表法编制该公司的弹性预算，如表8-2所示。

表 8-2 弹 性 预 算

项 目	单位变动成本/元	预计生产量/件			
		1 500	2 000	2 500	3 000
占正常生产能力百分比		60%	80%	100%	120%
变动成本	600	90	120	150	180
直接材料	300	45	60	75	90
直接人工	150	22.5	30	37.5	45
变动性制造费用	150	22.5	30	37.5	45
其中：间接材料	50	7.5	10	12.5	15
间接人工	70	10.5	14	17.5	21
动力费	30	4.5	6	7.5	9
固定性制造费用		40	40	40	40
其中：办公费		15	15	15	15
折旧费		20	20	20	20
租赁费		5	5	5	5
生产成本总计		130	160	190	220

表 8-2 是按 20% 为业务量间距，实际预测时可以再小些，业务量的间距越小，实际业务量水平出现在预算表中的可能性就越大。列表法的优点是直观明了，但这种编制方法工作量较大且不能包括所有业务量条件下的费用预算，故适用面较窄。

实务知识

由于直接材料、直接人工的弹性预算只需以预算期内多种可能完成的生产量为基础，分别乘以单位产品的预算数即可完成预算的编制，因此在实际工作中，通常只是编制单位产品变动成本为标准进行控制，待实际业务发生后，再按实际业务量进行换算，形成弹性预算。

二、增量预算和零基预算

按照编制预算方法的出发点不同，可分为增量预算和零基预算两大类。

(一) 增量预算

增量预算又称调整预算，是以基期成本费用水平为基础，结合预算期业务量水平及有关降低成本的措施，通过调整有关费用项目而编制预算的方法。这种方法假定企业现有业务活动和各项业务的开支水平是合理的，以现有业务活动和各项活动的开支水平确定预算期各项活动的预算数。它的特点是以过去的费用发生水平为基础，主张不需要在预算内容上作较大的调整。

增量预算的优点是简单易行，由于预算以过去的经验为基础，实际上是承认过去所发生的一切都是合理的,主张不须在预算内容上做较大改进,而是因循以前的预算项目。

增量预算的缺点是:

(1) 受到原有费用项目与预算内容的限制。由于按增量预算方法编制预算,往往不加分析地保留或接受原有的成本项目,可能使原来不合理的费用开支继续存在下去,形成不必要开支合理化,造成预算上的浪费,甚至可能导致保护落后。

(2) 容易导致预算中的"平均主义"和"简单化"。采用此法,容易鼓励预算编制人凭主观臆断按成本项目平均削减预算或只增不减,不利于调动各部门降低费用的积极性。

(3) 不利于企业未来发展。按照该方法编制的费用预算,对于那些未来实际需要开支的项目可能因没有考虑未来情况的变化而造成预算不够确切。

【例8-4】某企业上年的制造费用为10万元,考虑本年生产任务增大15%,按增量预算编制计划年度的制造费用。

解:计划年度制造费用预算 $=10\times(1+15\%)=11.5$(万元)

(二) 零基预算

零基预算全称为"以零为基础的编制计划和预算的方法",又称零底预算,它是在编制费用预算时,不考虑以往会计期间所发生的费用项目或费用数额,而是一切以零为出发点,从实际需要逐项审议预算期内各项费用的内容及开支标准是否合理,在综合平衡的基础上编制费用预算的方法。它是为克服增量预算缺陷而设计的一种先进的预算方法,是由美国德州仪器公司彼得·派尔在20世纪60年代提出来的,现已被西方国家广泛采用作为管理间接费用的一种新的有效方法。

▶ 1. 零基预算方法的程序

零基预算方法的程序如下:

(1) 企业内部各级部门的员工,根据企业的生产经营目标,详细讨论计划期内应该发生的费用项目,并对每一费用项目编写一套方案,提出费用开支的目的以及需要开支的费用数额。

(2) 划分不可避免费用项目和可避免费用项目。对可避免费用项目,则需要逐项进行成本与效益分析,尽量控制可避免项目纳入预算当中。

(3) 划分不可延缓费用项目和可延缓费用项目。

▶ 2. 零基预算方法的优缺点

相对于传统的增量预算编制方法来说,零基预算具有如下优点。

(1) 不受原有费用项目和费用额的限制。这种方法可以促使企业合理有效地进行资源分配,将有限的资金用在刀刃上。

(2) 有利于调动有关各方有效地降低费用,提高资金的使用效果和合理性。

(3) 有利于企业未来发展。由于这种方法以零为出发点,对一切费用一视同仁,有利于企业面向未来发展考虑预算问题。

零基预算的缺点是工作量。由于这种方法一切从零出发,在编制费用预算时需要完成大量的基础工作,如历史资料分析、市场状况分析、现有资金使用分析和投入产出分析等,这势必带来很大的工作量,也需要比较长的编制时间。因此,企业可以每隔几年编制一次零基预算,在其他时间采用增量预算。

【例8-5】某公司欲对销售管理费用预算的编制采用零基预算的编制方法,预算编制人员提出的预算年度开支水平如表 8-3 所示。

表 8-3 预算年度开支水平 单位：万元

费用项目	开支金额
业务招待费	200
广告费	180
办公费	80
保险费	50
职工福利费	40
劳动保护费	30
合计	580

假定公司预算年度对上述费用可动用的财力资源只有 500 万元，经过充分论证，认为上述费用中广告费、保险费和劳动保护费必须得到全额保证，业务招待费、办公费和职工福利费可以适当压缩，按照去年历史资料得出的业务招待费、办公费和职工福利费的成本效益分析如表 8-4 所示。

表 8-4 业务招待费、办公费和职工福利费的成本效益分析 单位：万元

费用项目	成本金额	收益金额
业务招待费	1	6
办公费	1	3
职工福利费	1	1

要求：
(1) 确定不可避免项目的预算金额。
(2) 确定可避免项目的可供分配资金。
(3) 按成本效益比重分配确定可避免项目的预算金额。

解：依题意计算如下：
(1) 不可避免项目的预算金额＝180＋50＋30＝260(万元)
(2) 可避免项目的可供分配资金＝500－260＝240(万元)
(3) 业务招待费预算额＝240×[6/(6＋3＋1)]＝144(万元)
办公费预算额＝240×[3/(6＋3＋1)]＝72(万元)
职工福利费预算额＝240×[1/(6＋3＋1)]＝24(万元)

三、定期预算和滚动预算

按照预算期间起讫时间是否变动，分为定期预算和滚动预算。

(一) 定期预算

定期预算又称阶段性预算，是以不变的会计期间(如日历年度)作为预算期的一种编制预算的方法。这种方法的优点是预算期间与会计期间相对应，便于将实际数与预算数对

比,有利于对预算执行情况进行分析和评价。但是,这种定期预算也有一定的缺陷,首先缺乏远期指导性,如定期预算多是在其执行年度开始前的两三个月进行,在编制时,难以预测预算期的某些活动,特别是对预算期的后半阶段,往往只能提出一个较为笼统的预算,从而给预算的执行带来种种困难;其次存在滞后性,预算中所规划的各种经营活动在预算期内往往发生变化,而定期预算却不能及时调整,从而使原有的预算显得不相适应;最后是间断性,在预算执行过程中,由于受预算期的限制和管理人员的决策视野局限,剩余的预算期间的活动会受到很大影响,局限于本期规划的经营活动,不能适应连续不断的经营过程,从而不利于企业长期稳定的发展。为了克服定期预算的缺陷,在实践中可采用滚动预算的方法编制。

【例8-6】某企业甲车间采用定期预算方法编制制造费用预算。变动制造费用按直接人工工时比例分配,固定制造费用按季平均分配。经测算,2017年度直接人工总工时为100 000小时,第1—4季度分别为20 000小时、24 000小时、27 000小时和29 000小时;变动制造费用总额为800 000元,其中,间接人工300 000元、间接材料150 000元、维修费用80 000元、水电费用100 000元、其他费用170 000元;固定制造费用为480 000元,其中,管理人员工资192 000元、设备租金120 000元、折旧费168 000元。编制2017年度制造费用预算如下:

(1) 计算变动制造费用分配率和固定制造费用分配额。

间接人工分配率 = 300 000 ÷ 100 000 = 3(元/小时)

间接材料分配率 = 150 000 ÷ 100 000 = 1.5(元/小时)

维修费用分配率 = 80 000 ÷ 100 000 = 0.8(元/小时)

水电费用分配率 = 100 000 ÷ 100 000 = 1(元/小时)

其他费用分配率 = 170 000 ÷ 100 000 = 1.7(元/小时)

每季管理人员工资 = 192 000 ÷ 4 = 48 000(元)

每季设备租金 = 120 000 ÷ 4 = 30 000(元)

每季折旧费 = 168 000 ÷ 4 = 42 000(元)

(2) 编制2017年度制造费用预算表,如表8-5所示。

表8-5 制造费用预算表

部门:甲车间　　　　　　　　　2017年度　　　　　　　　　　单位:元

项目	第一季度	第二季度	第三季度	第四季度	全年合计
直接人工总工时/小时	20 000	24 000	27 000	29 000	100 000
变动制造费用	60 000	72 000	81 000	87 000	300 000
其中:间接人工	30 000	36 000	40 500	43 500	150 000
间接材料	16 000	19 200	21 600	23 200	80 000
维修费用	20 000	24 000	27 000	29 000	100 000
水电费用	34 000	40 800	45 900	49 300	170 000
其他费用					
小计	160 000	192 000	216 000	232 000	800 000

续表

项　　目	第一季度	第二季度	第三季度	第四季度	全年合计
固定制造费用	48 000	48 000	48 000	48 000	192 000
其中：管理人员工资	30 000	30 000	30 000	30 000	120 000
设备租金	42 000	42 000	42 000	42 000	168 000
折旧费					
小计	120 000	120 000	120 000	120 000	480 000
制造费用合计	280 000	312 000	336 000	352 000	1 280 000

（二）滚动预算

滚动预算又称连续预算或永续预算，是指在编制预算时，将预算期与会计期间脱离，随着预算的执行不断补充预算，逐期向后滚动，使预算期始终保持为一个固定长度（如12个月）的一种预算编制方法。

与传统的定期预算方法相比，按滚动预算方法编制的预算具有以下优点。

（1）透明度高。由于预算的编制不再是预算年度开始之前几个月的事情，而是实现了与日常管理的紧密衔接，可以使管理人员始终能够从动态的角度，把握住企业近期的规划目标和远期的战略布局，使预算具有较高的透明度。

（2）及时性强。由于滚动预算能根据前期预算的执行情况，结合各种因素的变动影响，及时调整和修订近期预算，从而使预算更加切合实际，能够充分发挥预算的指导和控制作用。

（3）预算年度完整。由于滚动预算在时间上不再受日历年度的限制，能够连续不断地规划未来的经营活动，不会造成预算的人为间断，同时可以使企业管理人员了解未来预算期内企业的总体规划与近期预算目标，能够确保企业管理工作的完整性与稳定性。缺点是编制预算的工作量较大，尤其是滚动预算的延续工作将耗费大量的人力、物力，代价较大。

滚动预算按照滚动的时间单位不同可分为逐月滚动、逐季滚动和混合滚动。

（1）逐月滚动方式。逐月滚动方式是指在预算编制过程中，以月份为预算的编制和滚动单位，每个月调整一次预算的方法。例如在2017年1—12月的预算执行过程中，需要在1月末根据当月预算的执行情况，修订2—12月的预算，同时补充2018年1月的预算；2月末根据当月预算的执行情况，修订2017年3月—2018年1月的预算，同时补充2018年2月的预算；以此类推，逐月滚动。按照逐月滚动方式编制的预算比较精确，但工作量太大。

（2）逐季滚动方式。逐季滚动方式是指在预算编制过程中，以季度为预算的编制和滚动单位，每季度调整一次预算的方法。例如在2017年第一至第四季度的预算执行过程中，需要在第一季度末根据当季度预算的执行情况，修订2017年第二季度至第四季度的预算；同时补充2018年第一季度的预算；第二季度末根据当季度预算的执行情况，修订2017年第三季度至2018年第一季度的预算，同时补充2018年第二季度的预算；依此类推，逐季滚动。逐季滚动编制的预算比逐月滚动的工作量小，但预算精确度较差。

（3）混合滚动方式。混合滚动方式是指在预算编制过程中，同时使用月份和季度作为预算的编制和滚动单位的方法。它是滚动预算的一种变通方式。如对 2017 年 1—3 月的头三个月逐月编制详细预算，其余 4—12 月分别按季度编制粗略预算；3 月末根据第一季度预算的执行情况，编制 4—6 月的详细预算，并修订第三、第四季度的预算，同时补充 2018 年第一季度的预算；依此类推，混合滚动，如图 8-2 所示。

图 8-2　混合滚动预算

在实际工作中，采用哪一种滚动预算方式应视企业的实际需要而定。

任务小结

预算按照是否可调整业务量，分为固定预算和弹性预算。按照编制预算方法的出发点不同，可分为增量预算和零基预算。按照预算期间起讫时间是否变动，分为定期预算和滚动预算。

任务三　财务预算的编制

任务分析

全面预算是企业经营管理的"纲"，它是一个关于未来支出的计划而不是事后报账；是一个统一的计划，包括企业所有部门的开支，而且每个部门的日常工作都已经量化；是一个详尽的计划，可以分门别类，列举所有项目的开支；是需要有约束力的计划，必须得到权力部门的批准并接受其监督等。财务预算是企业全面预算的一部分，也是预算管理中的核心部分，直接关系到企业目标的实现，因此怎样做好财务预算的编制与执行，怎样解决财务预算编制和执行中的困难，使得预算管理达到预期目标是本任务的重点。

案例导入

海华公司生产单一品种的 A 产品，市场售价为 500 元，根据销售部门的预测，2017

年预计各季度销售产品分别为 400 件、450 件、600 件、300 件。根据财务部门的统计,以现金方式收回的货款占当季销售额的 80%,其余货款将在下季度收回。2017 年第一季度账面上有上年度第四季度的应收货款 30 000 元。据此,你能为海华公司做出 2017 年的财务预算吗?

一、现金预算的编制

(一) 现金预算的概念

现金预算又称现金收支预算,是指在一定的预算期内有关现金流转状况的预算。这里所说的现金是广义的现金概念,包括库存现金、银行存款和其他货币资金。现金预算是企业预算的一项重要内容,通过现金预算可以事先对企业日常的现金需要量进行有计划的安排,以便合理地调度资金,提高资金的使用效率。

现金预算以企业日常业务预算和专门决策预算为基础而编制,反映了企业预算期间现金收支情况。现金预算主要包括现金收入、现金支出、现金余缺和现金融通四部分,从而反映企业预算期间现金收入、现金支出、现金收支差额、现金筹措及使用情况以及期初期末现金余额,动态地反映了企业的资金的余缺。

现金收入包括期初现金余额和预算期内可能的现金收入,如本期销售在本期收到的现金以及收回以前的应收账款等。现金收入的主要来源是销售收入。年初的"现金余额"是在编制预算时预计的;"销货现金收入"的数据来自销售预算;"可供使用现金"是期初现金余额与本期现金收入之和。

现金支出包括预算期预计可能发生的各项支出,如采购材料支付的货款、支付的工资、制造费用及销售与管理费用中需要支付现金的部分、支付应付账款、缴纳税金、购买设备和支付股息等。其中,"直接材料""直接人工""制造费用""销售与管理费用"的数据,分别来自前述有关预算;"所得税""购置设备""股利分配"等现金支出的数据分别来自另行编制的专门预算。

现金多余或不足是现金收入合计与现金支出合计的差额。若差额为正,说明收入大于支出,现金有多余,可用于偿还借款或用于短期投资;若差额为负,说明支出大于收入,现金不足,需要想办法筹资。

资金的筹集和运用。如果出现现金不足,企业需要采取合法、合适的途径筹措资金,如向银行借款、利用商业信用、出售有价证券、发行股票、发行债券等,以免影响正常的生产经营。如果出现现金余额过多,需要合理运用,如偿债、投资等,以免造成资金的闲置浪费。期末现金余额的计算公式为

期末现金余额=期初现金余额+现金收入-现金支出±资金筹集(或运用)

(二) 现金预算的编制

业务预算和专门决策预算是编制现金预算的依据,因为先进行业务预算和专门决策预算的操作。

▶ 1. 销售预算

销售预算是整个预算的编制起点,其他营业预算的编制和绝大部分财务预算都以销售预算作为基础。销售预测是销售预算的基础,因而销售预测的准确性对整个全面预算的正

确性有极大影响。销售预测对各类不确定因素估计得越充分,越有助于销售预算的准确性。

销售预算包括产品的名称、销售量、单价、销售额等项目。生产经营多种产品的企业,为了避免销售预算过于繁杂,一般只列示全年及各季的销售总额。为了便于现金预算的编制,销售预算中一般还附有预计现金收入表。预计现金收入数中包括本期销售应在本期收到的款项和以前销售中应在本期收到的款项。在销售预算中涉及的公式如下。

预算期预计销售收入的计算公式为

$$预计销售收入 = 预计销售量 \times 预计销售单价$$

预算期收到现金的计算公式为

$$该期收到现金 = 该期销售收入 \times 该期收现率 + 期初应收账款 \times 该期回收率$$

【例8-7】柯迪公司2016年年末的应收账款余额为36 000元。假定柯迪公司只产销一种产品,2017年各季的销售收入中有70%在当季收到现金,其余的30%在下季收到现金。预计该产品单价为100元/件,2017年各季度预计销量分别为1 000件、1 500件、1 800件、2 000件。柯迪公司2017年销售预算和现金收入预算如表8-6和表8-7所示。

表8-6 2017年柯迪公司销售预算表

季 度	1	2	3	4	全 年
预计销售量/件	1 000	1 500	1 800	2 000	6 300
预计销售单价/(元/件)	100	100	100	100	100
预计销售额/元	100 000	150 000	180 000	200 000	630 000

表8-7 2017年柯迪公司预计现金收入表　　　　　　　　　　单位:元

季 度	1	2	3	4	全 年
年初应收账款	36 000				36 000
第一季度销售额	70 000	30 000			100 000
第二季度销售额		105 000	45 000		150 000
第三季度销售额			126 000	54 000	180 000
第四季度销售额				140 000	140 000
现金收入合计	106 000	135 000	171 000	194 000	606 000

▶ 2. 生产预算

销售预算确定后就可以根据预算期的销售量制定生产预算。生产预算是指为规划预算期生产水平而编制的一种日常业务预算。该预算是所有日常业务预算中唯一使用实物计量单位的预算,可以为进一步编制成本和费用预算提供实物数据。由于企业的生产和销售不可能做到同步同量,就需要留有一定的存货,以保证生产均衡进行。某期生产量的计算公式为

$$某种产品的本期生产量 = 预计销售量 + 预计期末存货量 - 预计期初存货量$$

式中,预计销售量是根据销售预算表得来;预计期初存货量就是上季期末存货量;预计期

末存货量应该根据长期销售趋势来确定。在实践中，一般是按事先估计的期末存货量占下期销售量的比例进行估算。

【例8-8】接例8-7(下同)，假设期末存货量占下季度销售量的比例为10%，则柯迪公司2017年生产预算如表8-8所示。

表8-8　2017年柯迪公司生产预算表　　　　　　　　　　单位：件

季　　度	1	2	3	4	全　　年
预计销售量	1 000	1 500	1 800	2 000	6 300
加：预计期末存货量	150	180	200	220	220
减：预计期初存货量	100	150	180	200	100
预计生产量	1 050	1 530	1 820	2 020	6 420

说明：第4季度期末存货量220件是估计数。

▶ 3. 直接材料预算

直接材料预算是指为规划预算期内因组织生产活动和材料采购活动预计发生的材料需要量、采购量和采购成本而编制的一种经营业务预算。直接材料预算是以生产预算、材料消耗定额和预计材料采购单价等信息为基础，并考虑期初、期末材料存货水平而编制的预算。直接材料采购量和采购成本的公式分别为：

本期材料采购量＝本期生产耗用材料量＋期末材料存货量－期初材料存货量

材料采购成本＝材料采购量×该种材料单价

期末材料存货量＝下季度材料耗用量×必要留用比例

直接材料预算与生产预算一样，也要根据生产需要量和预算采购量之间的关系进行编制。其目的在于，避免直接材料存货不足而影响生产；或因存货过多而形成资金的积压和浪费。

为了便于现金预算的编制，通常在编制直接材料预算的同时编制与材料采购有关的各季度材料采购现金支出预算。其计算公式为

材料采购现金支出额＝本期预计采购金额×该期付现率

＋本期期初应付账款×该期付现率

【例8-9】假设柯迪公司单位产品直接材料耗用量为2千克/件，单价为5元/千克，2017年第4季度材料存货量为410千克。预计年初的应付账款为4 000元，2017年各季度的材料采购成本的60%在当季支付，其余的40%于下季支付，期末材料存货量占下季材料总耗用量的10%，则柯迪公司2017年的直接材料预算和材料采购现金支出预算如表8-9和表8-10所示。

表8-9　2017柯迪公司直接材料预算表

季　　度	1	2	3	4	全　　年
预计生产量/件(见表8-8)	1 050	1 530	1 820	2 020	6 420
单位产品直接材料耗用量/(千克/件)	2	2	2	2	2
预计生产需要量/千克	2 100	3 060	3 640	4 040	12 840

续表

季 度	1	2	3	4	全 年
加：期末直接材料存货量/千克	306	364	404	410	410
减：期初直接材料存货量/千克	210	306	364	404	210
直接材料采购数量/千克	2 196	3 118	3 680	4 046	13 040
直接材料单位价格/(元/千克)	5	5	5	5	5
直接材料采购金额/元	10 980	15 590	18 400	20 230	65 200

表 8-10　2017 年柯迪公司材料采购现金支出预算表　　　　单位：元

季 度	1	2	3	4	全 年
年初应付账款	4 000				4 000
第一季度采购现金支出	6 588	4 392			10 980
第二季度采购现金支出		9 354	6 236		15 590
第三季度采购现金支出			11 040	7 360	18 400
第四季度采购现金支出				12 138	12 138
现金支出合计	10 588	13 746	17 276	19 498	61 108

▶ 4. 直接人工预算

直接人工预算是指为规划一定预算期内直接人工工时的消耗水平和直接人工成本水平而编制的一种经营业务预算。直接人工成本包括直接工资和按直接工资一定比例计算的应付福利费等。

编制直接人工预算的主要依据是标准工资率、单位产品标准直接人工工时、其他直接人工费用计提标准和生产预算中的预计生产量等资料。直接人工工时数和直接人工成本的计算公式如下：

$$预计直接人工工时数 = 预计生产量 \times 单位产品标准工时$$

$$预计的直接人工 = 预计直接人工工时 \times 标准小时工资率$$

【例 8-10】假设柯迪公司生产单位产品所需的直接人工为 4 小时，每小时直接人工成本（标准小时工资率）为 5 元，则 2017 年柯迪公司的直接人工预算如表 8-11 所示。

表 8-11　2017 年柯迪公司直接人工预算表

季 度	1	2	3	4	全 年
预计生产量/件(见表 8-8)	1 050	1 530	1 820	2 020	6 420
单位产品直接人工工时	4	4	4	4	4
直接人工工时合计/小时	4 200	6 120	7 280	8 080	25 680
标准小时工资率/元	5	5	5	5	5
直接人工成本总额/元	21 000	30 600	36 400	40 400	128 400

▶ 5. 制造费用预算

制造费用预算是指规划一定预算期内除直接人工和直接材料预算外的所有与产品成本有关的其他生产费用水平而编制的一种日常业务预算。为编制预算方便，制造费用常按其成本性态分为变动性制造费用和固定性制造费用两部分。固定性制造费用可在上期的基础上，根据预期变动加以适当修正进行预计，并作为期间成本直接列入预计的利润表；变动性制造费用根据预计生产量乘以单位变动制造费用进行预计。

同样为了编制现金预算，在制造费用预算中，通常包括费用方面预期的现金支出。固定资产折旧属于非付现成本，在编制制造费用现金支出预算时，应将这一项目从中予以扣除。计算公式分别为

$$变动性制造费用预算 = 预计直接人工工时 \times 标准小时费用率$$
$$预计制造费用现金支出 = 预计变动性制造费用现金支出 + 预计固定性制造费用现金支出$$
$$固定性制造费用现金支出 = (预计年度固定性制造费用 - 预计年折旧费) \div 4$$

编制制造费用预算的主要依据是预算期的生产量、制造费用标准耗用量和标准价格。

【例 8-11】假设柯迪公司变动性制造费用按直接人工工时数进行规划，全年各项制造费用预算如表 8-12 所示，各季制造费用预算和制造费用现金支出预算如表 8-13 所示。

表 8-12　2017 年柯迪公司各项制造费用预算表

成本项目		金额/元	费用分配率计算
变动性制造费用	间接人工费用	15 000	变动性制造费用分配率 = 变动性制造费用预算合计 ÷ 直接人工总工时 = 51 360 ÷ 25 680 = 2
	间接材料费用	24 000	
	维护费	6 360	
	水电费	6 000	
	合计	51 360	
固定性制造费用	折旧费	36 000	固定性制造费用一般在各季度间平均分配
	维护费	20 000	
	管理费	14 040	
	保险费	7 000	
	合计	77 040	

表 8-13　2017 年柯迪公司各季度制造费用预算及制造费用现金支出预算表

季度	1	2	3	4	全年
直接人工工时合计/小时（见表 8-11）	4 200	6 120	7 280	8 080	25 680
变动性制造费用分配率	2	2	2	2	2
预计变动性制造费用/元	8 400	12 240	14 560	16 160	51 360
预计固定性制造费用/元	19 260	19 260	19 260	19 260	77 040
预计制造费用/元	27 660	31 500	33 820	35 420	128 400

续表

季度	1	2	3	4	全　年
减：折旧费用/元	9 000	9 000	9 000	9 000	36 000
制造费用现金支出/元	18 660	22 500	24 820	26 420	92 400

▶ **6. 产品单位成本和期末产品存货预算**

产品成本预算是指为规划预算期内和预算期末每种产品的单位成本、生产成本、销售成本，以及期末存货成本等项内容而编制的一种日常预算。编制产品成本预算的目的有两个：一是为编制预计利润表提供产品销售成本数据；二是为编制预计资产负债表提供期末产成品存货数据。该预算的编制依据是前述的生产预算、直接材料预算、直接人工预算和制造费用预算。假设柯迪公司采用变动成本法核算产品成本，有关的公式为

销售成本＝期初产成品存货成本＋本期生产成本－期末产品成本

【例 8-12】柯迪公司产成品成本预算的编制如表 8-14 所示。

表 8-14　柯迪公司产成品成本预算

项　　目	单 位 成 本			生产成本/元	期末存货成本/元	销售成本/元
	单价/元	单位耗用量	成本/元			
直接材料(见表 8-11)	5	2	10	64 200	2 200	63 000
直接人工(见表 8-13)	5	4	20	128 400	4 400	126 000
变动制造费用(见表 8-14)	2	4	8	51 360	1 760	50 400
合计			38	243 960	8 360	239 400

说明：本年预计生产量 6420 件，本年预计销售量 6300 件，预计年末结存数量 220 件，年初结存数量 100 件。

▶ **7. 销售及管理费用预算**

销售与管理费用预算是指为规划一定预算期内，企业在销售阶段组织产品销售，以及因管理企业预计发生的各项费用水平而编制的一种日常业务预算。如果各费用项目的数额比较大，则销售费用预算与管理费用预算可以分别编制。销售费用预算的编制以销售预算为基础，结合历史资料进行细致分析，运用本量利分析等方法，合理安排销售费用，使之发挥最大效用；管理费用预算在编制时应以过去发生的实际支出为参考，分析企业的具体业务情况，使管理费用的支出更合理、更有效。在编制销售与管理费用预算时应分别根据成本性态进行，对于变动费用可以根据销售量在各季度之间分配，固定费用则可以按季度平均分配。

【例 8-13】假设柯迪公司的销售与管理费用全部在发生的当期用现金支付，预计变动销售与管理费用为每件 3 元，则销售与管理费用预算见表 8-15。

表 8-15　2017 年柯迪公司销售与管理费用预算表

季　　度	1	2	3	4	全　　年
预计销售量/件（见表 8-6）	1 000	1 500	1 800	2 000	6 300
单位产品变动销售与管理费用/（元/件）	3	3	3	3	3
预计变动销售与管理费用/元	3 000	4 500	5 400	6 000	18 900
预计固定销售与管理费用/元					
广告费/元	6 000	6 000	6 000	6 000	24 000
保险费/元	5 000			8 000	13 000
管理人员工资/元	7 000	7 000	7 000	7 000	28 000
财产税/元				1 500	1 500
租金/元	4 000				4 000
小计/元	22 000	13 000	13 000	22 500	70 500
预计销售与管理费用合计/元	25 000	17 500	18 400	28 500	89 400

▶ 8. 现金预算

现金预算根据前面各种预算中的现金收入和现金支出的资料编制，"年初现金余额"可以从上年年末资产负债表得知。

【例 8-14】柯迪公司 2017 年现金预算的编制除需要前述各项预算资料外，还需要以下各项资料：

(1) 年初的现金余额为 28 000 元，规定各季末最低现金余额 20 000 元，若资金不足，根据企业与银行的协议，企业每季初都可以按 6% 的利率向银行借款（假设借款应为 1 000 元的整数倍）；若资金有多余，每季末偿还，借款利息于偿还本金时一起支付。

(2) 预计每年初发放股息 50 000 元。

(3) 预计全年的所得税为 40 000 元（该企业所得税有优惠政策），每季度平均负担。

(4) 预计第 1 季度购买设备 60 000 元，第 3 季度购买设备 62 000 元，款项均于购买当季支付。

(5) 预计 2017 年第 4 季度购买有价证券 25 000 元。

根据上述资料可以编制 2017 年柯迪公司的现金预算如表 8-16 所示。

表 8-16　2017 年柯迪公司现金预算表　　　　　　　　　　　　　单位：元

季　　度	1	2	3	4	全　　年
期初现金余额	28 000	20 752	20 206	22 310	28 000
加：预计现金收入（见表 8-7）	106 000	135 000	171 000	194 000	606 000
现金收入合计	134 000	155 752	191 206	216 310	634 000
减：现金支出					
材料采购（见表 8-10）	10 588	13 746	17 276	19 498	61 108

续表

季　　度	1	2	3	4	全　　年
直接人工（见表 8-11）	21 000	30 600	36 400	40 400	128 400
制造费用（见表 8-13）	18 660	22 500	24 820	26 420	92 400
销售与管理费用（见表 8-15）	25 000	17 500	18 400	28 500	89 400
所得税	10 000	10 000	10 000	10 000	40 000
购置设备	60 000		62 000		122 000
发放股利	50 000				50 000
现金支出合计	195 248	94 346	168 896	124 818	583 308
资金融通与运用前现金余额	−61 248	61 406	22 310	91 492	50 692
资金融通与运用					
加：借款	82 000				82 000
减：还款		40 000		42 000	82 000
偿付利息		1 200		2 520	3 720
购买有价证券				25 000	25 000
资金融通与运用合计	82 000	−41 200		−69 520	−28 720
期末现金余额	20 752	20 206	22 310	21 972	21 972

说明：偿付利息，第 1 季度为 40 000×6%×6÷12＝1 200；第 4 季度为 42 000×6%＝2 520。

二、预计财务报表的编制

预计财务报表也是企业总预算，是企业财务管理的重要工具，也是控制企业在预算期内资金、成本和利润的重要手段，主要包括预计利润表和预计资产负债表。

（一）预计利润表

预计利润表是以货币形式综合反映预算期内经营活动成果（包括利润总额、净利润）的一种预算。

根据前述的各项经营预算，结合会计的权责发生制原则即可编制预计利润表。预计利润表是整个预算过程中的一个重要环节，它可以揭示企业预期的盈利情况，从而有助于管理人员及时调整经营策略。

【例 8-15】表 8-17 为 2017 年柯迪公司的预计利润表。

表 8-17　2017 年柯迪公司的预计利润表

项　　目	金额/元	资料来源
销售收入（6 300 件，单价 100 元）	630 000	表 8-6
减：变动成本		
变动销售成本（单位成本 38 元）	239 400	表 8-14

续表

项目	金额/元	资料来源
变动销售管理费用	18 900	表 8-15
边际贡献	371 700	
减：固定成本		
固定制造费用	77 040	表 8-13
固定销售与管理费用	70 500	表 8-15
减：利息费用	3 720	表 8-16
税前利润	220 440	
减：所得税	40 000	表 8-16
税后净利润	180 440	

（二）预计资产负债表的编制

预计资产负债表是指用于总括反映企业预算期末资产、负债和所有者权益存在状况的一种预算报表。预计资产负债表可以为企业管理者提供会计期末企业预期状况的信息，有助于企业管理当局预测未来期间的经营状况，并采取适当的改进措施。

其编制方法为，在企业期初资产负债表的基础上，经过对经营业务预算和现金预算中的有关数字作适当调整，就可以编制预计资产负债表。

【例 8-16】 2017 年柯迪公司的预计资产负债表见表 8-18 所示。

表 8-18　2017 年柯迪公司的预计资产负债表　　　　　　　　　单位：元

项目	年初余额	年末余额	项目	年初余额	年末余额
流动资产			流动负债		
现金	28 000	21 972	短期借款	0	0
短期有价证券	0	25 000	未交税金	0	0
应收账款	36 000	60 000	应付账款	4 000	8 092
直接材料	1 050	2 050	应付股利	50 000	50 000
产成品	3 800	8 360	流动负债合计	54 000	58 092
流动资产总额	68 850	117 382	长期借款	50 000	50 000
固定资产			负债合计	104 000	108 092
固定资产原值	200 000	322 000	所有者权益		
减：累计折旧	30 000	66 000	实收资本	200 000	200 000
固定资产净值	170 000	256 000	资本公积	0	0
固定资产合计	170 000	256 000	留存收益	−65 150	65 290
无形资产合计	0	0	所有者权益合计	134 850	265 290
资产总计	238 850	373 382	负债及权益合计	238 850	373 382

说明：(1) 预计资产负债表的年初数，取自柯迪公司 2016 年实际资产负债表的年末数。

(2) 现金的年末余额 21 972 元，取自表 8-16。

(3) 短期有价证券期末余额 25 000 元，取自表 8-16。

(4) 应收账款的年末余额 60 000 元，取自表 8-7，用第 4 季度的销售收入 200 000 元减去第 4 季度的收款额 140 000 元得出结果。

(5) 直接材料的年末余额 2 050 元，是根据表 8-9 的期末结存量 410 件乘以单价 5 元计算得出。

(6) 产成品的年末余额 8 360 元，取自表 8-14。

(7) 固定资产原值年末数 32 2000 元，根据资产负债表的年初数 200 000 元加上表 8-16 中本年购置的固定资产 122 000 元计算得出。

(8) 累计折旧的年末数 66 000 元，根据资产负债表的年初数 30 000 元加上表 8-12 本期提取数 36 000 元计算得出。

(9) 应付账款年末余额 8 092 元，取自表 8-10。

(10) 应付股利年末数 50 000 元，根据合同约定企业每年初需要发放股利 50 000 元。

(11) 长期借款年末数 50 000 元，根据年初结余 50 000 元，本期没有归还和借入得出。

(12) 留存收益年末数 65 290 元，根据年初留存收益—65 150 元（表 8-18）加上本年实现的税后净利 180 440 元（表 8-17）减去当年分配的股利 50 000 元（表 8-16）计算得出。

任务小结

全面预算的编制一般包括日常业务预算和财务预算。其中日常业务预算是以销售预算为主导来编制生产预算、直接材料预算、直接人工预算、制造费用预算、产品成本预算和销售及管理费用预算。财务预算包括现金预算和预计财务报表。现金预算又包括现金收入、现金支出、现金收支差额和资金的筹集及应用，是日常业务预算与专门决策预算中有关现金收支部分的汇总。预计财务报表包括预计利润表、预计资产负债表和预计现金流量表。

拓展阅读：
大数据下的弹性预算法

课后习题

一、单项选择题

1.（　　）是只使用实物量计量单位的预算。

A. 产品成本预算　　　　　　B. 生产预算

C. 管理费用预算　　　　　　D. 直接材料预算

2. 现金预算中，不属于现金支出内容的是（　　）。

A. 支付制造费用　　　　　　B. 预交所得税

C. 购买设备支出　　　　　　D. 支付借款利息支出

3. 下列各项中，属于业务预算的是（　　）。
   A. 预计资产负债表　　B. 预计利润表　　C. 现金预算　　D. 销售预算
4. 增量预算编制方法的缺陷是（　　）。
   A. 可比性弱
   B. 工作量很大
   C. 有利于促使各基层单位精打细算
   D. 可能导致无效费用开支项目无法得到有效控制
5. 某企业编制第四季度现金预算，现金多余或不足部分列示金额为－17 840元，资金的筹集和运用部分列示归还借款利息500元，若企业需要保留的现金余额为3 000元，银行借款的金额要求是1 000元的整倍数，那么企业第四季度的借款额为（　　）元。
   A. 22 000　　B. 18 000　　C. 21 000　　D. 23 000
6. 现金预算中，计算"现金余缺"时，现金支出不包括（　　）。
   A. 资本性现金支出　　B. 直接材料采购　　C. 支付利息　　D. 支付流转税
7. 某企业第一季度产品生产量预算为1 500件，单位产品材料用量5千克/件，季初材料库存量1 000千克，第一季度还要根据第二季度生产耗用材料的10%安排季末存量，预计第二季度生产耗用7 800千克材料。材料采购价格预计12元/千克，则该企业第一季度材料采购的金额为（　　）元。
   A. 78 000　　B. 87 360　　C. 92 640　　D. 99 360
8. 下列各项预算中，最先编制的预算应该是（　　）。
   A. 销售预算
   B. 生产预算
   C. 预计利润表
   D. 预计资产负债表

二、多项选择题

1. 下列各项中，属于总预算的有（　　）。
   A. 投资决策预算　　B. 销售预算　　C. 现金预算　　D. 预计利润表
2. 弹性预算编制方法的优点是（　　）。
   A. 预算范围宽　　B. 可比性强　　C. 及时性强　　D. 透明度高
3. 弹性成本预算的编制方法包括（　　）。
   A. 公式法　　B. 因素法　　C. 列表法　　D. 百分比法
4. 增量预算编制方法的缺点包括（　　）。
   A. 可能导致保护落后
   B. 导致预算中的"平均主义"
   C. 工作量大
   D. 不利于企业的未来发展
5. 滚动预算按照预算编制和滚动的时间单位不同分为（　　）。
   A. 逐月滚动　　B. 逐季滚动　　C. 逐年滚动　　D. 混合滚动

三、判断题

1. 财务预算具有资源分配的功能。（　　）
2. 滚动预算又称滑动预算，是指在编制预算时，将预算期与会计年度脱离，随着预算的执行不断延伸补充预算，逐期向后滚动，使预算期永远保持为一个固定期间的一种预算编制方法。（　　）
3. 弹性利润预算编制的百分比法，适用于单一品种经营或采用分算法处理固定成本

的多品种经营的企业。（   ）

4. 增量预算与零基预算相比能够调动各部门降低费用的积极性。（   ）

5. 生产预算是预算编制的起点。（   ）

6. 根据"以销定产"原则，某期的预计生产量应当等于该期预计销售量。（   ）

7. 经营决策预算除个别项目外一般不纳入日常业务预算，但应计入与此有关的现金预算与预计资产负债表。（   ）

8. 预计资产负债表是以货币形式综合反映预算期内企业经营活动成果计划水平的一种财务预算。（   ）

四、计算分析题

1. 甲公司计划本年只生产一种产品，有关资料如下：

（1）每季的产品销售货款有60%于当期收到现金，有40%于下一季度收到现金，预计第一季度末的应收账款为3 800万元，第二季度的销售收入为8 000万元，第三季度的销售收入为12 000万元。产品售价为1 000元/件。

（2）每一季度末的库存产品数量等于下一季度销售量的20%。单位产品材料定额耗用量为5千克，第二季度末的材料结存量为8 400千克，第二季度初的材料结存量为6 400千克，材料计划单价10元/千克。

（3）材料采购货款在采购的季度支付80%，剩余的20%在下一季度支付，未支付的采购货款通过"应付账款"核算，第一季度末的应付账款为100万元。

要求：

（1）确定第一季度的销售收入。

（2）确定第二季度的销售现金收入合计。

（3）确定第二季度的预计生产量。

（4）确定第二季度的预计材料采购量。

（5）确定第二季度采购的现金支出合计。

实践操作

项目九 财务分析

思维导图

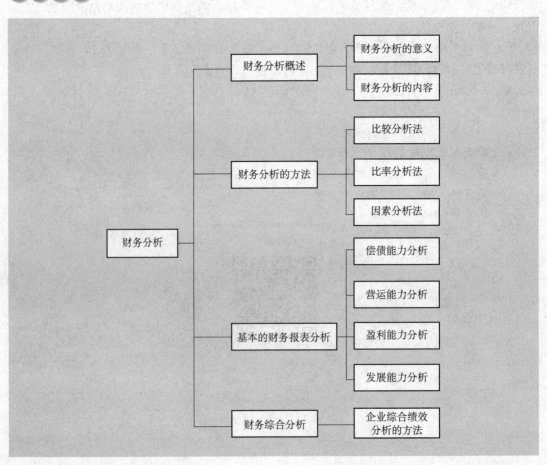

学习目标

知识目标：
1. 了解财务分析与财务评价的相关关系；
2. 掌握盈利能力指标、偿债能力指标、营运能力指标的计算与分析；
3. 掌握财务报表综合分析的技术和方法。

能力目标：
1. 能够运用综合分析的指标体系；
2. 能够在实践中运用财务报表综合分析方法。

素质目标：
1. 对企业的财务形势做出判断和评价；
2. 全面准确地评价企业经营业绩。

任务一 财务分析概述

任务分析

财务分析是以会计核算和报表资料及其他相关资料为依据，采用一系列专门的分析技术和方法，对企业等经济组织过去和现在有关筹资活动、投资活动、经营活动、分配活动的盈利能力、营运能力、偿债能力和增长能力状况等进行分析与评价的经济管理活动。

案例导入

假设有两家公司，一家是宏鑫公司，一家是晨兴公司。这两家公司正好在某一会计年度所实现的利润额刚好相同，那么是否意味着两个公司的盈利能力是相同的呢？

一、财务分析的意义

财务分析对不同的信息使用者具有不同的意义。财务分析的意义主要体现在以下方面。

(1) 可以评价和考核企业的经营状况，揭露财务活动存在的相关问题。通过指标的计算、分析和比较，能够评价和考核企业的盈利能力和资金周转状况，揭示其经营管理的各个方面和各个环节的问题，并通过问题找出差距，从而得出分析结论。

(2) 可以判断企业的财务实力。通过对资产负债表和利润表等相关资料的分析，计算相关指标，可以了解企业的资产结构和负债水平是否合理，从而判断企业的偿债能力、盈利能力和营运能力等财务实力，揭示企业在财务状况方面可能会出现的问题。

(3) 通过深入分析，可以挖掘企业的潜力，从而能提高企业经营管理水平和企业经济效益。企业进行财务分析的目的不仅是发现问题，更重要的是，使这些问题得以解决。通过财务分析，应保持和进一步发挥生产经营中的成功经验，对存在的问题提出解决的策略和措施。从而达到扬长避短、提高企业经营管理水平和经济效益的目的。

(4) 可以预测企业的发展趋势。通过各种财务分析，可以判断企业的发展趋势，预测企业的生产前景及偿债能力，从而为企业经营领导层进行生产经营决策、投资人进行投资决策和债权人进行信贷决策提供重要的依据，避免因决策错误给企业带来重大的损失。

二、财务分析的内容

财务分析报告的需求者主要是政府、企业所有者、企业经营决策者和企业债权人等。不同的主体由于有不同的利益考虑，对财务分析报告则会有各自不同的要求。

(1) 政府兼具多重身份，既是宏观经济管理者，又是国有企业的所有者和重要的市场参与者，因此政府对企业财务分析的关注点因所具身份的不同而不同。

(2) 企业所有者关心其资本的保值和增值状况，因此较为重视企业盈利能力指标，主要进行企业盈利能力分析。

(3) 企业经营决策者必须对企业经营理财的各方面，包括偿债能力、运营能力、盈利能力、发展能力的全部信息予以详尽地了解和掌握；主要进行各方面综合分析，并关注企业财务风险和经营风险。

(4) 企业债权人是不能参与企业剩余利润分配的，所以首先关注的是其投资的安全性，因此主要进行企业偿债能力分析，同时也关注企业盈利能力分析。

为了满足不同财务分析报告需求者的使用，财务分析一般包括偿债能力分析、营运能力分析、盈利能力分析、发展能力分析等内容。

任务小结

企业财务分析能反映企业在运营过程中的利弊得失和发展趋势，从而为改进企业财务管理工作和优化经济决策提供重要财务信息。美国南加州大学教授 Water B. Neigs 认为，财务分析的本质是搜集与决策有关的各种财务信息，并加以分析和解释的一种技术。

任务二　财务分析的方法

任务分析

财务分析是企图了解一个企业经营业绩和财务状况的真实面目，从晦涩的会计程序中将会计数据背后的经济含义挖掘出来，为投资者和债权人提供决策基础。

案例导入

甲企业 2017 年 3 月原材料 A 费用的实际数是 6 800 元，而其计划数是 6 000 元。实际比计划增加 800 元。如果需要分析各因素变动对材料费用总额的影响，那么需要用哪种分析方法？

一、比较分析法

比较分析法是会计报表分析最常用,也是最基本的方法。财务报表的比较分析法是指对两个或两个以上的可比数据进行对比,找出企业财务状况、经营成果中的差异与问题。

根据比较分析对象的不同,比较分析法分为以下几种。

(1) 趋势分析法。此种方法比较的对象是本企业的历史。趋势分析法是通过对财务报表中各类相关数字资料,将两期或多期连续的相同指标或比率进行定基对比和环比对比,得出它们的增减变动方向、数额和幅度,以揭示企业财务状况、经营情况和现金流量变动趋势的一种分析方法。

(2) 横向比较法。此种方法比较的对象是同类企业。横向比较法是指对同类的不同对象在统一标准下进行比较的方法。

(3) 预算差异分析法。此种方法比较的对象是预算数据。预算差异分析就是通过比较实际执行结果与预算目标,确定其差异额及其差异原因。

比较分析法的具体应用主要有重要财务指标的比较、会计报表的比较和会计报表项目构成的比较三种方式。

(一) 重要财务指标的比较

重要财务指标的比较是指将不同时期财务报表中的相同指标或比率进行纵向比较,直接观察其增加变动情况及变动幅度,考察其发展趋势,预测其发展前景。不同时期财务指标的比较主要有以下几种方法。

(1) 定基动态比率,是以某一时期的数据为固定基期数额而计算出来的动态比率。

$$定基动态比率 = \frac{分析期数额}{固定基期数额} \times 100\%$$

(2) 环比动态比率,是以每一分析期的数据与上期数据相比较计算出来的动态比率。

$$环比动态比率 = \frac{分析期数据}{前期数据} \times 100\%$$

(二) 会计报表的比较

会计报表的比较是将两年或连续几年的报表项目并排列示,以便直接观察每个项目的增减变动情况,了解会计报表各项的变动趋势,并以此判断企业财务状况和经营成果发展变化的一种方法。具体包括资产负债表比较、利润表比较和现金流量表比较等。

(三) 会计报表项目构成的比较

会计报表项目构成的比较是在会计报表比较的基础上发展而来的,是以会计报表中的某个总体指标作为100%,再计算出各组成项目占该总体指标的百分比,从而比较各个项目百分比的增减变动,以此来判断有关财务活动的变化趋势。

采用比较分析法时,应当注意以下问题:

(1) 用于对比各个时期的指标,其计算口径必须保持一致。

(2) 应剔除偶发性项目的影响,使分析所利用的数据能反映正常的生产经营状况。

(3) 应运用例外原则对某项有显著变动的指标作重点分析,研究其产生的原因,以便采取对策。

二、比率分析法

比率分析法是通过财务报表的有关指标的比率计算,分析企业财务状况和经营成果,了解企业发展前景的分析方法。比率指标的类型主要有构成比率、效率比率和相关比率三类。

(一) 构成比率

构成比率又称结构比率,是某项财务指标的各组成部分数值占总体数值的百分比,反映部分与总体的关系。

$$构成比率 = \frac{某个组成部分数值}{总体数值} \times 100\%$$

如企业资产中的固定资产、无形资产和流动资产占资产总额的百分比(资产构成比率),企业负债中的长期负债和流动负债占负债总额的百分比(负债构成比率)等。利用构成比率,可以考察总体中某个部分的形成和安排是否合理,以便协调各项财务活动。

(二) 效率比率

效率比率是某项财务活动中所费与所得的比率,反映投入与产出的关系。利用效率比率指标,可以进行得失比较,考查经营成果,评价经济效益。

例如,将利润项目与销售成本、销售收入、资本金等项目加以对比,可以计算出成本利润率、销售利润率和资本金利润率等指标,从不同角度观察比较企业盈利能力的高低和其增减变化情况。

(三) 相关比率

相关比率是以某个项目和与其有关但又不同的项目加以对比所得的比率,反映有关经济活动的相互关系。利用相关比率指标可以考查企业相互关联的业务安排得是否合理,以保障经营活动顺畅进行。

例如,将负责总额与资产总额进行对比,可以判断企业长期偿债能力;将流动资产与流动负债进行对比,计算出流动比率,可以判断企业的短期偿债能力。

采用比率分析法时,应当注意以下几点:
(1) 对比项目要具有相关性。
(2) 对比的口径必须一致。
(3) 衡量的标准必须要有科学性。

三、因素分析法

因素分析法是依据分析指标与影响因素的关系,从数量上确定各因素对分析指标影响方向和影响程度的一种方法。因素分析法具体有两种:连环替代法和差额分析法。

(一) 连环替代法

连环替代法是将分析指标分解为各个可以计量的因素,并根据各个因素之间相互依存的关系,依次用各因素的比较值(通常为实际值)代替基准值(通常为标准值或计划值),并据此来测定各因素对分析指标的影响。

【例 9-1】某企业 2017 年 10 月某种原材料费用的实际数是 8 820 元,而其计划数是 8 000 元。实际比计划增加 820 元。由于原材料费用是由产品产量、单位产品材料消耗量和材料单价三个因素的乘积组成,因此就可以把材料费用这一总指标分解为三个因素,然后逐个来分析它们对材料费用总额的影响程度。现假设这三个因素的数值如表 9-1 所示。

表 9-1 假设三个因素的数值

项　　目	单　　位	计　划　数	实　际　数
产品产量	件	100	105
单位产品材料消耗量	千克	16	14
材料单价	元	5	6
材料费用总额	元	8 000	8 820

根据表 9-1 中资料,材料费用总额是实际数较计划数增加 820 元。运用连环替代法,可以计算各因素变动对材料费用总额的影响。

计划指标:$100 \times 16 \times 5 = 8\ 000$(元)　　　　　　　　　　①
第一次替代:$105 \times 16 \times 5 = 8\ 400$(元)　　　　　　　　　②
第二次替代:$105 \times 14 \times 5 = 7\ 350$(元)　　　　　　　　　③
第三次替代:$105 \times 14 \times 6 = 8\ 820$(元)　　　　　　　　　④
实际指标:
②－①＝8 400－8 000＝400(元)(产量增加的影响)
③－②＝7 350－8 400＝－1 050(元)(材料节约的影响)
④－③＝8 820－7 350＝1 470(元)(价格提高的影响)
400－1 050＋1 470＝820(元)(全部因素的影响)

在采用因素分析法时,应注意以下问题。

(1) 因素分解的关联性。构成经济指标的因素,必须客观上存在着因果关系,并能够反映形成该项指标差异的内在构成原因,否则就失去了应用价值。

(2) 因素替代的顺序性。确定替代因素时,必须根据各因素的依存关系,遵循一定的顺序并依次替代,不可随意加以颠倒,否则就会得出不同的计算结果。

(3) 顺序替代的连环性。因素分析法在计算每一因素变动的影响时,都是在前一次计算的基础上进行,并采用连环比较的方法确定因素变化的影响结果。

(4) 计算结果的假定性。由于因素分析法计算的各因素变动的影响数,会因替代顺序不同而有差别,因而计算结果不免带有假设性。

因此,在分析时,应力求这种假设合乎逻辑,具有实际经济意义。

(二) 差额分析法

差额分析法是连环替代法的一种简化形式,是利用各个因素的比较值与基准值之间的差额来计算各因素对分析指标的影响。

【例 9-2】仍用表 9-1 中的资料。可采用差额分析法计算确定各因素变动对材料费用的影响。

(1) 由于产量增加对材料费用的影响为
$(105-100) \times 16 \times 5 = 400$(元)

(2) 由于材料消耗节约对材料费用的影响为

(14－16)×105×5＝－1 050(元)

(3) 由于价格提高对材料费用的影响为

(6－5)×105×14＝1 470(元)

任务小结

本节介绍的几种财务报表分析的基本方法，是能在工作中用来测算数据、权衡效益、揭示差异、查明原因的具体方法，是为了达到分析目的所采用的手段和措施。

任务三　基本的财务报表分析

任务分析

财务比率也称为财务指标，是以财务报表资料为依据，将两个相关的数据进行相除而得到的比率。基本财务报表分析内容包括偿债能力分析、营运能力分析、盈利能力分析、发展能力分析四个方面。通过四个方面的分析可以揭示企业经营管理的各方面问题。

案例导入

宏鑫公司2017年度报表如表9-2～表9-4。如何分析宏鑫公司2017年度财务状况？

表9-2　宏鑫公司资产负债表

编制单位：宏鑫公司　　　　　　　　2017年12月31日　　　　　　　　　　单位：元

资产	年初数	期末数	负债和所有者权益	年初数	期末数
流动资产：			流动负债：		
货币资金	1 010 000	1 367 286	短期借款	1 500 000	780 000
交易性金融资产	100 000	—	应付票据	—	117 000
应收票据	10 000	60 000	应付账款	300 000	241 000
应收股利	—	—	预收账款	—	—
应收利息	—	—	应付职工薪酬	150 000	118 000
应收账款	475 000	885 400			
其他应收款	100 000	203 000	应付股利	—	120 000
预付账款	—	—	应交税费	—	114 610
应收补贴款	—	—			
存货	4 000 000	2 599 850	其他应付款	220 000	100 000
待摊费用	—	—	应付利息	—	22 000

续表

资产	年初数	期末数	负债和所有者权益	年初数	期末数
一年内到期的非流动资产	—	—			
其他流动资产	—	—	一年内到期的非流动负债	300 000	—
流动资产合计	5 695 000	5 125 536	其他流动负债	—	—
非流动资产：			流动负债合计	2 470 000	1 610 960
长期股权投资	900 000	1 424 000	非流动负债：		
可供出售金融资产	—	—	长期借款	1 030 000	1 070 000
持有至到期投资	—	—	应付债券		1 050 000
投资性房地产	—	300 000	长期应付款		
固定资产	4 000 000	4 034 000	专项应付款		
工程物资	—	58 500	预计负债		
在建工程	—	105 200	其他非流动负债		—
固定资产清理			递延所得税负债		
生产性生物资产	—	—	非流动负债合计	1 030 000	2 120 000
油气资产	—	—			
无形资产			负债合计	3 500 000	3 730 960
长期待摊费用	492 500	442 500			
递延所得税资产	—	—	所有者权益：		
			实收资本（或股本）	5 000 000	5 000 000
其他非流动资产	—	—	减：已归还投资	—	—
非流动资产合计	5 392 000	6 364 200	实收资本（或股本）净额	5 000 000	5 000 000
			资本公积	2 587 500	2 587 500
			减：库存股		
			盈余公积	—	27 962.6
			未分配利润	—	131 663.4
			所有者权益合计	7 587 500	7 748 776
资产总计	11 087 500	11 479 736	负债和所有者权益总计	11 087 500	11 479 736

表 9-3 利 润 表

编制单位：宏鑫公司　　　　　　　　　　　2017 年度　　　　　　　　　　　单位：元

项　　目	上期金额	本期金额
一、营业收入	2 500 000	2 700 000
减：营业成本	1 890 000	2 000 000

续表

项　　目	上期金额	本期金额
税金及附加	14 000	16 000
销售费用	28 000	30 000
管理费用	200 000	209 200
财务费用	108 000	117 000
资产减值损失	—	—
加：公允价值变动收益（损失以"—"号填列）	—	—
投资收益（损失以"—"号填列）	50 000	80 000
二、营业利润（亏损以"—"号填列）	310 000	407 800
加：营业外收入	5 000	15 000
减：营业外支出	30 000	35 000
三、利润总额（亏损以"—"号填列）	285 000	387 800
减：所得税费用	100 000	108 174
四、净利润（净亏损以"—"号填列）	185 000	279 626
五、每股收益		
（一）基本每股收益	待估	待估
（二）稀释每股收益	待估	待估

表 9-4　现金流量表

编制单位：宏鑫公司　　　　　　　　2017 年度　　　　　　　　　　　　　单位：元

项　　目	上期金额	本期金额
一、经营活动产生的现金流量		
销售商品、提供劳务收到的现金		2 727 000
收到税费返还		—
收到的其他与经营活动有关的现金		—
经营活动现金流入小计		2 727 000
购买商品、接受劳务支付的现金		374 914
支付给职工工资以及为职工支付的现金		230 000
支付的各项税费		440 000
支付的其他与经营活动有关的现金		309 800
经营活动现金流出小计		1 354 714
经营活动产生的现金流量净额		1 372 286
二、投资活动产生的现金流量		

续表

项　　目	上期金额	本期金额
收回投资所收到的现金		—
取得投资收益所收到的现金		56 000
处置固定资产、无形资产和其他长期资产收回的现金净额		75 000
处置子公司及其他营业单位收到的现金净额		—
收到的其他与投资活动有关的现金		—
投资活动现金流入小计		131 000
购建固定资产、无形资产和其他长期资产支付的现金		604 000
投资所支付的现金		500 000
取得子公司及其他营业单位支付的现金净额		—
支付的其他与投资活动有关的现金		—
投资活动现金流出小计		1 104 000
投资活动产生的现金流量净额		−973 000
三、筹资活动产生的现金流量		
吸收投资收到的现金		1 024 000
取得借款收到的现金		—
收到的其他与筹资活动有关的现金		—
筹资活动现金流入小计		1 024 000
偿还债务所支付的现金		1 020 000
分配股利、利润或偿付利息支付的现金		70 000
支付的其他与筹资活动有关的现金		26 000
筹资活动现金流出小计		1 116 000
筹资活动产生的现金流量净额		−92 000
四、汇率变动对现金及现金等价物的影响		—
五、现金及现金等价物净增加额		307 286
加：期初现金及现金等价物余额		1 010 000
六、期末现金及现金等价物余额		1 317 286
补充资料	上期金额	本期金额
1. 将净利润调节为经营活动的现金流量：		
净利润		279 626
加：资产减值准备		16 600
固定资产折旧、油气资产折耗、生产性生物资产折旧		120 000
无形资产摊销		—

续表

项　　　目	上期金额	本期金额
长期待摊费用摊销		50 000
待摊费用减少（减：增加）		0
应付利息增加（减：减少）		20 000
处置固定资产、无形资产和其他长期资产的损失（减：收益）		−10 000
固定资产报废损失		15 000
公允价值变动损失（减：收益）		—
财务费用		117 000
投资损失（减：收益）		−80 000
递延所得税资产减少（减：增加）		—
递延所得税负债增加（减：减少）		—
存货的减少（减：增加）		1 370 150
经营性应收项目的减少（减：增加）		−532 000
经营性应付项目的增加（减：减少）		−14 090
其他		20 000
经营活动产生的现金流量的净额		1 372 286
2. 不涉及现金收支的重大投资和筹资活动：		
债务转为资本		—
一年内到期的可转换公司债券		—
融资租入固定资产		
3. 现金及现金等价物净变动情况：		
现金的期末余额		1 367 286
减：现金的期初余额		1 010 000
加：现金等价物的期末余额		60 000
减：现金等价物的期初余额		110 000
现金及现金等价物净增加额		307 286

一、偿债能力分析

偿债能力是指企业偿还本身所欠债务的能力。对偿债能力进行分析有利于债权人、投资者和企业经营者做出正确的决策，对偿债能力的分析还有利于正确评价企业的财务状况。

偿债能力的衡量方法有两种：一种是比较可供偿债资产与债务的存量，资产存量超过债务存量较多，则被认为偿债能力较强；另一种是比较经营活动现金流量和偿债所需要的现金量,如果产生的现金量超过需求的现金量,则认为偿债能力较强。

债务一般按到期时间分为短期债务和长期债务,偿债能力分析也由此分为短期偿债能力分析和长期偿债能力分析。

(一) 短期偿债能力分析

企业在短期(一年或超过一年的一个营业周期内)需要偿还的负债主要指流动负债,因此短期偿债能力衡量的是对流动负债的清偿能力。企业的短期偿债能力取决于短期内企业产生现金的能力,即在短期内能够转化为现金的流动资产的多少。因此,短期偿债能力比率也称为变现能力比率或流动性比率,主要考查的是流动资产对流动负债的清偿能力。企业短期偿债能力的衡量指标主要有营运资金、流动比率、速动比率和现金比率。

▶ 1. 营运资金

营运资金是指流动资产超过流动负债的部分。其计算为

$$营运资金=流动资产-流动负债$$

根据表9-2数据可以计算出宏鑫公司:

上年末的营运资金=5 695 000-2 470 000=3 225 000(元)

本年末的营运资金=5 125 536-1 610 960=3 514 576(元)

计算营运资金使用的"流动资产"和"流动负债"数据,通常可以直接从资产负债表中获得。资产负债表项目区分为流动项目和非流动项目,并且按照流动性强弱排序,方便了计算营运资金和分析流动性。营运资本越多,则偿债越有保障。当流动资产大于流动负债时,说明企业财务状况稳定,偿债风险较小。而当流动资产小于流动负债时,企业部分非流动资产以流动负债作为资金来源,企业偿债风险较大。因此,企业必须保持营运资金为正数,以避免流动负债的偿付风险。

营运资金是绝对数,不便于不同企业之间的比较。

【例9-3】甲公司和乙公司有相同的营运资金(表9-5)。是否意味着它们具有相同的偿债能力?

表 9-5 甲公司和乙公司营运资金表　　　　　　　　　单位:万元

项　目	甲公司	乙公司
流动资产	900	3 600
流动负债	300	3 000
营运资金	600	600

如表9-5,甲公司和乙公司的营运资金都是600万元,但是甲公司的偿债能力明显较乙公司好,因为甲公司的营运资金占流动资产的比例是三分之二,即流动资产中只有三分之一用于偿还流动负债;而乙公司的营运资金占流动资产的比例是六分之一,即流动资产的六分之五要用于偿还流动负债。

因此,在实务中直接使用营运资金作为偿债能力的衡量指标受到局限,偿债能力更多的通过债务的存量比率来评价。

▶ 2. 流动比率

流动比率是企业流动资产与流动负债之比。其计算公式为

流动比率＝流动资产÷流动负债

流动比率表明每一元流动资产作为保障，流动比率越大通常短期偿债能力越强。一般认为，生产企业合理的最低流动比率是2。这是因为流动资产中变现能力最差的存货金额约占流动资产总额的一半，剩下的流动性较大的流动资产至少要等于流动负债，企业短期偿债能力才会有保证。

在运用流动比率进行分析的时候，要注意以下几个问题。

流动比率高不意味着短期偿债能力一定很强。流动比率是假设全部流动资产可变现清偿流动负债。而实际上，各项流动资产的变现能力并不相同，而且变现金额可能与账面金额存在较大差异。因此，流动比率是对短期偿债能力的粗略估计，还需要进一步分析流动资产的构成项目。

计算出来的流动比率，只有和同行业平均流动比率、本企业历史流动比率进行比较，才能知道这个流动比率是高还是低。这种比较通常不能说明流动比率高低的原因，要找出或高或低的原因还必须分析流动资产和流动负债所包括的内容以及经营上的因素。

一般情况下，营业周期和流动资产中的应收账款和存货的周转速度是影响流动比率的主要因素。营业周期短、应收账款和存货的周转速度快的企业其流动比率低一点也是合理的。

根据表9-2表中的数据，宏鑫公司2017年年初与年末的流动资产分别是5 695 000元和2 470 000元，流动负债分别是5 125 536元和1 610 960元，则：

上年流动比率＝5 695 000÷5 125 536＝1.11

本年流动比率＝2 470 000÷1 610 960＝1.53

宏鑫公司的上年及本年的流动比率都没有到达2，说明短期偿债能力较弱。

▶ 3. 速动比率

速动比率是企业速动资产与流动负债之比。

速动比率＝速动资产÷流动负债

构成流动资产的各项目，流动性差别很大。其中货币资金、交易性金融资产和各种应收款项，可以在较短时间内变现，称为速动资产；其他的流动资产，包括存款、预付款项、一年内到期的非流动资产和其他流动资产等，属于非速动资产。速动资产中剔除了存货，原因是：

（1）流动资产中存货的变现速度比应收账款要慢得多。

（2）部分存货可能已被抵押。

（3）存货成本和市价存在差异。

由于提出了存货等变现能力较差的资产，速动比率比流动比率会更准确和可靠地评价企业资产的流动性及偿还短期债务的能力。

速动比率表示每1元流动负债有多少速动资产作为偿债保障。一般速动比率越大，短期偿债能力越强。由于通常认为存货占了流动资产的一半左右，因此剔除存货影响的速动比率至少是1。企业的速动比率过低，将面临偿债风险；但速动比率过高，会因为占用现金及应收账款过多而增加企业的机会成本。影响此比率可信性的重要因素是应收账款的变现能力。因为应收账款的账面金额不一定都能转化为现金，而且对于季节性生产的企业，其应收账款金额存在着季节性波动，根据某一时点计算的速动比率不能客观反映其短期偿债能力。此外，使用该指标应考虑行业的差异性。例如，大量使用现金结算的企业其速动比率大大低于1是正常现象。

根据表9-2的资料数据，宏鑫公司的年初速动资产为1 695 000元(1010 000＋100 000＋10 000＋475 000＋100 000)，年末的速动资产为2 515 686元(1 367 286＋0＋60 000＋885 400＋203 000)。故

年初速动比率＝1 695 000÷5 125 536＝0.33

年末速动比率＝2 515 686÷1 610 960＝1.56

宏鑫公司年初的速动比率小于1，年末速动比率大于1，说明其短期偿债能力从弱到强。

▶ 4. 现金比率

现金资产包括货币资金和交易性金融资产等。现金资产与流动负债的比值称为现金比率，公式为

$$现金比率＝(货币资金＋交易性金融资产)÷流动负债$$

现金比率剔除了应收账款对偿债能力的影响，最能反映企业直接偿付流动负债的能力，表示每1元流动负债有多少现金资产作为偿债保障。流动负债是指一年内(或一个营业周期内)陆续到期清偿，所以并不需要企业时时保留相当于流动负债金额的现金资产。一般经验表明，0.2的现金比率就达到合理。而现金比率过高，就意味着企业过多资源占用在盈利能力较低的现金资产上，最终会影响企业盈利能力。

根据表9-2的数据，宏鑫公司的现金比率为：

年初现金比率＝(1 010 000＋100 000)÷5 125 536＝0.22

年末现金比率＝(1 367 286＋0)÷1 610 960＝0.85

(二) 长期偿债能力分析

长期偿债能力是指企业在较长期间偿还债务的能力。企业在长期内，不仅需要偿还流动负债，还需要偿还非流动负债，因此长期负债能力衡量的是对企业所有负债的清偿能力。企业对所有负债的清偿能力取决于其总资产水平，因此长期偿债能力比率考查的是企业资产、负债和所有者权益之间的关系。其财务指标主要有四项：资产负债率、产权比率、权益乘数和利息保障倍数。

▶ 1. 资产负债率

资产负债率是企业负债总额与资产总额之比。

$$资产负债率＝(负债总额÷资产总额)×100\%$$

资产负债率反映总资产中有多大比例是通过负债取得的，可以衡量企业清算时资产对债权人权益的保障程度。当资产负债率高于50%时，表明企业资产来源主要依靠的是负债，财务风险越大。当资产负债率低于50%时，表明企业资产的主要来源时所有者权益，财务比较稳健。这一比率越低，表明企业资产对负债的保障能力越高，企业的长期偿债能力越强。

事实上，利益主体不同，看待该指标的立场也不同。从债权人的立场看，债务比率越低越好，企业偿债有保证，贷款不会有太大风险；从股东的立场看，其关心的是举债的效益。在全部资本利润率高于借款利息率时，负债比率越大越好，因为股东所得到的利润就会加大。从经营者的角度看，其进行负债决策时，更关注如何实现风险和收益的平衡。资

产负债率较低表明财务风险较低,但也可能是没有充分发挥财务杠杆的作用,盈利能力也较低;而较高的资产负债率表明较大的财务风险和较高的盈利能力。只有当负债增加的收益能够涵盖其增加的风险时,经营者才能考虑借入负债。而在风险和收益实现平衡条件下,是选择较高的负债水平还是较低的负债水平,则取决于经营者的风险偏好等多种因素。

对该指标进行分析时,应结合以下几个方面。

(1) 结合营业周期分析:营业周期短的企业,资金周转速度快,可以适当提高资产负债率。

(2) 结合资产构成分析:流动资产占的比率比较大的企业可以适当提高资产负债率。

(3) 结合企业经营状况分析:兴旺期间的企业可适当提高资产负债率。

(4) 结合客观经济环境分析:如利率和通货膨胀率水平。当利率提高时,会加大企业负债的实际利率水平,增加企业的偿债压力,这时候企业应降低资产负债率。

(5) 结合资产质量和会计政策分析。

(6) 结合行业差异分析:不同行业资产负债率有较大差异。

根据表 9-2 的资料数据,宏鑫公司的资产负债率为:

年初资产负债率 = (3 500 000 ÷ 11 087 500) × 100% = 31.79%

年末资产负债率 = (3 730 960 ÷ 11 479 736) × 100% = 32.5%

宏鑫公司年初与年末资产负债率基本持平,但偿债能力强弱还需结合行业水平进一步分析。

▶ 2. 产权比率

产权比率又称为资本负债率,是负债总额与所有者权益之比,它是企业财务结构稳健与否的重要标志。

$$产权比率 = 负债总额 ÷ 所有者权益 × 100\%$$

产权比率反映了由债务人提供的资本与所有者提供的资本的相对关系,即企业财务结构是否稳定;而且反映了债权人资本受股东权益保障的程度,或者是企业清算时对债权人利益的保障程度。一般来说,这一比率越低,表明企业长期偿债能力越强,债权人权益保障程度越高。在分析时需要结合企业的具体情况加以分析,当企业的资产收益率大于负债成本率时,负债经营有利于提高资金收益率,获得额外的利润,这时的产权比率可适当高些。产权比率高,是高风险、高报酬的财务结构;产权比率低,是低风险、低报酬的财务结构。

根据表 9-2 的资料数据,宏鑫公司的产权比率为:

年初的产权比率 = 3 500 000 ÷ 7 587 500 × 100% = 46.13%

年末的产权比率 = 3 730 960 ÷ 7 748 776 × 100% = 48.15%

产权比率与资产负债率对评价偿债能力的作用基本一致,只是资产负债率侧重于分析债务偿付安全性的物质保障承兑;产权比率则侧重于揭示财务结构的稳健程度以及自有资金对偿债风险的承受能力。

▶ 3. 权益乘数

权益乘数是总资产与股东权益的比值。

$$权益乘数 = 总资产 ÷ 股东权益$$

权益乘数表明股东每投入 1 元钱可实际拥有和控制的金额。在企业存在负债的情况下，若权益乘数大于 1，则企业负债比例越高，权益乘数越大。产权比率和权益乘数是资产负债率的另外两种表现形式，是常用的反映财务杠杆水平的指标。

根据表 9-2 的资料数据，宏鑫公司的权益乘数为：

年初的权益乘数＝11 087 500÷7 587 500＝1.46

年末的权益乘数＝11 479 736÷7 748 776＝1.48

▶ 4. 利息保障倍数

利息保障倍数是指企业息税前利润和全部利息费用之比，又称已获利息倍数，用以衡量偿付借款利息的能力。

利息保障倍数＝息税前利润÷全部利息费用
　　　　　　＝（净利润＋利润表中的利息费用＋所得税）÷全部利息费用

式中，"息税前利润"是指利润表中扣除利息费用和所得税前的利润；"全部利息费用"是指本期发生的全部应付利息，不仅包括财务费用中的利息费用，还应包括计入固定资产成本的资本化利息。资本化利息虽然不在利润表中扣除，但仍然是要偿还的。利息保障倍数的重点是衡量企业支付利息的能力。没有足够大的息税前利润，利息的支付就不能保证。

利息保障倍数反映支付利息的利润来源（息税前利润）与利息支出之间的关系，该比率越高，长期偿债能力越强。从长期看，利息保障倍数至少要大于 1（国际公认标准为 3）。也就是说，息税前利润至少要大于利息费用，企业才具有负债的可能性。如果利息保障倍数过低，企业将面临亏损、偿债的安全性与稳定性下降的风险。在短期内，利息保障倍数小于 1 也仍然具有利息支付能力，因为计算净利润时减去的一些折旧和摊销费用并不需要支付现金。但这种支付能力是暂时的，当企业需要重置资产时，势必发生支付困难。因此，在分析时需要比较企业连续多个会计年度（五年或五年以上）的利息保障倍数，以说明企业付息能力的稳定性。

根据表 9-3 的资料数据，假设表中财务费用全部为利息费用，资本化利息为 0，则宏鑫公司的利息保障倍数为：

上年利息保障倍数＝（185 000＋108 000＋100 000）÷108 000＝3.64

本年利息保障倍数＝（279 626＋117 000＋108 174）÷117 000＝4.31

二、营运能力分析

营运能力主要指资产运用、循环的效率高低。一般而言，资金周转速度越快说明企业的资金管理水平越高，资金利用效率越高，企业可以以较少的投入获得较多的收益。因此，营运能力指标是通过投入与产出（主要指收入）之间的关系反映。企业营运能力分析主要包括流动资产营运能力分析、固定资产营运能力分析和总资产营运能力分析三个方面。

（一）流动资产营运能力比率分析

反映流动资产营运能力的指标主要有应收账款周转率、存货周转率和流动资产周转率。

▶ 1. 应收账款周转率

应收账款在流动资产中有着非常重要的地位，及时回收应收账款，不仅增强了企业的短期偿债能力，也反映出企业管理应收账款的效率。反映应收账款周转情况的比率有应收账款周转率(次数)和应收账款周转天数。

应收账款周转次数,是一定时期内商品或产品销售收入净额与应收账款平均余额的比值,表明一定时期内应收账款平均收回的次数。

$$应收账款周转次数 = \frac{销售收入净额}{应收账款平均余额}$$

$$= \frac{销售收入净额}{\frac{(期初应收账款 + 期末应收账款)}{2}}$$

应收账款周转天数指应收账款周转一次(从销售开始到收回现金)所需要的时间。

$$应收账款周转天数 = 计算期天数 \div 应收账款周转次数$$
$$= 计算期天数 \times 应收账款平均余额 \div 销售收入净额$$

一般情况下,应收账款周转次数越高(或周转天数越短)表明应收账款管理效率越高。

在计算和使用应收账款周转率指标时应注意如下问题。

(1) 销售收入指扣除销售折扣和折让后的销售净额。应收账款在理论上是由赊销引起的,其对应的收入应为赊销收入,而非全部销售收入。但是赊销数据难以取得,且可以假设现金销售是收账时间为零的应收账款,因此只要保持计算口径的历史一致性,使用销售净额不影响分析。销售收入数据使用利润表中的"营业收入"。

(2) 应收账款包括会计报表中"应收账款"和"应收票据"等全部赊销账款在内,应为应收票据时销售形成的应收款项的另一种形式。

(3) 应收账款应为未扣除坏账准备的金额。应收账款在会计报表中按净额列示,计提坏账准备会使会计报表上列示的应收账款金额减少,而销售收入不变。其结果是,计提坏账准备越多,应收账款周转率越高、周转天数越少,对应收账款实际管理欠佳的企业反而会得出应收账款周转情况更好的错误结论。

(4) 应收账款期末余额的可靠性问题。应收账款时特定时点的存量,容易受季节性偶然性和人为因素的影响。在用应收账款周转率进行业绩评价时,最好使用多个时点的平均数,以减少这些因素的影响。

应收账款周转率反映了企业应收账款周转速度的快慢,及应收账款管理效率的高低。在一定时期内周转次数多(或周转天数少)表明:

(1) 企业收账迅速,信用销售管理严格。
(2) 应收账款流动性强,从而增强企业短期偿债能力。
(3) 可以减少收账费用和坏账损失,相对增加企业流动资产的投资收益。
(4) 通过比较应收账款周转天数及企业信用期限,可评价客户的信用程度,调整企业信用政策。

根据表9-2和表9-3的数据,宏鑫公司2017年度销售收入净额为2 700 000元,2017年应收账款和应收票据年末数为485 000元,年初数为945 400元,假设年初和年末坏账准备都为零。

$$应收账款周转次数 = \frac{270\ 0000}{\frac{(485\ 000 + 945\ 400)}{2}} = 3.78(次)$$

应收账款周转天数 = 360 ÷ 3.78 = 95(天)

运用应收账款周转率指标评价企业应收账款管理效率时,应将计算出的指标与该企业前期、与行业平均水平或其他类似企业相比较来进行判断。

2. 存货周转率

在流动资产中,存货所占比重较大,存货的流动性将直接影响企业的流动比率。存货周转率的分析,同样可以通过存货周转次数和存货周转天数反映。

存货周转率(次数)是指一定时期内企业销售成本与存货平均资金占用额的比率,是衡量和评价企业购入存货、投入生产、销售收回等各环节管理效率的综合性指标。

$$存货周转次数=销售成本÷存货平均余额$$

$$存货平均余额=(期初存货+期末存货)÷2$$

式中,销售成本为利润表中"营业成本"的数值。

存货周转天数是指存货周转一次(即存货取得到存货销售)所需要的时间。

$$存货周转天数=计算期天数÷存货周转次数=计算器天数×存货平均余额÷销售成本$$

根据表9-2和表9-3中的资料数据,宏鑫公司2017年度销售成本为2 000 000元,期初存货为4 000 000元,期末存货为2 599 850元,存货周转率指标为:

$$存货周转次数=\frac{2\,000\,000}{\frac{(4\,000\,000+2\,599\,850)}{2}}=0.61(次)$$

$$存货周转天数=360÷0.61=590.16(天)$$

一般情况下,存货周转速度越快,存货占用水平越低,流动性越强,存货转化为现金或应收账款的速度就越快,这样会增强企业的短期偿债能力及盈利能力。通过存货周转速度分析,有利于找出存货管理中存在的问题,尽可能降低资金占用水平。在具体分析时,应注意以下几点。

(1) 存货周转率的高低与企业的经营特点有密切联系,应注意行业的可比性。

(2) 该比率反映的是存货整体的周转情况,不能说明企业经营各环节的存货周转情况和管理水平。

(3) 应结合应收账款周转情况和信用政策进行分析。

3. 流动资产周转率

流动资产周转率是反映企业流动资产周转速度的指标。流动资产周转率(次数)是一定时期销售收入净额与企业流动资产平均占用额之间的比率。

$$流动资产周转次数=销售收入净额÷流动资产平均余额$$

$$流动资产周转天数=计算期天数÷流动资产周转次数$$
$$=计算期天数×流动资产平均余额÷销售收入净额$$

式中:

$$流动资产平均余额=(期初流动资产+期末流动资产)÷2$$

在一定时期内,流动资产周转次数越多,表明以相同的流动资产完成的周转额越多,流动资产利用效果越好。流动资产周转天数越少,表明流动资产在经历生产销售各阶段所占用的时间越短,可相对节约流动资产,增强企业盈利能力。

根据表9-2和表9-3中的资料数据,宏鑫公司2017年销售收入净额2 700 000元,2017年流动资产期初数为5 695 000元,期末数为5 125 536元,则流动资产周转指标为:

$$流动资产周转次数 = \frac{270\,0000}{\frac{(5\,695\,000 + 5\,125\,536)}{2}} = 0.50(次)$$

流动资产周转天数 = 360 ÷ 0.5 = 720(天)

(二) 固定资产营运能力分析

反映固定资产营运能力的指标为固定资产周转率。固定资产周转率是指企业年销售收入净额与固定资产平均净额的比率。它是反映企业固定资产周转情况,从而衡量固定资产利用效率的一项指标。

$$固定资产周转率 = 销售收入净额 \div 固定资产平均净值$$

式中:

$$固定资产平均净值 = (期初固定资产净值 + 期末固定资产净值) \div 2$$

固定资产周转率高,说明企业固定资产投资得当,结构合理,利用效率高;反之,如果固定资产周转率不高,则表明固定资产利用效率不高,提供的生产成果不多,企业的营运能力不强。

根据表9-2和表9-3的资料数据,宏鑫公司2016年和2017年销售收入净额分别是2 500 000元和2 700 000元,2017年年初固定资产净值为4 000 000元,年末为4 034 000元,假设2016年年初固定资产总额为3 000 000元,则2016年和2017年的固定资产周转率为

$$2016年固定资产周转率 = \frac{2\,500\,000}{\frac{(3\,000\,000 + 4\,000\,000)}{2}} = 0.72(次)$$

$$2017年固定资产周转率 = \frac{2\,700\,000}{\frac{(4\,000\,000 + 4\,034\,000)}{2}} = 0.67(次)$$

(三) 总资产营运能力分析

反映总资产营运能力的指标是总资产周转率。总资产周转率是企业销售收入净额与企业资产平均总额的比率。

$$总资产周转率 = 销售收入净额 \div 平均资产总额$$

如果企业各期资产总额比较稳定,波动不大,那么

$$平均总资产 = (期初总资产 + 期末总资产) \div 2$$

如果资金占用的波动性比较大,企业应采用更详细的资料进行计算,如果是按照各月份的资金占用额计算,那么

$$月平均总资产 = (月初总资产 + 月末总资产) \div 2$$

$$季平均占用额 = \left(\frac{1}{2}季初 + 第一月末 + 第二月末 + \frac{1}{2}季末\right) \div 3$$

$$年平均占用额 = \left(\frac{1}{2}年初 + 第一季末 + 第二季末 + 第三季末 + \frac{1}{2}年末\right) \div 4$$

计算总资产周转率时分子分母在时间上应保持一致。

这一比率用来衡量企业资产整体的使用效率。总资产由各项资产组成,在销售收入既定的情况下,总资产周转率的驱动因素是各项资产。因此,对总资产周转情况的分析应结合各项资产的周转情况,以发现影响企业资产周转的主要因素。

根据表 9-2 和表 9-3 的资料数据，2016 年宏鑫公司销售收入净额为 2 500 000 元，2017 年为 2 700 000 元，2017 年年初资产总额为 11 087 500 元，2017 年年末为 11 479 736 元，假设 2016 年年初资产总额为 11 000 000 元，则 2016 年和 2017 年总资产周转率为：

$$2016 年总资产周转率 = \frac{2\ 500\ 000}{\frac{(11\ 000\ 000 + 11\ 087\ 500)}{2}} = 0.23（次）$$

$$2017 年总资产周转率 = \frac{2\ 700\ 000}{\frac{(11\ 087\ 500 + 11\ 479\ 736)}{2}} = 0.24（次）$$

总之，各项资产的周转率指标用于衡量各项资产赚取收入的能力，经常和企业盈利能力的指标结合在一起，以全面评价企业的盈利能力。

三、盈利能力分析

盈利能力就是企业获取利润、实现资金增值的能力。不管是投资人、债权人还是经理人员，都会非常重视和关心企业的盈利能力。盈利能力指标主要通过收入与利润之间的关系、资产与利润之间的关系反映。反映企业盈利能力的指标主要有销售毛利率、销售净利率、总资产净利率和净资产收益率。

（一）销售毛利率

销售毛利率是销售毛利和销售收入之比。

$$销售毛利率 = 销售毛利 \div 销售收入$$

其中：

$$销售毛利 = 销售收入 - 销售成本$$

销售毛利率反映产品每销售 1 元所包含的毛利润是多少，即销售收入扣除销售成本后，还有多少剩余可用于各期费用和形成利润。销售毛利率越高，表明产品的盈利能力越强。将销售毛利率与行业水平进行比较，可以反映企业产品的市场竞争地位。那些销售毛利率高于行业水平的企业意味着实现一定的收入占用了更少的成本，表明它们在资源、技术或劳动生产率方面具有竞争优势。另外，将不同行业的销售毛利率进行横向比较，也可以说明行业间盈利能力的差异。

根据表 9-3 的资料数据，则宏鑫公司的销售毛利率为：

2016 年销售毛利率 =（2 500 000 - 1 890 000）÷ 2 500 000 = 24.4%

2017 年销售毛利率 =（2 700 000 - 2 000 000）÷ 2 700 000 = 25.93%

（二）销售净利率

销售净利率是净利率与销售收入之比。

$$销售净利率 = 净利润 \div 销售收入$$

销售净利率反映每 1 元销售收入最终赚取了多少利润，用于反映产品最终的盈利能力。在利润表上，从销售收入到净利润需要扣除销售成本、期间费用、税金等项目。因此，将销售净利率按利润的扣除项目进行分解可以识别影响销售净利率的主要因素。

根据表 9-3 的资料数据，则宏鑫公司的销售净利率为：

2016 年销售净利率 = 185 000 ÷ 2 500 000 = 7.4%

2017 年销售净利率 = 279 626 ÷ 2 700 000 = 10.36%

(三) 总资产净利率

总资产净利率指净利润与平均总资产的比率,反映每1元资产创造的净利润。

$$总资产净利润 = (净利润 \div 平均总资产) \times 100\%$$

总资产净利率衡量的是企业资产的盈利能力。总资产净利率越高,表明企业资产的利用效果越好。影响总资产净利率的因素是销售净利率和总资产周转率。

$$总资产净利率 = \frac{净利润}{平均总资产} = \frac{净利润}{销售收入} \times \frac{销售收入}{平均总资产}$$
$$= 销售净利率 \times 总资产周转率$$

所以,企业可以通过提高销售净利率、加速资产周转来提高总资产净利率。

根据表9-2和表9-3的资料数据,宏鑫公司2016年净利润为185 000元,年末总资产11 087 500元;2017年净利润279 626元,年末总资产11 479 736元。设2016年年初总资产为11 000 000元,则公司总资产净利率为:

2016年总资产净利率 = 185 000 ÷ [(11 000 000 + 11 087 500) ÷ 2] × 100% = 1.68%

2017年总资产净利率 = 279 626 ÷ [(11 087 500 + 11 479 736) ÷ 2] × 100% = 2.48%

(四) 净资产收益率

净资产收益率又称为权益净利率或权益报酬率,是净利润与平均所有者权益的比值,表示每1元股东资本赚取的净利润,反映资本经营的盈利能力。

$$净资产收益率 = \frac{净利润}{平均净资产} = \frac{净利润}{平均总资产} \times \frac{平均总资产}{平均净资产} = 资产净利率 \times 权益乘数$$

通过对净资产收益率的分解可以发现,改善资产盈利能力和增加企业负债都可以提高净资产收益率。而如果不改善资产盈利能力,单纯通过加大举债提高权益乘数,进而提高净资产收益率的做法相当不可取。因为,企业负责经营的前提是有足够的盈利能力保障偿还债务本息,单纯增加负债对净资产收益率的改善只具有短期效应,最终将因盈利能力无法涵盖增加的财务风险而使企业面临财务危机。所以,只有当企业净资产收益率上升,同时财务风险没有明显加大,才能说明企业财务状况良好。

根据表9-2和表9-3的资料数据,宏鑫公司2016年净利润185 000元,年末所有者权益为7 587 500元;2017年净利润为279 626元,年末所有者权益为7 748 776元。假设2016年年初所有者权益为7 000 000元,则公司净资产收益率为

$$2016年净资产收益率 = \frac{185\ 000}{\frac{(7\ 000\ 000 + 7\ 587\ 500)}{2}} = 2.54\%$$

$$2017年净资产收益率 = \frac{279\ 626}{\frac{(7\ 587\ 500 + 7\ 748\ 776)}{2}} = 3.65\%$$

四、发展能力分析

衡量企业发展能力的指标主要有销售收入增长率、总资产增长率、营业利润增长率、资本保值增值率和资本累积率等。

(一) 销售收入增长率

该指标反映的是相对化的销售收入增长情况,是衡量企业经营状况和市场占有能力、

预测企业经营业务拓展趋势的重要指标。在实际分析时应考虑企业历年的销售水平、市场占有情况、行业未来发展及其他影响企业发展的潜在因素，或结合企业前三年的销售收入增长率进行趋势性分析判断。

$$销售收入增长率 = \frac{本年销售收入增长额}{上年销售收入} \times 100\%$$

其中：

$$本年销售收入增长额 = 本年销售收入 - 上年销售收入$$

在计算过程中，销售收入可以使用利润表中的"营业收入"数据。销售收入增长率大于零，表明企业本年销售收入有所增长。该指标值越高，表明企业销售收入的增长速度越快，企业市场前景越好。

根据表9-3的资料数据，宏鑫公司2016年销售收入为2 500 000元，2017年销售收入为2 700 000元，则公司销售收入增长率为

2017年销售收入增长率＝(2 700 000－2 500 000)÷2 500 000×100％＝8％

(二) 总资产增长率

总资产增长率是企业本年资产增长额同年初资产总额的比率，反映企业本期资产规模的增长情况。

$$总资产增长率 = \frac{本年资产增长额}{年初资产总额} \times 100\%$$

其中：

$$本年资产增长额 = 年末资产总额 - 年初资产总额$$

总资产增长率越高，表明企业一定时期内资产经营规模扩张的速度越快。但在分析时，需要关注资产规模扩张的质和量的关系，以及企业的后续发展能力，避免盲目扩张。

根据表9-2的资料数据，宏鑫公司2017年年初资产总额为11 087 500元，2017年年末资产总额为11 479 736元，则公司总资产增长率为

2017年总资产增长率＝(11 479 736－11 087 500)÷11 087 500×100％＝3.54％

(三) 营业利润增长率

营业利润增长率是企业本年营业利润增长额与上年营业利润总额的比率，反映企业营业利润的增减变动情况。

$$营业利润增长率 = \frac{本年营业利润增长额}{上年营业利润总额} \times 100\%$$

其中：

$$本年营业利润增长率 = 本年营业利润 - 上年营业利润$$

根据表9-3的资料数据，宏鑫公司2016年营业利润为310 000元，2017年营业利润为407 800元，则公司2017年总资产增长率为

2017年总资产增长率＝(407 800－310 000)÷310 000×100％＝31.55％

(四) 资本保值增值率

资本保值增值率是指扣除客观因素影响后的所有者权益的期末总额与期初总额之比。

资本保值增值率＝扣除客观因素影响后的期末所有者权益÷期初所有者权益×100％

如果企业本期净利润大于0，并且利润留存率大于0，则必然会使期末所有者权益大

于期初所有者权益,所以该指标也是衡量企业盈利能力的重要指标。当然,这一指标的高低,除了受企业经营成果的影响外,还受企业利润分配政策和投入资本的影响。

根据前面净资产收益率的有关资料,公司资本保值增值率为:

2016 年资本保值增值率 = 7 587 500÷7 000 000×100% = 108.39%

2017 年资本保值增值率 = 7 748 776÷7 587 500×100% = 102.13%

(五)资本累积率

资本累计率是企业所有者权益增长额与年初所有者权益的比率,反映企业当年资本的积累能力。

$$资本积累率 = 本年所有者权益增长额 \div 年初所有者权益 \times 100\%$$

$$本年所有者权益增长额 = 年末所有者权益 - 年初所有者权益$$

资本积累率越高,表明企业的资本累积越多,应对风险和持续发展的能力越强。

根据表 9-2 的资料数据,宏鑫公司 2017 年年初所有者权益为 7 587 500 元,年末所有者权益为 7 748 776 元,则公司 2017 年资本积累率为

$$2017 \text{ 年资本积累率} = \frac{(7\ 748\ 776 - 7\ 587\ 500)}{7\ 587\ 500} \times 100\% = 2.13\%$$

任务小结

本节介绍了基本的财务报表分析方法,从不同的角度对企业的盈利能力、偿债能力、营运能力和发展能力进行了分析,形成了综合反映企业工作业绩的财务指标体系,有助于报表使用者全面地分析、评价企业整体的财务状况、经营成果以及现金流量的情况。

任务四 财务综合分析

任务分析

财务的目的在于全面、准确、客观地揭示与披露企业财务状况和经营情况,并借以对企业经济效益优势做出合理的评价。显然,要达到这样一个分析目的,仅仅测算几个简单、孤立的财务比率,或者将一些孤立的财务分析指标堆砌在一起,彼此毫无联系地考查,不可能得出合理、正确的综合性结论,甚至有时会有错误的结论。因此,只有将企业偿债能力、营运能力、投资收益实现能力以及发展趋势等各项分析指标有机地联系起来,作为一套完整的体系,相互配合使用,做出系统的综合评价,才能从总体意义上把握企业财务状况和经营情况的优势或劣势。

案例导入

A 公司创立于 1990 年 5 月,是一家以计算机行业发展为主的产业化、多元化的小型高科技产业公司。该公司主要经营中西系列终端、计算机硬件及软件、打印机、POS 终端等产品,初步形成了以电子信息技术为主体,计算机软硬件和信息服务、消费电子三大产

业携手发展的产业格局。经过十几年的发展,该公司在"建立现代企业制度,充分发挥人才、资本与经营机制的优势,以计算机信息产业为基础,发展高新技术为先导"的经营宗旨下,经营业绩不断增加。如果已知该公司本年度的资产负债表和利润表,那么将如何分析该公司本年的经营情况?

企业综合绩效分析方法

杜邦分析法又称为杜邦财务分析体系,简称杜邦体系,是利用各主要财务比率指标间的内在联系,对企业财务状况及经济效益进行综合系统分析评价的方法。该体系是以净资产收益率为起点,以总资产净利率和权益乘数为基础,重点揭示企业盈利及权益乘数对净资产收益率的影响,以及各相关指标间的相互影响和作用关系,因其最初由美国杜邦企业成功应用,所以称为杜邦分析法,如图9-1所示。

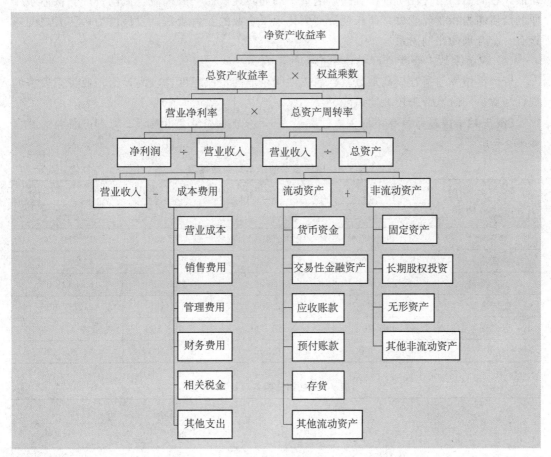

图 9-1 杜邦分析法

杜邦分析法关系式为

净资产收益率＝销售净利率×总资产周转率×权益乘数

运用杜邦分析法需要注意以下几点。

(1) 净资产收益率是一个综合性最强的财务分析指标,是杜邦分析体系的起点。

财务管理的目标之一是使股东财富最大化,净资产收益率反映了企业所有者投入资本的盈利能力,说明了企业筹资、投资、资产营运等各项财务及其管理活动的效率,而不断提高净资产收益率是使所有者权益最大化的基本保证。所以,这一财务分析指标是企业所有者、经营者都十分关心的。而净资产收益率高低的决定因素主要有三个,即销售净利率、总资产周转率和权益乘数。

(2) 销售净利率反映了企业净利润与销售收入的关系,它的高低取决于销售收入与成本总额的高低。要想提高销售净利率,一是扩大销售收入,二是要降低成本费用。扩大销售收入既有利于提高销售净利率,又有利于提高总资产周转率。降低成本费用是提高销售净利率的一个重要因素,从杜邦分析图可以看出成本费用的基本结构是否合理,从而找出降低成本费用的途径和加强成本费用控制的方法。如果企业财务费用支出过高,就要进一步分析其负债比率是否过高;如果管理费用过高,就要进一步分析其资产周转情况等。

(3) 影响总资产周转率的一个重要因素是资产总额。资产总额由流动资产与长期资产组成,它们的结构合理与否将直接影响资产的周转速度。一般来说,流动资产直接体现企业的偿债能力和变现能力,而长期资产则体现了企业的经营规模、发展潜力。两者之间应该有一个合理的比例关系。

(4) 权益乘数主要受资产负债率指标的影响。

资产负债率越高,权益乘数就越高,说明企业的负债程度比较高,给企业带来较多的杠杆利益,同时也带来较大的风险。

【例 9-4】中国移动的有关财务数据如表 9-6 所示,分析该企业经营情况。杜邦分析相关数据如表 9-7 所示。

表 9-6 中国移动的基本财务数据表　　　　　　　　　　单位:万元

项　目	年　度			
	2017	2016	2015	2014
净利润	12 597 900	12 002 400	11 542 300	11 278 800
销售收入	527 999 000	48 523 100	45 210 300	41 181 000
资产总额	95 255 800	86 193 500	75 136 800	65 842 700
负债总额	30 213 900	28 453 200	24 373 400	21 777 600
全部成本	151 067 700	139 053 500	122 996 600	110 579 500
所有者权益	65 041 900	57 740 300	50 763 400	44 065 100

表 9-7 杜邦分析各项比率表

指　标	年　度			
	2017	2016	2015	2014
所有者权益报酬率	0.193 7	0.207 9	0.227 4	0.256 0
权益乘数	1.464 5	1.492 8	1.480 1	1.494 2
资产负债率	0.317 2	0.330 1	0.324 4	0.330 8
资产净利率	0.132 3	0.139 2	0.153 6	0.171 3
销售净利率	0.238 6	0.247 4	0.255 3	0.273 9
总资产周转率	0.554 3	0.563 0	0.601 7	0.625 4

▶ 1. 对所有者权益报酬率的分析

所有者权益报酬率的指标是衡量企业利用资产获取利润能力的指标。所有者权益报酬率充分考虑了筹资方式对企业获利能力的影响,因此它所反映的获利能力是企业经营能力、财务决策和筹资方式等多种因素综合作用的结果。

从表 9-7 可以看出,所有者权益报酬率呈逐年递减的趋势,为了更好地了解这一递减趋势产生的原因,就把所有者权益报酬率进行分解,如表 9-8 所示。

表 9-8 所有者权益报酬率分解表

年度	指 标		
	所有者权益报酬率	＝资产净利率	×权益乘数
2017	0.193 7	0.132 3	1.464 5
2016	0.207 9	0.139 2	1.492 8
2015	0.227 4	0.153 6	1.480 1
2014	0.256	0.171 3	1.494 2

通过分解后可以看出,所有者权益报酬率的变动在于资本结构(权益乘数)变动和资产利用效果(资产净利率)变动两方面共同作用的结果。从中国移动四年的资产净利率来看隔年数值呈下降趋势,说明该公司的经营效率较低,可以加强对资产的管理,提高资产的利用效率。

▶ 2. 权益乘数分解

权益乘数分解表见表 9-9;资产增长率表见表 9-10;所有者权益增长比率表见表 9-11;资产负债率表见表 9-12。

表 9-9 权益乘数分解表

年 度	指 标		
	权 益 乘 数	＝总资产(万元)	÷所有者权益(万元)
2017	1.464 5	95 255 800	65 041 900
2016	1.492 8	86 193 500	57 740 300
2015	1.480 8	75 136 800	50 740 300
2014	1.494 2	65 842 700	44 065 100

表 9-10 资产增长比率表

年 度	2017	2016	2015	2014
资产总额/万元	95 255 800	86 193 500	75 136 800	65 842 700
增加额/万元	9 062 300	11 056 700	9 294 100	
增加比率	0.105 1	0.147 2	0.141 2	

表 9-11 所有者权益增长比率表

年　　度	2017	2016	2015	2014
所有者权益/万元	65 041 900	57 740 300	50 763 400	44 065 100
增加额/万元	7 301 600	6 976 900	6 698 300	
增加比率	0.126 5	0.137 4	0.152 0	

表 9-12 资产负债率表

年　　度	2017	2016	2015	2014
资产负债率	0.030 3	0.033 5	0.045 2	0.052 0

由表 9-10 和表 9-11 可以看出，资产增长的幅度和所有者权益增长的幅度是逐年减少的，但是资产的减少比所有者权益的减少要多，所有者权益的变动就相对平稳。说明中国移动对股权资本的运用比对资产的运用多。

所以权益乘数的减少是由于资产总额的减少和所有者权益的减少共同作用的结果，再与资产负债率结合比较，说明中国移动的负债是很低的，承担的风险也相对比较低。

▶ 3. 对资产净利率的分解

表 9-13 为资产净利率分解表。

表 9-13 资产净利率分解表

年　　度	资产净利率	＝销售净利率	×总资产周转率
2011	0.132 3	0.238 6	0.625 4
2010	0.139 2	0.247 4	0.601 7
2009	0.153 6	0.255 3	0.563
2008	0.171 3	0.273 9	0.554 3

通过分解可以看出四年的总资产周转率有所提高，说明资产的利用得到了比较好的控制，显示出比前一年较好的效果，表明中国移动利用其总资产产生销售收入的效率在增加。总资产周转率提高的同时销售净利率的减少阻碍了资产净利率的增加。继续对销售净利率进行分解：

▶ 4. 对销售净利率的分解

表 9-14 为销售净利率分解表。

表 9-14 销售净利率分解表

年　　度	销售净利率	＝净利润(万元)	÷销售收入(万元)
2017	0.238 6	12 597 900	52 799 900
2016	0.247 4	12 002 400	48 523 100
2015	0.255 3	11 542 300	45 210 300
2014	0.273 9	11 278 800	41 181 000

中国移动2017年大幅度提高了销售收入，但是净利润的提高幅度却很小，分析其原因是成本费用增多，如表9-6所示，成本的增长从2014年的110 579 500万元增加到2017年的151 067 700万元，比销售收入的增加幅度略快。因此，看一下中国移动的成本费用表（表9-15）。

表9-15　成本费用表　　　　　　　　　　　　　　　　　　单位：万元

年　　度	2017	2016	2015	2014
营运支出包括				
电路租费	518 800	389 700	300 600	264 100
网间互联支出	2 353 300	2 188 600	2 184 700	2 226 400
折旧	9 711 300	8 623 000	8 017 900	7 150 900
人工成本	2 867 200	2 452 400	2 148 000	1 996 000
销售费用	9 683 000	9 059 000		
其他营运支出	12 536 400	10 735 000	17 858 300	15 304 100

由表9-15可以看出营运支出中其他营运支出占的比重最大。其他营运支出的组成见表9-16。

表9-16　其他营运支出组成表　　　　　　　　　　　　　单位：万元

年　　度	2011	2010	2009	2008
其他营运支出包括				
维护费	3 509 600	3 139 000	2 810 900	2 576 100
呆账减值亏损	354 800	401 900	450 300	438 500
存货减值亏损	8 700	5 500	1 600	600
其他无形资产摊销	5 400	6 200	5 600	20 400
经营租赁费用				
——土地及建筑物	815 000	720 800	644 900	572 300
——其他	308 500	263 100	230 200	259 100
出售物业、厂房及设备亏损	300	—	1 100	800
物业、厂房及设备注销	585 300	276 300	449 300	325 000
核数师酬金	8 400	8 300	8 000	7 600
——核数服务	100	100	—	—
——税务服务	1 100	1 100	900	300
其他服务	6 939 200	5 912 700	5 251 200	4 447 700

中国移动全部成本中占比例最大的是其他营运支出，而其他营运支出中维护费和其他

服务费最高,从财务报表附注中可以看到其他服务由办公费用、业务费、差旅费、业务招待费、频率占用费、咨询及专业费用、低值易耗品摊销、劳务费及其他专项费用。但是由于中国移动所处的通信行业比较特殊,对基本的通信设备的建设和维护等开支不可避免,但是办公费、业务招待费等支出较大,从其与销售收入的关系来看,拉动销售收入增长的重要因素是无线上网业务的迅猛增长(收入比上年增长45%,占营运收入比重达到8.4%),所以中国移动可以适当加强对成本的控制。

通过对杜邦分析法的各个项目进行层层分解分析,可以看出导致所有者权益报酬率减小的主要原因是全部成本过大,也正是因为全部成本的大幅度提高,导致了净利润提高幅度不大。从销售净利率来看,逐年降低的销售净利率显示出该公司销售盈利能力的降低,但是销售收入却大幅度增长,主要是主营业务收入的增长,所以才会导致销售净利率降低,所以中国移动的盈利能力仍然处于增长的趋势,而且与中国移动的两大竞争对手中国联通2017年的销售净利率1.5757%和中国电信的6.77%相比,中国移动的盈利能力还是比较高的。

任务小结

综合分析的意义在于能够全面、正确地评价企业的财务状况和经营成果,因此局部不能替代整体,某项指标的好坏不能说明整个企业经济效益的高低。除此之外,综合分析的结果在进行企业不同时期比较分析和不同企业之间比较分析时消除了时间上和空间上的差异,使它能够更具有可比性,有利于总结经验、吸取教训、发现差距。

拓展阅读:业绩评价模式的选择

课后习题

一、单项选择题

1. 下列比率指标的不同类型中,流动比率属于(   )。
   A. 构成比率   B. 动态比率   C. 相关比率   D. 效率比率
2. 下列各项中,不属于财务分析中因素分析法特征的是(   )。
   A. 因素分解的关联性   B. 顺序替代的连环性
   C. 分析结果的准确性   D. 因素替代的顺序性
3. 下列各项中,不属于速动资产的是(   )。
   A. 现金   B. 产成品
   C. 应收账款   D. 交易性金融资产
4. 乙公司2015年的营业收入为14 500万元,财务费用为500万元,资产减值损失为10万元,所得税费用为32.50万元,净利润为97.50万元,乙公司2015年资本化利息支出100万元,已经计入在建工程,则利息保障倍数为(   )。
   A. 1.26   B. 1.17   C. 1.05   D. 0.93
5. 产权比率越高,通常反映的信息是(   )。
   A. 财务结构越稳健   B. 长期偿债能力越强

C. 财务杠杆效应越强　　　　　　　D. 股东权益的保障程度越高

6. 某公司2012年初所有者权益为1.25亿元，2012年末所有者权益为1.50亿元。该公司2012年的资本积累率是（　　）。
   A. 16.67%　　　　B. 20.00%　　　　C. 25.00%　　　　D. 120.00%

7. 假定其他条件不变，下列各项经济业务中，会导致公司总资产净利率上升的是（　　）。
   A. 收回应收账款　　　　　　　　B. 用资本公积转增股本
   C. 用银行存款购入生产设备　　　　D. 用银行存款归还银行借款

8. 在下列关于资产负债率、权益乘数和产权比率之间关系的表达式中，正确的是（　　）。
   A. 资产负债率＋权益乘数＝产权比率　　B. 资产负债率－权益乘数＝产权比率
   C. 资产负债率×权益乘数＝产权比率　　D. 资产负债率÷权益乘数＝产权比率

二、多项选择题

1. 在不考虑其他影响因素的情况下，（　　）反映企业偿还债务能力较弱。
   A. 资产负债率较高　　　　　　　B. 产权比率较高
   C. 销售净利率较低　　　　　　　D. 已获利息倍数较高

2. 下列各项因素中，影响企业偿债能力的有（　　）。
   A. 经营租赁　　B. 或有事项　　C. 资产质量　　D. 授信额度

3. 一般而言，存货周转次数增加，其所反映的信息有（　　）。
   A. 盈利能力下降　　　　　　　　B. 存货周转期延长
   C. 存货流动性增强　　　　　　　D. 资产管理效率提高

4. 乙企业目前的流动比率为1.5，若赊购材料一批，将会导致乙企业（　　）。
   A. 速动比率降低　　　　　　　　B. 流动比率降低
   C. 营运资本增加　　　　　　　　D. 存货周转次数增加

三、判断题

1. 财务分析中的效率指标，是某项财务活动中所费与所得之间的比率，反映投入与产出的关系。（　　）

2. 在财务分析中，将通过对比两期或连续数期财务报告中的相同指标，以说明企业财务状况或经营成果变动趋势的方法称为趋势分析法。（　　）

3. 在财务分析中，企业经营者应对企业财务状况进行全面的综合分析，并关注企业财务风险和经营风险。（　　）

4. 甲公司是一家电器销售企业，每年6—10月是销售旺季，管理层拟用应收账款周转率评价全年应收账款管理业绩，适合使用的公式是：应收账款周转率＝销售收入/[(年初应收账款＋年末应收账款)/2]。（　　）

四、计算分析题

1. 丁公司2017年12月31日总资产为600 000元，其中流动资产为450 000元，非流动资产为150 000元；股东权益为400 000元。

丁公司年度运营分析报告显示，2017年的存货周转次数为8次，销售成本为500 000元，净资产收益率为20%，非经营净收益为－20 000元。期末的流动比率为2.5。

要求：

(1) 计算 2017 年存货平均余额。

(2) 计算 2017 年末流动负债。

(3) 计算 2017 年净利润。

(4) 计算 2017 年经营净收益。

(5) 计算 2017 年净收益营运指数。

2. 丙公司是一家上市公司，管理层要求财务部门对公司的财务状况和经营成本进行评价。财务部门根据公司 2016 年和 2017 年的年报整理出用于评价的部分财务数据，要求：

(1) 计算 2017 年年末的下列财务指标：①营运资金；②权益乘数。

(2) 计算 2017 年度的下列财务指标：①应收账款周转率；②净资产收益率；③资本保值增值率。

实践操作

附 录

附录A 复利终值系数表

期 数	1%	2%	3%	4%	5%	6%	7%	8%	9%	10%
1	1.010 0	1.020 0	1.030 0	1.040 0	1.050 0	1.060 0	1.070 0	1.080 0	1.090 0	1.100 0
2	1.020 1	1.040 4	1.060 9	1.081 6	1.102 5	1.123 6	1.144 9	1.166 4	1.188 1	1.210 0
3	1.030 3	1.061 2	1.092 7	1.124 9	1.157 6	1.191 0	1.225 0	1.259 7	1.295 0	1.331 0
4	1.040 6	1.082 4	1.125 5	1.169 9	1.215 5	1.262 5	1.310 8	1.360 5	1.411 6	1.464 1
5	1.051 0	1.104 1	1.159 3	1.216 7	1.276 3	1.338 2	1.402 6	1.469 3	1.538 6	1.610 5
6	1.061 5	1.126 2	1.194 1	1.265 3	1.340 1	1.418 5	1.500 7	1.586 9	1.677 1	1.771 6
7	1.072 1	1.148 7	1.229 9	1.315 9	1.407 1	1.503 6	1.605 8	1.713 8	1.828 0	1.948 7
8	1.082 9	1.171 7	1.266 8	1.368 6	1.477 5	1.593 8	1.718 2	1.850 9	1.992 6	2.143 6
9	1.093 7	1.195 1	1.304 8	1.423 3	1.551 3	1.689 5	1.838 5	1.999 0	2.171 9	2.357 9
10	1.104 6	1.219 0	1.343 9	1.480 2	1.628 9	1.790 8	1.967 2	2.158 9	2.367 4	2.593 7
11	1.115 7	1.243 4	1.384 2	1.539 5	1.710 3	1.898 3	2.104 9	2.331 6	2.580 4	2.853 1
12	1.126 8	1.268 2	1.425 8	1.601 0	1.795 9	2.012 2	2.252 2	2.518 2	2.812 7	3.138 4
13	1.138 1	1.293 6	1.468 5	1.665 1	1.885 6	2.132 9	2.409 8	2.719 6	3.065 8	3.452 3
14	1.149 5	1.319 5	1.512 6	1.731 7	1.979 9	2.260 9	2.578 5	2.937 2	3.341 7	3.797 5
15	1.161 0	1.345 9	1.558 0	1.800 9	2.078 9	2.396 6	2.759 0	3.172 2	3.642 5	4.177 2
16	1.172 6	1.372 8	1.604 7	1.873 0	2.182 9	2.540 4	2.952 2	3.425 9	3.970 3	4.595 0
17	1.184 3	1.400 2	1.652 8	1.947 9	2.292 0	2.692 8	3.158 8	3.700 0	4.327 6	5.054 5
18	1.196 1	1.428 2	1.702 4	2.025 8	2.406 6	2.854 3	3.379 9	3.996 0	4.717 1	5.559 9
19	1.208 1	1.456 8	1.753 5	2.106 8	2.527 0	3.025 6	3.616 5	4.315 7	5.141 7	6.115 9

续表

期数	1%	2%	3%	4%	5%	6%	7%	8%	9%	10%
20	1.220 2	1.485 9	1.806 1	2.191 1	2.653 3	3.207 1	3.869 7	4.661 0	5.604 4	6.727 5
21	1.232 4	1.515 7	1.860 3	2.278 8	2.786 0	3.399 6	4.140 6	5.033 8	6.108 8	7.400 2
22	1.244 7	1.546 0	1.916 1	2.369 9	2.925 3	3.603 5	4.430 4	5.436 5	6.658 6	8.140 3
23	1.257 2	1.576 9	1.973 6	2.464 7	3.071 5	3.819 7	4.740 5	5.871 5	7.257 9	8.954 3
24	1.269 7	1.608 4	2.032 8	2.563 3	3.225 1	4.048 9	5.072 4	6.341 2	7.911 1	9.849 7
25	1.282 4	1.640 6	2.093 8	2.665 8	3.386 4	4.291 9	5.427 4	6.848 5	8.623 1	10.835
26	1.295 3	1.673 4	2.156 6	2.772 5	3.555 7	4.549 4	5.807 4	7.396 4	9.399 2	11.918
27	1.308 2	1.706 9	2.221 3	2.883 4	3.733 5	4.822 3	6.213 9	7.988 1	10.245	13.110
28	1.321 3	1.741 0	2.287 9	2.998 7	3.920 1	5.111 7	6.648 8	8.627 1	11.167	14.421
29	1.334 5	1.775 8	2.356 6	3.118 7	4.116 1	5.418 4	7.114 3	9.317 3	12.172	15.863
30	1.347 8	1.811 4	2.427 3	3.243 4	4.321 9	5.743 5	7.612 3	10.063	13.268	17.449
40	1.488 9	2.208 0	3.262 0	4.801 0	7.040 0	10.286	14.975	21.725	31.409	45.259
50	1.644 6	2.691 6	4.383 9	7.106 7	11.467	18.420	29.457	46.902	74.358	117.39
60	1.816 7	3.281 0	5.891 6	10.520	18.679	32.988	57.946	101.26	176.03	304.48

期数	12%	14%	15%	16%	18%	20%	24%	28%	32%	36%
1	1.120 0	1.140 0	1.150 0	1.160 0	1.180 0	1.200 0	1.240 0	1.280 0	1.320 0	1.360 0
2	1.254 4	1.299 6	1.322 5	1.345 6	1.392 4	1.440 0	1.537 6	1.638 4	1.742 4	1.849 6
3	1.404 9	1.481 5	1.520 9	1.560 9	1.643 0	1.728 0	1.906 6	2.097 2	2.300 0	2.515 5
4	1.573 5	1.689 0	1.749 0	1.810 6	1.938 8	2.073 6	2.364 2	2.684 4	3.036 0	3.421 0
5	1.762 3	1.925 4	2.011 4	2.100 3	2.287 8	2.488 3	2.931 6	3.436 0	4.007 5	4.652 6
6	1.973 8	2.195 0	2.313 1	2.436 4	2.699 6	2.986 0	3.635 2	4.398 0	5.289 9	6.327 5
7	2.210 7	2.502 3	2.660 0	2.826 2	3.185 5	3.583 2	4.507 7	5.629 5	6.982 6	8.605 4
8	2.476 0	2.852 6	3.059 0	3.278 4	3.758 9	4.299 8	5.589 5	7.205 8	9.217 0	11.703
9	2.773 1	3.251 9	3.517 9	3.803 0	4.435 5	5.159 8	6.931 0	9.223 4	12.167	15.917
10	3.105 8	3.707 2	4.045 6	4.411 4	5.233 8	6.191 7	8.594 4	11.806	16.060	21.647
11	3.478 5	4.226 2	4.652 4	5.117 3	6.175 9	7.430 1	10.657	15.112	21.199	29.439
12	3.896 0	4.817 9	5.350 3	5.936 0	7.287 6	8.916 1	13.215	19.343	27.983	40.038
13	4.363 5	5.492 4	6.152 8	6.885 8	8.599 4	10.699	16.386	24.759	36.937	54.451
14	4.887 1	6.261 3	7.075 7	7.987 5	10.147	12.839	20.319	31.691	48.757	74.053
15	5.473 6	7.137 9	8.137 1	9.265 5	11.974	15.407	25.196	40.565	64.359	100.71
16	6.130 4	8.137 2	9.357 6	10.748	14.129	18.488	31.243	51.923	84.954	136.97

续表

期 数	12%	14%	15%	16%	18%	20%	24%	28%	32%	36%
17	6.866 0	9.276 5	10.761	12.468	16.672	22.186	38.741	66.461	112.14	186.28
18	7.690 0	10.575	12.376	14.463	19.673	26.623	48.039	85.071	148.02	253.34
19	8.612 8	12.056	14.232	16.777	23.214	31.948	59.568	108.89	195.39	344.54
20	9.646 3	13.744	16.367	19.461	27.393	38.338	73.864	139.38	257.92	468.57
21	10.804	15.668	18.822	22.575	32.324	46.005	91.592	178.41	340.45	637.26
22	12.100	17.861	21.645	26.186	38.142	55.206	113.57	228.36	449.39	866.67
23	13.552	20.362	24.892	30.376	45.008	66.247	140.83	292.30	593.20	1 178.7
24	15.179	23.212	28.625	35.236	53.109	79.497	174.63	374.14	783.02	1 603.0
25	17.000	26.462	32.919	40.874	62.669	95.396	216.54	478.90	1 033.6	2 180.1
26	19.040	30.167	37.857	47.414	73.949	114.48	268.51	613.00	1 364.3	2 964.9
27	21.325	34.390	43.535	55.000	87.260	137.37	332.96	784.64	1 800.9	4 032.3
28	23.884	39.205	50.066	63.800	102.97	164.84	412.86	1 004.3	2 377.2	5 483.9
29	26.750	44.693	57.576	74.009	121.50	197.81	511.95	1 285.6	3 137.9	7 458.1
30	29.960	50.950	66.212	85.850	143.37	237.38	634.82	1 645.5	4 142.1	10 143
40	93.051	188.88	267.86	378.72	750.38	1 469.8	5 455.9	19 427	66 521	*
50	289.00	700.23	1 083.7	1 670.7	3 927.4	9 100.4	46 890	*	*	*
60	897.60	2 595.9	4 384.0	7 370.2	20 555	56 348	*	*	*	*

注：* 表示大于 99 999。

附录 B 复利现值系数表

期 数	1%	2%	3%	4%	5%	6%	7%	8%	9%	10%
1	0.990 1	0.980 4	0.970 9	0.961 5	0.952 4	0.943 4	0.934 6	0.925 9	0.917 4	0.909 1
2	0.980 3	0.961 2	0.942 6	0.924 6	0.907 0	0.890 0	0.873 4	0.857 3	0.841 7	0.826 4
3	0.970 6	0.942 3	0.915 1	0.889 0	0.863 8	0.839 6	0.816 3	0.793 8	0.772 2	0.751 3
4	0.961 0	0.923 8	0.888 5	0.854 8	0.822 7	0.792 1	0.762 9	0.735 0	0.708 4	0.683 0
5	0.951 5	0.905 7	0.862 6	0.821 9	0.783 5	0.747 3	0.713 0	0.680 6	0.649 9	0.620 9
6	0.942 0	0.888 0	0.837 5	0.790 3	0.746 2	0.705 0	0.666 3	0.630 2	0.596 3	0.564 5
7	0.932 7	0.870 6	0.813 1	0.759 9	0.710 7	0.665 1	0.622 7	0.583 5	0.547 0	0.513 2
8	0.923 5	0.853 5	0.789 4	0.730 7	0.676 8	0.627 4	0.582 0	0.540 3	0.501 9	0.466 5
9	0.914 3	0.836 8	0.766 4	0.702 6	0.644 6	0.591 9	0.543 9	0.500 2	0.460 4	0.424 1
10	0.905 3	0.820 3	0.744 1	0.675 6	0.613 9	0.558 4	0.508 3	0.463 2	0.422 4	0.385 5

续表

期 数	1%	2%	3%	4%	5%	6%	7%	8%	9%	10%
11	0.8963	0.8043	0.7224	0.6496	0.5847	0.5268	0.4751	0.4289	0.3875	0.3505
12	0.8874	0.7885	0.7014	0.6246	0.5568	0.4970	0.4440	0.3971	0.3555	0.3186
13	0.8787	0.7730	0.6810	0.6006	0.5303	0.4688	0.4150	0.3677	0.3262	0.2897
14	0.8700	0.7579	0.6611	0.5775	0.5051	0.4423	0.3878	0.3405	0.2992	0.2633
15	0.8613	0.7430	0.6419	0.5553	0.4810	0.4173	0.3624	0.3152	0.2745	0.2394
16	0.8528	0.7284	0.6232	0.5339	0.4581	0.3936	0.3387	0.2919	0.2519	0.2176
17	0.8444	0.7142	0.6050	0.5134	0.4363	0.3714	0.3166	0.2703	0.2311	0.1978
18	0.8360	0.7002	0.5874	0.4936	0.4155	0.3503	0.2959	0.2502	0.2120	0.1799
19	0.8277	0.6864	0.5703	0.4746	0.3957	0.3305	0.2765	0.2317	0.1945	0.1635
20	0.8195	0.6730	0.5537	0.4564	0.3769	0.3118	0.2584	0.2145	0.1784	0.1486
21	0.8114	0.6598	0.5375	0.4388	0.3589	0.2942	0.2415	0.1987	0.1637	0.1351
22	0.8034	0.6468	0.5219	0.4220	0.3418	0.2775	0.2257	0.1839	0.1502	0.1228
23	0.7954	0.6342	0.5067	0.4057	0.3256	0.2618	0.2109	0.1703	0.1378	0.1117
24	0.7876	0.6217	0.4919	0.3901	0.3101	0.2470	0.1971	0.1577	0.1264	0.1015
25	0.7798	0.6095	0.4776	0.3751	0.2953	0.2330	0.1842	0.1460	0.1160	0.0923
26	0.7720	0.5976	0.4637	0.3607	0.2812	0.2198	0.1722	0.1352	0.1064	0.0839
27	0.7644	0.5859	0.4502	0.3468	0.2678	0.2074	0.1609	0.1252	0.0976	0.0763
28	0.7568	0.5744	0.4371	0.3335	0.2551	0.1956	0.1504	0.1159	0.0895	0.0693
29	0.7493	0.5631	0.4243	0.3207	0.2429	0.1846	0.1406	0.1073	0.0822	0.0630
30	0.7419	0.5521	0.4120	0.3083	0.2314	0.1741	0.1314	0.0994	0.0754	0.0573
35	0.7059	0.5000	0.3554	0.2534	0.1813	0.1301	0.0937	0.0676	0.0490	0.0356
40	0.6717	0.4529	0.3066	0.2083	0.1420	0.0972	0.0668	0.0460	0.0318	0.0221
45	0.6391	0.4102	0.2644	0.1712	0.1113	0.0727	0.0476	0.0313	0.0207	0.0137
50	0.6080	0.3715	0.2281	0.1407	0.0872	0.0543	0.0339	0.0213	0.0134	0.0085
55	0.5785	0.3365	0.1968	0.1157	0.0683	0.0406	0.0242	0.0145	0.0087	0.0053

期 数	12%	14%	15%	16%	18%	20%	24%	28%	32%	36%
1	0.8929	0.8772	0.8696	0.8621	0.8475	0.8333	0.8065	0.7813	0.7576	0.7353
2	0.7972	0.7695	0.7561	0.7432	0.7182	0.6944	0.6504	0.6104	0.5739	0.5407
3	0.7118	0.6750	0.6575	0.6407	0.6086	0.5787	0.5245	0.4768	0.4348	0.3975
4	0.6355	0.5921	0.5718	0.5523	0.5158	0.4823	0.4230	0.3725	0.3294	0.2923
5	0.5674	0.5194	0.4972	0.4761	0.4371	0.4019	0.3411	0.2910	0.2495	0.2149

续表

期 数	12%	14%	15%	16%	18%	20%	24%	28%	32%	36%
6	0.5066	0.4556	0.4323	0.4104	0.3704	0.3349	0.2751	0.2274	0.1890	0.1580
7	0.4523	0.3996	0.3759	0.3538	0.3139	0.2791	0.2218	0.1776	0.1432	0.1162
8	0.4039	0.3506	0.3269	0.3050	0.2660	0.2326	0.1789	0.1388	0.1085	0.0854
9	0.3606	0.3075	0.2843	0.2630	0.2255	0.1938	0.1443	0.1084	0.0822	0.0628
10	0.3220	0.2697	0.2472	0.2267	0.1911	0.1615	0.1164	0.0847	0.0623	0.0462
11	0.2875	0.2366	0.2149	0.1954	0.1619	0.1346	0.0938	0.0662	0.0472	0.0340
12	0.2567	0.2076	0.1869	0.1685	0.1372	0.1122	0.0757	0.0517	0.0357	0.0250
13	0.2292	0.1821	0.1625	0.1452	0.1163	0.0935	0.0610	0.0404	0.0271	0.0184
14	0.2046	0.1597	0.1413	0.1252	0.0985	0.0779	0.0492	0.0316	0.0205	0.0135
15	0.1827	0.1401	0.1229	0.1079	0.0835	0.0649	0.0397	0.0247	0.0155	0.0099
16	0.1631	0.1229	0.1069	0.0930	0.0708	0.0541	0.0320	0.0193	0.0118	0.0073
17	0.1456	0.1078	0.0929	0.0802	0.0600	0.0451	0.0258	0.0150	0.0089	0.0054
18	0.1300	0.0946	0.0808	0.0691	0.0508	0.0376	0.0208	0.0118	0.0068	0.0039
19	0.1161	0.0829	0.0703	0.0596	0.0431	0.0313	0.0168	0.0092	0.0051	0.0029
20	0.1037	0.0728	0.0611	0.0514	0.0365	0.0261	0.0135	0.0072	0.0039	0.0021
21	0.0926	0.0638	0.0531	0.0443	0.0309	0.0217	0.0109	0.0056	0.0029	0.0016
22	0.0826	0.0560	0.0462	0.0382	0.0262	0.0181	0.0088	0.0044	0.0022	0.0012
23	0.0738	0.0491	0.0402	0.0329	0.0222	0.0151	0.0071	0.0034	0.0017	0.0008
24	0.0659	0.0431	0.0349	0.0284	0.0188	0.0126	0.0057	0.0027	0.0013	0.0006
25	0.0588	0.0378	0.0304	0.0245	0.0160	0.0105	0.0046	0.0021	0.0010	0.0005
26	0.0525	0.0331	0.0264	0.0211	0.0135	0.0087	0.0037	0.0016	0.0007	0.0003
27	0.0469	0.0291	0.0230	0.0182	0.0115	0.0073	0.0030	0.0013	0.0006	0.0002
28	0.0419	0.0255	0.0200	0.0157	0.0097	0.0061	0.0024	0.0010	0.0004	0.0002
29	0.0374	0.0224	0.0174	0.0135	0.0082	0.0051	0.0020	0.0008	0.0003	0.0001
30	0.0334	0.0196	0.0151	0.0116	0.0070	0.0042	0.0016	0.0006	0.0002	0.0001
35	0.0189	0.0102	0.0075	0.0055	0.0030	0.0017	0.0005	0.0002	0.0001	*
40	0.0107	0.0053	0.0037	0.0026	0.0013	0.0007	0.0002	0.0001	*	*
45	0.0061	0.0027	0.0019	0.0013	0.0006	0.0003	0.0001	*	*	*
50	0.0035	0.0014	0.0009	0.0006	0.0003	0.0001	*	*	*	*
55	0.0020	0.0007	0.0005	0.0003	0.0001	*	*	*	*	*

注：* 表示大于 0.0001。

附录C 年金终值系数表

期数	1%	2%	3%	4%	5%	6%	7%	8%	9%	10%
1	1.0000	1.0000	1.0000	1.0000	1.0000	1.0000	1.0000	1.0000	1.0000	1.0000
2	2.0100	2.0200	2.0300	2.0400	2.0500	2.0600	2.0700	2.0800	2.0900	2.1000
3	3.0301	3.0604	3.0909	3.1216	3.1525	3.1836	3.2149	3.2464	3.2781	3.3100
4	4.0604	4.1216	4.1836	4.2465	4.3101	4.3746	4.4399	4.5061	4.5731	4.6410
5	5.1010	5.2040	5.3091	5.4163	5.5256	5.6371	5.7507	5.8666	5.9847	6.1051
6	6.1520	6.3081	6.4684	6.6330	6.8019	6.9753	7.1533	7.3359	7.5233	7.7156
7	7.2135	7.4343	7.6625	7.8983	8.1420	8.3938	8.6540	8.9228	9.2004	9.4872
8	8.2857	8.5830	8.8923	9.2142	9.5491	9.8975	10.260	10.637	11.029	11.436
9	9.3685	9.7546	10.159	10.583	11.027	11.491	11.978	12.488	13.021	13.580
10	10.462	10.950	11.464	12.006	12.578	13.181	13.816	14.487	15.193	15.937
11	11.567	12.169	12.808	13.486	14.207	14.972	15.784	16.646	17.560	18.531
12	12.683	13.412	14.192	15.026	15.917	16.870	17.889	18.977	20.141	21.384
13	13.809	14.680	15.618	16.627	17.713	18.882	20.141	21.495	22.953	24.523
14	14.947	15.974	17.086	18.292	19.599	21.015	22.551	24.215	26.019	27.975
15	16.097	17.293	18.599	20.024	21.579	23.276	25.129	27.152	29.361	31.773
16	17.258	18.639	20.157	21.825	23.658	25.673	27.888	30.324	33.003	35.950
17	18.430	20.012	21.762	23.698	25.840	28.213	30.840	33.750	36.974	40.545
18	19.615	21.412	23.414	25.645	28.132	30.906	33.999	37.450	41.301	45.599
19	20.811	22.841	25.117	27.671	30.539	33.760	37.379	41.446	46.019	51.159
20	22.019	24.297	26.870	29.778	33.066	36.786	40.996	45.762	51.160	57.275
21	23.239	25.783	28.677	31.969	35.719	39.993	44.865	50.423	56.765	64.003
22	24.472	27.299	30.537	34.248	38.505	43.392	49.006	55.457	62.873	71.403
23	25.716	28.845	32.453	36.618	41.431	46.996	53.436	60.893	69.532	79.543
24	26.974	30.422	34.427	39.083	44.502	50.816	58.177	66.765	76.790	88.497
25	28.243	32.030	36.459	41.646	47.727	54.865	63.249	73.106	84.701	98.347
26	29.526	33.671	38.553	44.312	51.114	59.156	68.677	79.954	93.324	109.18
27	30.821	35.344	40.710	47.084	54.669	63.706	74.484	87.351	102.72	121.10
28	32.129	37.051	42.931	49.968	58.403	68.528	80.698	95.339	112.97	134.21
29	33.450	38.792	45.219	52.966	62.323	73.640	87.347	103.97	124.14	148.63
30	34.785	40.568	47.575	56.085	66.439	79.058	94.461	113.28	136.31	164.49

续表

期 数	1%	2%	3%	4%	5%	6%	7%	8%	9%	10%
22	19.660 4	17.658 0	15.936 9	14.451 1	13.163 0	12.041 6	11.061 2	10.200 7	9.442 4	8.771 5
23	20.455 8	18.292 2	16.443 6	14.856 8	13.488 6	12.303 4	11.272 2	10.371 1	9.580 2	8.883 2
24	21.243 4	18.913 9	16.935 5	15.247 0	13.798 6	12.550 4	11.469 3	10.528 8	9.706 6	8.984 7
25	22.023 2	19.523 5	17.413 1	15.622 1	14.093 9	12.783 4	11.653 6	10.674 8	9.822 6	9.077 0
26	22.795 2	20.121 0	17.876 8	15.982 8	14.375 2	13.003 2	11.825 8	10.810 0	9.929 0	9.160 9
27	23.559 6	20.706 9	18.327 0	16.329 6	14.643 0	13.210 5	11.986 7	10.935 2	10.026 6	9.237 2
28	24.316 4	21.281 3	18.764 1	16.663 1	14.898 1	13.406 2	12.137 1	11.051 1	10.116 1	9.306 6
29	25.065 8	21.844 4	19.188 5	16.983 7	15.141 1	13.590 7	12.277 7	11.158 4	10.198 3	9.369 6
30	25.807 7	22.396 5	19.600 4	17.292 0	15.372 5	13.764 8	12.409 0	11.257 8	10.273 7	9.426 9
35	29.408 6	24.998 6	21.487 2	18.664 6	16.374 2	14.498 2	12.947 6	11.654 6	10.566 8	9.644 2
40	32.834 7	27.355 5	23.114 8	19.792 8	17.159 1	15.046 3	13.331 7	11.924 6	10.757 4	9.779 1
45	36.094 5	29.490 2	24.518 7	20.720 0	17.774 1	15.455 8	13.605 5	12.108 4	10.881 2	9.862 8
50	39.196 1	31.423 6	25.729 8	21.482 2	18.255 9	15.761 9	13.800 7	12.233 5	10.961 7	9.914 8
55	42.147 2	33.174 8	26.774 4	22.108 6	18.633 5	15.990 5	13.939 9	12.318 6	11.014 0	9.947 1

期 数	12%	14%	15%	16%	18%	20%	24%	28%	32%	36%
1	0.892 9	0.877 2	0.869 6	0.862 1	0.847 5	0.833 3	0.806 5	0.781 3	0.757 6	0.735 3
2	1.690 1	1.646 7	1.625 7	1.605 2	1.565 6	1.527 8	1.456 8	1.391 6	1.331 5	1.276 0
3	2.401 8	2.321 6	2.283 2	2.245 9	2.174 3	2.106 5	1.981 3	1.868 4	1.766 3	1.673 5
4	3.037 3	2.913 7	2.855 0	2.798 2	2.690 1	2.588 7	2.404 3	2.241 0	2.095 7	1.965 8
5	3.604 8	3.433 1	3.352 2	3.274 3	3.127 2	2.990 6	2.745 4	2.532 0	2.345 2	2.180 7
6	4.111 4	3.888 7	3.784 5	3.684 7	3.497 6	3.325 5	3.020 5	2.759 4	2.534 2	2.338 8
7	4.563 8	4.288 3	4.160 4	4.038 6	3.811 5	3.604 6	3.242 3	2.937 0	2.677 5	2.455 0
8	4.967 6	4.638 9	4.487 3	4.343 6	4.077 6	3.837 2	3.421 2	3.075 8	2.786 0	2.540 4
9	5.328 2	4.946 4	4.771 6	4.606 5	4.303 0	4.031 0	3.565 5	3.184 2	2.868 1	2.603 3
10	5.650 2	5.216 1	5.018 8	4.833 2	4.494 1	4.192 5	3.681 9	3.268 9	2.930 4	2.649 5
11	5.937 7	5.452 7	5.233 7	5.028 6	4.656 0	4.327 1	3.775 7	3.335 1	2.977 6	2.683 4
12	6.194 4	5.660 3	5.420 6	5.197 1	4.793 2	4.439 2	3.851 4	3.386 8	3.013 3	2.708 4
13	6.423 5	5.842 4	5.583 1	5.342 3	4.909 5	4.532 7	3.912 4	3.427 2	3.040 4	2.726 8
14	6.628 2	6.002 1	5.724 5	5.467 5	5.008 1	4.610 6	3.961 6	3.458 7	3.060 9	2.740 3
15	6.810 9	6.142 2	5.847 4	5.575 5	5.091 6	4.675 5	4.001 3	3.483 4	3.076 4	2.750 2
16	6.974 0	6.265 1	5.954 2	5.668 5	5.162 4	4.729 6	4.033 3	3.502 6	3.088 2	2.757 5

续表

期数	12%	14%	15%	16%	18%	20%	24%	28%	32%	36%
17	7.1196	6.3729	6.0472	5.7487	5.2223	4.7746	4.0591	3.5177	3.0971	2.7629
18	7.2497	6.4674	6.1280	5.8178	5.2732	4.8122	4.0799	3.5294	3.1039	2.7668
19	7.3658	6.5504	6.1982	5.8775	5.3162	4.8435	4.0967	3.5386	3.1090	2.7697
20	7.4694	6.6231	6.2593	5.9288	5.3527	4.8696	4.1103	3.5458	3.1129	2.7718
21	7.5620	6.6870	6.3125	5.9731	5.3837	4.8913	4.1212	3.5514	3.1158	2.7734
22	7.6446	6.7429	6.3587	6.0113	5.4099	4.9094	4.1300	3.5558	3.1180	2.7746
23	7.7184	6.7921	6.3988	6.0442	5.4321	4.9245	4.1371	3.5592	3.1197	2.7754
24	7.7843	6.8351	6.4338	6.0726	5.4509	4.9371	4.1428	3.5619	3.1210	2.7760
25	7.8431	6.8729	6.4641	6.0971	5.4669	4.9476	4.1474	3.5640	3.1220	2.7765
26	7.8957	6.9061	6.4906	6.1182	5.4804	4.9563	4.1511	3.5656	3.1227	2.7768
27	7.9426	6.9352	6.5135	6.1364	5.4919	4.9636	4.1542	3.5669	3.1233	2.7771
28	7.9844	6.9607	6.5335	6.1520	5.5016	4.9697	4.1566	3.5679	3.1237	2.7773
29	8.0218	6.9830	6.5509	6.1656	5.5098	4.9747	4.1585	3.5687	3.1240	2.7774
30	8.0552	7.0027	6.5660	6.1772	5.5168	4.9789	4.1601	3.5693	3.1242	2.7775
35	8.1755	7.0700	6.6166	6.2153	5.5386	4.9915	4.1644	3.5708	3.1248	2.7777
40	8.2438	7.1050	6.6418	6.2335	5.5482	4.9966	4.1659	3.5712	3.1250	2.7778
45	8.2825	7.1232	6.6543	6.2421	5.5523	4.9986	4.1664	3.5714	3.1250	2.7778
50	8.3045	7.1327	6.6605	6.2463	5.5541	4.9995	4.1666	3.5714	3.1250	2.7778
55	8.3170	7.1376	6.6636	6.2482	5.5549	4.9998	4.1666	3.5714	3.1250	2.7778

参 考 文 献

[1] 刘春华. 财务管理实务[M]. 北京：中国人民大学出版社，2010.
[2] 邹敏. 财务管理实务[M]. 北京：清华大学出版社，2010.
[3] 孔焱. 财务管理[M]. 北京：中国人民大学出版社，2017.
[4] 张晓毅. 财务管理[M]. 北京：人民邮电出版社，2010.
[5] 孔德兰. 财务管理实务[M]. 2版. 北京：中国人民大学出版社，2014.
[6] 张凤英. 财务管理[M]. 2版. 北京：对外经济贸易大学出版社，2009.
[7] 袁建国，周丽媛. 财务管理[M]. 5版. 大连：东北财经大学出版社，2014.
[8] 袁建国，周丽媛. 财务管理习题与解答[M]. 大连：东北财经大学出版社，2014.
[9] 孔德兰，许辉. 财务管理[M]. 2版. 大连：东北财经大学出版社，2012.
[10] 郝德鸿. 新编财务管理[M]. 北京：中国出版集团现代教育出版社，2011.
[11] 赵咏梅，郭文玲. 新编财务管理[M]. 4版. 大连：大连理工大学出版社，2011.
[12] 刘光辉，庄小欧. 财务管理实务[M]. 北京：教育科学出版社，2013.

教师服务

感谢您选用清华大学出版社的教材！为了更好地服务教学，我们为授课教师提供本书的教学辅助资源，以及本学科重点教材信息。请您扫码获取。

❱❱ 教辅获取

本书教辅资源，授课教师扫码获取

❱❱ 样书赠送

财务管理类重点教材，教师扫码获取样书

清华大学出版社

E-mail: tupfuwu@163.com
电话: 010-83470332 / 83470142
地址: 北京市海淀区双清路学研大厦 B 座 509

网址: http://www.tup.com.cn/
传真: 8610-83470107
邮编: 100084

续表

期数	1%	2%	3%	4%	5%	6%	7%	8%	9%	10%
40	48.886	60.402	75.401	95.026	120.80	154.76	199.64	259.06	337.88	442.59
50	64.463	84.579	112.80	152.67	209.35	290.34	406.53	573.77	815.08	1 163.9
60	81.670	114.05	163.05	237.99	353.58	533.13	813.52	1 253.2	1 944.8	3 034.8

期数	12%	14%	15%	16%	18%	20%	24%	28%	32%	36%
1	1.000 0	1.000 0	1.000 0	1.000 0	1.000 0	1.000 0	1.000 0	1.000 0	1.000 0	1.000 0
2	2.120 0	2.140 0	2.150 0	2.160 0	2.180 0	2.200 0	2.240 0	2.280 0	2.320 0	2.360 0
3	3.374 4	3.439 6	3.472 5	3.505 6	3.572 4	3.640 0	3.777 6	3.918 4	4.062 4	4.209 6
4	4.779 3	4.921 1	4.993 4	5.066 5	5.215 4	5.368 0	5.684 2	6.015 6	6.362 4	6.725 1
5	6.352 8	6.610 1	6.742 4	6.877 1	7.154 2	7.441 6	8.048 4	8.699 9	9.398 3	10.146
6	8.115 2	8.535 5	8.753 7	8.977 5	9.442 0	9.929 9	10.980	12.136	13.406	14.799
7	10.089	10.731	11.067	11.414	12.142	12.916	14.615	16.534	18.696	21.126
8	12.300	13.233	13.727	14.240	15.327	16.499	19.123	22.163	25.678	29.732
9	14.776	16.085	16.786	17.519	19.086	20.799	24.713	29.369	34.895	41.435
10	17.549	19.337	20.304	21.322	23.521	25.959	31.643	38.593	47.062	57.352
11	20.655	23.045	24.349	25.733	28.755	32.150	40.238	50.399	63.122	78.998
12	24.133	27.271	29.002	30.850	34.931	39.581	50.895	65.510	84.320	108.44
13	28.029	32.089	34.352	36.786	42.219	48.497	64.110	84.853	112.30	148.48
14	32.393	37.581	40.505	43.672	50.818	59.196	80.496	109.61	149.24	202.93
15	37.280	43.842	47.580	51.660	60.965	72.035	100.82	141.30	198.00	276.98
16	42.753	50.980	55.718	60.925	72.939	87.442	126.01	181.87	262.36	377.69
17	48.884	59.118	65.075	71.673	87.068	105.93	157.25	233.79	347.31	514.66
18	55.750	68.394	75.836	84.141	103.74	128.12	195.99	300.25	459.45	700.94
19	63.440	78.969	88.212	98.603	123.41	154.74	244.03	385.32	607.47	954.28
20	72.052	91.025	102.44	115.38	146.63	186.69	303.60	494.21	802.86	1 298.8
21	81.699	104.77	118.81	134.84	174.02	225.03	377.46	633.59	1 060.8	1 767.4
22	92.503	120.44	137.63	157.42	206.34	271.03	469.06	812.00	1 401.2	2 404.7
23	104.60	138.30	159.28	183.60	244.49	326.24	582.63	1 040.4	1 850.6	3 271.3
24	118.16	158.66	184.17	213.98	289.49	392.48	723.46	1 332.7	2 443.8	4 450.0
25	133.33	181.87	212.79	249.21	342.60	471.98	898.09	1 706.8	3 226.8	6 053.0
26	150.33	208.33	245.71	290.09	405.27	567.38	1 114.6	2 185.7	4 260.4	8 233.1
27	169.37	238.50	283.57	337.50	479.22	681.85	1 383.1	2 798.7	5 624.8	11 198

续表

期数	12%	14%	15%	16%	18%	20%	24%	28%	32%	36%
28	190.70	272.89	327.10	392.50	566.48	819.22	1 716.1	3 583.3	7 425.7	15 230
29	214.58	312.09	377.17	456.30	669.45	984.07	2 129.0	4 587.7	9 802.9	20 714
30	241.33	356.79	434.75	530.31	790.95	1 181.9	2 640.9	5 873.2	12 941	28 172
40	767.09	1 342.0	1 779.1	2 360.8	4 163.2	7 343.9	22 729	69 377	207 874	609 890
50	2 400.0	4 994.5	7 217.7	10 436	21 813	45 497	195 373	819 103	*	*
60	7 471.6	18 535	29 220	46 058	11 4190	281 733	*	*	*	*

注：* 表示大于 999 999.99。

附录 D 年金现值系数表

期数	1%	2%	3%	4%	5%	6%	7%	8%	9%	10%
1	0.990 1	0.980 4	0.970 9	0.961 5	0.952 4	0.943 4	0.934 6	0.925 9	0.917 4	0.909 1
2	1.970 4	1.941 6	1.913 5	1.886 1	1.859 4	1.833 4	1.808 0	1.783 3	1.759 1	1.735 5
3	2.941 0	2.883 9	2.828 6	2.775 1	2.723 2	2.673 0	2.624 3	2.577 1	2.531 3	2.486 9
4	3.902 0	3.807 7	3.717 1	3.629 9	3.546 0	3.465 1	3.387 2	3.312 1	3.239 7	3.169 9
5	4.853 4	4.713 5	4.579 7	4.451 8	4.329 5	4.212 4	4.100 2	3.992 7	3.889 7	3.790 8
6	5.795 5	5.601 4	5.417 2	5.242 1	5.075 7	4.917 3	4.766 5	4.622 9	4.485 9	4.355 3
7	6.728 2	6.472 0	6.230 3	6.002 1	5.786 4	5.582 4	5.389 3	5.206 4	5.033 0	4.868 4
8	7.651 7	7.325 5	7.019 7	6.732 7	6.463 2	6.209 8	5.971 3	5.746 6	5.534 8	5.334 9
9	8.566 0	8.162 2	7.786 1	7.435 3	7.107 8	6.801 7	6.515 2	6.246 9	5.995 2	5.759 0
10	9.471 3	8.982 6	8.530 2	8.110 9	7.721 7	7.360 1	7.023 6	6.710 1	6.417 7	6.144 6
11	10.367 6	9.786 8	9.252 6	8.760 5	8.306 4	7.886 9	7.498 7	7.139 0	6.805 2	6.495 1
12	11.255 1	10.575 3	9.954 0	9.385 1	8.863 3	8.383 8	7.942 7	7.536 1	7.160 7	6.813 7
13	12.133 7	11.348 4	10.635 0	9.985 6	9.393 6	8.852 7	8.357 7	7.903 8	7.486 9	7.103 4
14	13.003 7	12.106 2	11.296 1	10.563 1	9.898 6	9.295 0	8.745 5	8.244 2	7.786 2	7.366 7
15	13.865 1	12.849 3	11.937 9	11.118 4	10.379 7	9.712 2	9.107 9	8.559 5	8.060 7	7.606 1
16	14.717 9	13.577 7	12.561 1	11.652 3	10.837 8	10.105 9	9.446 6	8.851 4	8.312 6	7.823 7
17	15.562 3	14.291 9	13.166 1	12.165 7	11.274 1	10.477 3	9.763 2	9.121 6	8.543 6	8.021 6
18	16.398 3	14.992 0	13.753 5	12.659 3	11.689 6	10.827 6	10.059 1	9.371 9	8.755 6	8.201 4
19	17.226 0	15.678 5	14.323 8	13.133 9	12.085 3	11.158 1	10.335 6	9.603 6	8.950 1	8.364 9
20	18.045 6	16.351 4	14.877 5	13.590 3	12.462 2	11.469 9	10.594 0	9.818 1	9.128 5	8.513 6
21	18.857 0	17.011 2	15.415 0	14.029 2	12.821 2	11.764 1	10.835 5	10.016 8	9.292 2	8.648 7

参 考 文 献

[1] 刘春华. 财务管理实务[M]. 北京：中国人民大学出版社，2010.
[2] 邹敏. 财务管理实务[M]. 北京：清华大学出版社，2010.
[3] 孔焱. 财务管理[M]. 北京：中国人民大学出版社，2017.
[4] 张晓毅. 财务管理[M]. 北京：人民邮电出版社，2010.
[5] 孔德兰. 财务管理实务[M]. 2版. 北京：中国人民大学出版社，2014.
[6] 张凤英. 财务管理[M]. 2版. 北京：对外经济贸易大学出版社，2009.
[7] 袁建国，周丽媛. 财务管理[M]. 5版. 大连：东北财经大学出版社，2014.
[8] 袁建国，周丽媛. 财务管理习题与解答[M]. 大连：东北财经大学出版社，2014.
[9] 孔德兰，许辉. 财务管理[M]. 2版. 大连：东北财经大学出版社，2012.
[10] 郝德鸿. 新编财务管理[M]. 北京：中国出版集团现代教育出版社，2011.
[11] 赵咏梅，郭文玲. 新编财务管理[M]. 4版. 大连：大连理工大学出版社，2011.
[12] 刘光辉，庄小欧. 财务管理实务[M]. 北京：教育科学出版社，2013.

教师服务

感谢您选用清华大学出版社的教材！为了更好地服务教学，我们为授课教师提供本书的教学辅助资源，以及本学科重点教材信息。请您扫码获取。

》 教辅获取

本书教辅资源，授课教师扫码获取

》 样书赠送

财务管理类重点教材，教师扫码获取样书

 清华大学出版社

E-mail: tupfuwu@163.com
电话: 010-83470332 / 83470142
地址: 北京市海淀区双清路学研大厦 B 座 509

网址: http://www.tup.com.cn/
传真: 8610-83470107
邮编: 100084